Ivry Gitlis
イヴリー・ギトリス
今井田 博［訳］

魂と弦
L'âme et la corde

春秋社

ギトリスからのメッセージ

なぜ私は日本を愛するのか
——日本はなぜ私を愛するのか

なぜロメオはジュリエットを愛したのだろう？

なぜオルフェウスはエウリディーチェを愛したのか？

だれも愛のことを説明できないというのに、なぜ世界には愛がどこにでもあるんだろう？　ナルシスは水に映る顔を見て、それに恋をした。そして自分を愛した。これが、自己愛のシンボルになっている。でも彼は水のなかに見た影像が自分の顔だとは思わなかった。そして、その水のなかで彼は溺れて死んだ。

たぶん、これが愛に対するたった一つの説明なんだろう。——つまり、かんちがいだ。

でも、たぶん、愛は人が見たいと思っているものの投影で、そうした投影が起こったとき、それはそれでいいのだ。起こったことはそれでいい。そして、そこから人はもっと先へと行くことができる。

そうだった。あなたたちはなんで私が日本が好きなのか、聞きたかったのだった。それは私が日本を愛してるからだ!!!

猛スピードで走る東京のタクシーが私は好きだ。ホテルの私の部屋が私は好きだ。もう十五年も、私は同じ部屋に泊まり、そこから富士山を見ることができる。ちょっとしたお願いに対して長々と説明してくれる、そうした、答えに時間をかける人たちが私は好きだ。たしかに疲れはするけれど、それでも好きだ。こんにちは! さようなら! あいさつするのに頭を下げるのも好きだ。でもときどき思ってしまう、頭をゴツン、お互いぶつけてしまうんじゃないかと、心配だ。ものごとをどう感じるか、どう演奏するかということを、人々が学ぶ必要があり、理解しなくてはいけないとても繊細な表現が私は好きだ。もうすでに昔話になってしまったが、中央ヨーロッパの新鮮さ、熱心さ、尊敬や愛が私は好きだ。音楽を聴く日本の観客は外に出かけ、受け取り、耳を傾け、そして芸術家を尊敬する。聴くため、愛するため、学ぶために彼らはコンサートに出かけていく。ショーを見ようとするわけでもなく、批評するためでもなく、自分の虚栄心や知識などというものをひけらかすためでもない。来て、受け取り、そして贈り物をくれる。こうした魂のあり方は世界中のたくさんのところにあったのだが、少し消えてしまった。そしてこうしたことは芸術家にとって、感じ、共有するためにとても大事なことなのだ。もしこれが愛じゃないとしたら、一体何が愛なんだろう？

神々がこの地球という球の上にどれだけ長く私を置いておくつもりなのか、私にはわからない。私たちは永遠ではなく、けれども瞬間瞬間は永遠だ。人が求めてやまない無限というものに対して、音楽はたぶん一番強い見えない結びつきを持っているのではないだろうか。受け取り、心や体や気持ちを温かくするすべての手段を使って、私たちは音楽を大事にしなくてはいけない。たぶん、技術発展に基づく毎日の生活の過ごしやすさを考えると、日本は世界中で一番進んだ国ではあるけれど、こうしたものを大切にすることを、私は日本に望む。芸術や演劇や音楽や文学や記憶といった、世界中の機械文明より力強いものを通じて、豊かな過去の遺産や高貴さといったものとのつながりを日本はなくさないでいるだろう。

日本よ永遠なれ！

イヴリー・ギトリス

子供たちへ――。
いつもクリアな目を持っているように。
自分の叡智を信じるように。

親愛なる新しい世代の若き同僚たち、お願いだ、自分であることにもっと勇気を持ってほしい。危険をかえりみず、自分のだろうとほかの人のだろうと、過去の録音のコピーにならないことを望む。演奏するとき、新たに創造することができるよう、体の限界やテクニックの束縛からあなたを自由にする方法で楽器の稽古をしなさい。あなたの内なる耳で聴くようにしなさい。あなたの耳は、あなたの心とあなたの精神に直接つながっている。あなたが感じたそのことがあなた自身だ！　あなたが感じないものはあなたではない。覚えておいてほしい、クライスラーやティボーやカザルスやマリア・カラスの美しくてまちがった音は、いわゆるきちんと正確な何千もの音符よりも価値がある。少しもばい菌が入っていない病院のなかのような規律正しい演奏は良い感覚の証《あかし》ではない。

新版への序

『魂と弦』が最初に世に出てから三十三年近くが過ぎた。人生において三十三年というのは、ほとんどまるまる人生そのものじゃないだろうか。

私は文章に手を入れることはしなかった。一語一語もう一度読む勇気がなかった。ここに書かれていることはあったことであり、あることである。

幸せなときもあり、ほぼ幸せだったときもあり、時々暴力的だったこともある。そして恐ろしいことばかりでもなかった。たくさんの音符があり、たくさんの音楽があり、たくさんの出会いがあり、たくさんの思いがあった。何年もが過ぎ、予見できる、あるいは予見できない終わりに向かって恐ろしくも歩みが進められていった。予見できない予見と言い換えてもいい。

二〇一三年八月二十七日　パリ

目次

魂と弦

ギトリスからのメッセージ i
新版への序 vii
プロローグ 3
第1章 わが心のロシア 10
第2章 最初のヴァイオリン 23
第3章 ヨーロッパ 43
第4章 コンセルヴァトワール 53
第5章 師エネスコ 69
第6章 せむし男を求め美女のもとを去る 79
第7章 荷物のない旅人 86
第8章 戦争亡命者 93
第9章 音楽にいのちをささげて 111
第10章 裏 切り 126

第11章　ヴァイオリンの精神分析　136
第12章　私のティボー・コンクール　151
第13章　礼儀知らず　164
第14章　ソ連への旅　179
第15章　アフリカで音楽に出会う　189
第16章　六日戦争　201
第17章　一九六八年五月　208
第18章　出会い、いくつか　217
第19章　われわれはみな音楽家である　246

エピローグ　275

ヴァイオリニストのノート　279
全人生、あるいはほぼ全人生　317
感謝のことば　338

訳者あとがき　341

魂と弦

プロローグ

　ちょっと見ただけでは、ほかの朝とその朝がちがうとは全然思えなかった。ほかと同じ一九五六年十月二十九日の朝、私はイスラエルで目が覚めた。ほぼ半年、ここにいる。一日の初めの太陽が部屋の壁に縞模様をつくるのを合図に、ベッドから起きあがるのが日課になっていた。小さいパンをいくつかとレベンというヨーグルト、それに新聞を買いに下に降りていく。思い出してみても、この日の新聞には特別何も載っていなかった。小さな疑いも入り込まなそうなこの日、サイレンが鳴り出した。警戒警報だろうか？　何なんだ？　スエズ動乱（第二次中東戦争）がそのとき始まった。朝の八時だった。ほとんどみんなこのことをすでに知っていた。

　美しく暑い太陽。飛びぬけた静けさ。空気が少しも動かず、影はどこにもない。先が少し尖ったナイフがあれば、この空気に切り込みを入れることができる。まるでバターを塗った薄切りパンだ。キヨスクのおばあさんのところに男の子が歩いて行く。キヨスクにはチューインガムやレモネード、デュベックというイスラエルのタバコも売っている。でも男の子はその年齢にも子供っぽい顔付きにも似合わない真剣な表情で、一番新しい号外を買っていく。ここではだれもが自分のいるべき場所、どこへ行くべきか、役割は何かを知っていた。みな台風の眼にいた。知らないのは私だけだった。

私は軍服を着たことが一度もなく、これは友人たちに言わせると、うまくやったことになるらしい。第二次世界大戦の一九三九年には私は若すぎたし外国人でもあったので、フランスの軍隊にもイギリスの軍隊にも入ることができなかった。第一次中東戦争の一九四八年にはイスラエルにいなかった。私はヴァイオリン弾きにすぎない。ただのヴァイオリニストに、いったい何ができるというのだろう、屋根の上にいようと下にいようと、砂漠を切り裂いて戦車がスエズに押し寄せているときに。

持っているのは四本の指。それとクレモナの古い木でできたヴァイオリンと弓。相手にするのはこの世のものとは思えない鉄の塊。それと人間のバカバカしさ。何のために、だれのために、どんな理由でということさえわからなくなって戦い合わなければならない愚かさ。いくらこちらが十分その気になっているとしても、だ。

一週間後の十一月六日、サンタ・チェチーリア音楽院オーケストラとローマで初共演する予定だったが、この朝はそれがとても遠いものに感じられた。ついに夢にまで見た軍服を身に着け、アルコル橋の上でナポレオンがサーベルを前に突き出して進軍の命令を出したように、ヴァイオリンの弓を突き出して進むのだ。幻の兵、幻の馬、幻の騎馬隊を引き連れ、世界の終わり、想像力の果てまで行くのだ。いや、これはワーグナーのオペラでワルキューレたちが飛び回るように見えて、じつはデュカスの《魔法使いの弟子》の空騒ぎで終わるだけにすぎないのかもしれない。常識を守りながら自分のやりたいことを主張するにはどうしたらいい？

　このときエルサレムへの電話はすべて不通で、私のようなデビューしたてのヴァイオリニストの強迫観念のような思いより、もっと緊急な事態に備えていた。手を尽くし、イスラエル共和国のスポークスマン、モシェ・パールマン氏にやっと面会することができ、ローマでのコンサートを中止して、どんな任務であろうと国の意向に従ってお役に立つつもりだと告げた。ヴァイオリニストとしての奉仕ももちろん考えていた。前線部隊の兵士たちの前で演奏するのだ。

――いいかねイヴリー、きみは何もキャンセルしなくていい。ローマへ行きたまえ。行って演奏するのだ。ここよりローマできみは必要とされている。どうせこの戦争は四、五日もすれば片がつく。世界中にわが民族の魂をたずさえて行くのだ。心配するな《アル・ティダグ》、秩序はすぐ回復する《ハコル・イヒエ・ベッセデル》。

　また独りになってしまった。これ以上姿をさらして街を歩くのが恥ずかしかった。ほかの人はだれもそんなことなど思ってもいない。必要なら呼び出されることをこの地ではだれもが知っていた。でも私はどうだ。私はだれのために何のために必要とされている？　ダビデ王が竪琴を奏でたように、私はヴァイオリニストだ。

　その夜、灯火管制があった。暗い部屋で昼間の熱気が残る戸外に向け窓を開け、ヴァイオリンを取り出して自分のためにだけ数曲弾いた。数分が永遠に思えた。するとどこかの街角から、だれかが叫んだ。

――おいっ、あんた！　うちの子がいのちがけで戦ってるってのにヴァイオリンで楽しんでござるってわけかい！

アテネ経由でローマに発ったのは、月が変わって十一月だった。空気は冷たく湿っぽく、雪の降るおそれもあった。アテネでは女友だちのアレッカのところに泊まったが、アテネの人たちにはイスラエルで起こっていることは遠い出来事だった。食事もしないでトランジスタラジオにかじりつき、小さなニュースも聞き逃すまいとしている私を友人たちは理解できないようだった。

——これなら家にいた方がよかった……。

私はつぶやいた。

こんな状態でヴァイオリンを弾くなどできっこない。魂の拷問だ。やっと着いたローマ。ホテルの部屋。指揮者のウジェーヌ・グーセンズとのリハーサル数回。ローマの町はグレーに思えた。霧雨に閉じ込められた陰気な町。黒い長衣に丸帽子の聖職者。

コンサートの夜、半分無意識のままステージに登場した。私すべてがそこにいたわけではない。演奏する気にも、しない気にもならない。

観客のすぐ近くまで降りていった。薄暗がりでも一人ひとりの顔が見分けられ、まるで数日前の灯火管制のようだった。戦争はイスラエルではなく、ここで起こっているとさえ思えた。ゆっくり私は始めた。曲の始まりはいつだって急すぎる。客席に私はだれかを探していた。そう、すでに書かれていたこと、記録のない昔から決められていた出会い。タイタスとアンドロニカス、あるいは神殿崩壊以前の太古から決まっていた出会い。私はそこにいて、彼女もそこにいた。私のすぐ目の前の十二、三列目の椅子に彼女は独りで座り、周りの椅子はみな空いていた。私のために彼女を独りにしておかねばならないことをほかの人たちは知っていた。私も、彼女のために独りでいる必要があった。「彼女は美しかった」などというのは愚かしい。美しいのではなく光り輝いていた。光そのものだった。彼女の顔や鼻、眼の形、椅子に座っているときの座り方をことばにするなんてできっこない。エル・グレコとボッティチェルリの合作に少しゴヤとレンブラントの色を加えたものを言い表わせない。印象としてはただ通りすがっただけ、ひと言あいさつするためにだけやって来たという感じだった。彼女のために演奏し、彼女は私のためにそこにいた。その女《ひと》の名はシルヴァーナ・マンガーノ。大女優。アンコールにこたえようとステージに戻ったとき、彼女はもういなかった。けっして消えることのないヴィジョンを残したまま——。

それから二十年が過ぎた一九七七年八月、私は音楽祭でマントンに来ていた。コンサートが終って乾杯のため、友だち数人とディスコに行った。

——イヴリー、お会いできてとてもうれしいです。ぼくたちの席にぜひ来てください。

青年が声をかけてきて、私は私の後援者ジッピーとその妻ラファエル、それに彼らの友人たちと合流した。雑談のなかで、数日後のコンサートツアーでロサンゼルスに発つと私は言った。

——ロスに行ったらぜひママに会って！　ママはあなたを崇拝してるの。会ったら喜ぶわ。これがママの住所と電話番号。約束よ。

ラファエルから受け取った紙切れには「シルヴァーナ・マンガーノ、ディノ・デ・ラウレンティス」と書いてあった。でも数日後のロスで、もらった紙切れを探したが見つからず、後日ヨーロッパに戻ってやっと見つけた。そうなるようになっていたのだ。うたかたのイメージに実体を付け加えるなど必要ない。私は自分をなだめた。

それからさらに二年後の一九七九年、私はまたマントンに行き、ラファエルたちに再会した。

——お願い、あなたのヴァイオリンでママを起こして。ローマでのコンサートのこといつもママから聞いてるわ。

朝の四時近かった。ヴァイオリンも持っていなかったし、疲れていた。その上、朝八時に飛行機に乗らなければならない。出発までにすることは、しかし何もなかった。私たちはヴァイオリンを取りに町まで戻り、マルタン岬にあるシルヴァーナ・マンガーノとディノ・デ・ラウレンティスの別荘に向かった。

こんなにも現実ばなれした、時のはざまというものがある。現実と呼ばれるほかの時間よりもそれは現実だ。もうすぐ終わろうとしている夜のせいかもしれない。ほかにはない時間、ほとんどの人はこの時のはざまを見ることはない。まだ寝ているか、半分眠りながら勤め先に行くためにバスか地下鉄を待っている。私の状態はといえば、半分夢を見、半分意識があった。別荘はアルフォンス・ミュシャかギュスターヴ・モローにデザインさせ、税関吏ルソーによって思い描かれた湿度の多い熱帯の気候のなかの植物たちによって包まれ、建っていた。入りながら即興で私は演奏をはじめた。ロザート大理石の柱が並び建つ玄関ホールを過ぎると、大きな階段は二階の回廊の暗がりへとすい込まれ、ヴァイオリンの音もその流れに沿って登り、何千ものエコーによって増幅していった。

半時間、一時間、一世紀！　私は演奏し、別世界にいるようだった。だれにも止められたくない。気づくとだれか上で聴いている。白いシルエットが二階の踊り場の淡い光のなかで見分けられた。私にはわかっていた、それが彼女だということを。ゆっくり演奏しながら一歩一歩階段を登り、近くまで歩み寄った。腕のなかに彼女が私をとらえたのと私が彼女を抱きしめたのがほとんど同時だった。私はたぶん泣いていて、まちがいなく彼女も泣いていた。二人の涙は交じり合い、少しの時が過ぎ、私はそこを立ち去った。

二十二年という時のはざまがあり、生きてきた、それとも生きてこなかったかもしれない時があり、偶然の出会いが一つ、そして二つ目の出会い。いや、出会いではない。出会いって何だ？　一度失われた約束。二度目には見出された。幸運の女神は両手をいっぱいにしては現われないで、片方の手で幸運を与え、もう片方の手でそれを奪う。

音楽はどうだ？　場所も、流れも、人生もひたすら過ぎてゆき、与えたり与え合ったりする。だから、音楽が愛を養えるとしたら、ただ演奏するのだ！

音楽家であるのはすべてであると同時に何者でもない。

音楽は自分の内側か相手の耳と心のなかにしか存在しないものなのか？　音楽は、その人ならではのものすべてを通して起こってくる流れなのか？　いのちは、私のこの人生はたぶん運のようなものにすぎず、偶然の花火だ。生きているという恵みの時間からはずれると私は何も感じずただ疑うだけ。待ち、探しつづけるだけ。そうしたらどうあればいい？　人の熱い思いから生まれてくる光をかき立てずに生きるなんて、何も受け取らないまま生きるなんて、ありえない。

第1章　わが心のロシア

私の母はカーメネツ＝ポドーリスキイで生まれ、一九四五年八月二十八日、四十一歳で肝硬変で亡くなった。酒を飲みすぎてではなく、ロンドン大空襲で満足な治療を受けられなかった後遺症で、ささくれ立った緊迫状態のなかで世を去った。土に生きる農婦だった。底力があり、角張った顔をしていた。堂々と獅子のようで、若いころはとても美人だった。何世紀にもわたる移民が私たちの祖先に印づけてきた圧制、ユダヤ人虐殺《ポグロム》、密室恐怖症といった特徴が少しも顔や表情に見られなかった。いつも母は境界にいた。たとえばカーメネツ＝ポドーリスキイはポーランドの歴史のなかで大切な意味をもつ町で、大きな戦闘がおこなわれ、歴史の波にもて遊ばれた国境の町だった。

母のおじいさんは顎に白いひげをたくわえた族長のような人で、山のなかに独り住む金持ちの賢者と思われていた。二十世紀はじめのウクライナの平原でイディッシュの小さな村に住むユダヤ人一家にとって「お金持ち」が何を意味するのだろう。母の家には六人の子供がいた。たった一人の男の子マトゥスと五人の女の子。私の母へドヴァを先頭にショシャナ、オスナ、シュラミット、トバ。生活に必要なものすべてが足りず子供たちが飢えているとき、老賢者は娘である母の母ゴルダを助けに現われ、子供たちに食べさせてやる。イスラエルにいるとき私はこのゴルダをよく知っていた。

ゴルダの夫イツハク＝メイルから私は本名のイツハク（イサク）の名を譲り受けることになるのだが、彼はユダヤ敬虔派の一員で、このカルヴァサール地区のユダヤ教会堂《シナゴーグ》で先唱者《ハザン》でもあった。のどに引っかかった魚の骨のように、私の心に引っかかっている一つのイメージがある。夜、まだ子供だった母や叔母たちが父の帰りを今か今かとお腹を空かせて待っている。そこにたった一つ、指に魚をぶら下げてイツハク＝メイルが帰ってくる。六人の子供と妻と自分が食べるものとしてこれだけしかない。

彼はどんな仕事をしていたのだろう？　彼は生きた、おそろしくも善なる神へのうやまい、その影のなかで、信仰のなかで生きた。神はわれわれのだれよりも物事がどこに向かっていくのかを知っていて、それ以外のこと、この現世で生きていることはただ生きながらえているだけにすぎない。夢の生、魂が解放される日への希望を持ち続ける生、いつか見つけることができる楽園の生、平和と正義に満ちた生、こうした生は今の人たちには無縁になってしまった。

ユダヤの家で宗義《フロム》を守るというのは毎日、毎時きちんと生を送ることだ。先唱者《ハザン》は職業ではない。美しい声を持ち、歌うのが好きだから人は先唱者になるのではなく、集団のなかで尊敬される人が先唱者になる。きょうだいたちに奉仕し、彼らの心の奥深くをかたちにして見せる。祖国を失い、自由から見放された孤児たちはいつもほんの少しの熱情と愛を求めていて、それをかたちで示すのが先唱者の役割だった。生をいつも前向きに保ち、目に見えるようにする。止まってしまったら死だ。すべては生の上に成り立っている。だから人々は「生命に《レ・ハイム》！」と言って乾杯し「平和《シャローム》」とあいさつする。

シュラミット叔母の夫となったアーロン叔父も祖父と同じで先唱者《ハザン》だった。彼はのちにイスラエルのハイファで映画館の窓口係になり、おかげで私たちはしょっちゅう映画を観にいくことができた。

事どもの胎内に宿りしものから来たり、わが民族が生きた歴史を通じてくりかえしくりかえし伝えられてきたあまたの言葉、あまたの身振り。この記憶の彼方から来る記憶の切れ端をどのようにしたら紙の上に書き写すことができよう？

日曜の朝、私はテレビの宗教番組をよく観る。カトリックだったり、ユダヤ、プロテスタント、そのほかの宗教のがある。観ているとヘブライの人々にとってこうした儀式が生と、生から切り離せないものに対してどういう意味を持っていたのかを、私は心臓をつままれる感覚とともに理解する。たしかにわれわれは目を見張るような大神殿をつくりはしなかったが、私たちの神殿は今もなお生きつづけている。ユダヤ人虐殺《ポグロム》に追いつかれないように、われわれはいつも急いで走らなければならなかった。会話は正確で短く、数語ですべてが語られ理解される必要があった。

はじめに言葉ありき。

父もカーメネツ＝ポドーリスキイで生まれた。父の家族についてはあまり知らない。なぜかといえば、ロシアの地を逃れてイスラエルにたどり着くことができたのは、父の家族では父だけだったから。ロシアからの旅の途中で父と母は知り合った。青年の二人は社会主義シオニズム党とシオンへの愛グループの若き闘士だった。のちに強制収容所でもそうだったように、共同体の日常は規律正しくつくりあげられていた。不確かな未来、絶望という情熱を胸に抱きながら、人々は頑固に希望にこだわりつづけた。一人ひとりの幻想であり、現実でもある理想世界を頭のなかにつくりあげ、なんと多くの偉大な革命家たちがこのユダヤ人サークルから生まれたことだろう。絶望に裏打ちされた希望を抱えて、すべてに逆行しながら生きる人たち！

青みがかった鉄鈍《てつにび》色の大きな目を持つ美しい母。広い額のロシアの農婦の顔をした熱情あふれる者。若き父母やその仲間たちはどんなふうだったのだろう。現実の上に空想と人生を築こうとしていた彼らは、あだ花のような危険な存在だったのだろうか。

ロシアの冬の夜。降る雪で身体が脚のように固まり、やがて足先のようになり、ついに松葉杖のようにまるで曲がらなくなる。十八歳になったばかりのヘドヴァは家族やきょうだいに別れを告げ、二十歳の父アシェルと行動をともにした。イツハク＝メイルは戦争による飢えですでに亡く、アシエルの兄は銃殺刑になっていた。なぜ？　なぜ人は殺されるのか？　戦争や変革のなか正当な理由もなく人は殺される。ある朝、アシェルはわずかの食べ物を届けに刑務所の兄を訪ねたが、兄はすでに亡く、死んだ兄の着ていたものを手渡され、アシェルはげんこつを震わせて号泣した。

復讐か絶望か、それとも希望か。若い、若すぎる者たちの勇気と絶望！

暗い夜も明るい夜もあった。ヘドヴァとアシェル、彼ら二人は太陽の光を避け徒歩でウクライナの果てしない柔草《にこくさ》の草原を横断した。逃避行ではなく、イスラエルへ、エルサレムのシオンの丘へ向かう出発《たびだち》。彼らはシオニストだった。二千年の流竄《るざん》。もう十分だ。読者にそれが理解できるだろうか。彼らはロシアにいるときからすでにヘブライ語を話していた。この言語はエルサレムの第二神殿崩壊からずっと死語になっていた。若きトルストイ同様、彼らは自分たちのあてどない運命をイスラエルの地に再建しようとしていた。トルストイは一九一〇年、大地に還《かえ》る意志を強く持ったまま、すでに亡くなっていた。

ロシアからルーマニアに渡る最後の難関は、凍ったドニエストル川の横断だった。渡し船の船頭はわずかに残っている数コペイカの金を取った上で、川の真ん中で客の身ぐるみを剝いで殺してしまうという。両親はしかし、渡し人といっしょに凍った川を這いながらもっと危険な目にあった。銃声が聞こえた。ルーマニアのボルシェヴィキが対岸へ向け発砲したのだ。両親の頭の上で銃弾が飛び交い、火花が散った。戦闘状態がしばらくつづけばいい。無事対岸へたどりついたとき、渡し人は母だけを森の方へ連れて行き、父には別の道を教えた。二人の若者は両親や友だちのいるチェルノヴィッツで再会しようと約束した。森のなかの小屋で渡し人に「待て」と言い残され、母は独り置き去りにされた。かなり待ったのち恐怖をおぼえて母は小屋を離れた。二人が数週間後、どのように再会したかを私は知らない。先にルーマニアに着いていた母の兄マトゥスは、妹のために看護婦の仕事を見つけていた。他人の世話をするのが好きだった母は、ここでとても幸せだった。若く精気に満ちた娘。何年もの戦争と死のあとやっと見つけたはじめての自由。とてもロマンチックな母だったから、できることならもっとそこにとどまりたかった。そのあいだ父は、別の町で働いていた——。

　これらのことを母は私に語り、ルーマニアの歌まで歌ってくれた。四分半音や半音が多いうねりのある節まわしがドナウ川の曲がりくねった流れを描き出す。画家か彫刻家があなたの生あるいは死に最後の一画を加えるように、そのメロディはあなたの心に深く刻まれる。口で言い表わせる以上に大変な時代だったというのに母はどこでそんなメロディをおぼえたのだろう。（今、私はメロディと書こうとして病い《マラディ》と書きそうになった。）のちにロンドン空爆のとき、防空壕でいく晩も過ごさなければならなかったときも母は歌っていた。彼女は合唱団をつくって芸術的なグループにしようとしてもいた。ああ、聖なるヘドヴァ！

　二年間のルーマニアで両親が何をやっていたのかあまり知らない。働き、学び、従軍し、いっしょにシオニストの合唱団で歌った。ある日、二人は結婚し、ほかの若者たちといっしょに荷物のように船に積まれて第五帰還《アリア》としてイスラエルにのぼった。来年エルサレム《ベシャナ・ハバア・ベイエルシャリム》で。夢のなかに入っていくように合言葉をとなえながら楽園へ向かっていく。コンスタンツァから船に乗って黒海へ。しかし、少しもこの航海は楽園的ではなかった。これから彼《か》の地に築こうとしている愛と正義の新世界こそが楽園だった。彼らの若さと希望、それに信仰をそこで花開かせるのだ。少しでもまともな考えを持っていたら、そんな大海原のなかの紙切れのような小舟、空に向かって口をぽっかり空けて浮かんでいるだけの器に乗ろうとはだれも思わなかっただろう。その小舟が彼らをハイファやジャッファに連れていこうという。眠るのはデッキの上や中甲板、とても小さな穴のなか、救命ボートのなか。彼らは歌った。暴力的な波に揺られながら夜、歌う。何とも言えないその外気のことを母は語ってくれた。ボスポラス海峡、コンスタンチノープル、そして地中海。甘美にしてノスタルジックな島々。若さが揺れる、遠のいていく思い出とこれから始まる新たな記憶のあいだで。

英雄などではない、夢見る者たち。同時に現実主義者でもある。行く先で彼らを待っているものは何もなく、すべてを自分たちでつくり上げなければならない。そんなことは十分わかっている。だから、これは夢なのだ。海上で数日過ごした。困難な過去と困難な未来のあいだの、安らぎさえない束の間の幕間《まくあい》。彼ら若者たちの人生唯一のバカンス。ことばにできない時間。色彩の定まらない、流れるようなぼんやりしたイメージしか私は持つことができないが、これらすべてを私は肌の内側の感覚としてははっきり体験している。まるで、父の男性器によって母の胎内にはらまれた期間が数年にわたっていたかのように、私はすでにその船上にいた。天井に吊るされいつ落ちてくるのか、父のペニスはダモクレスの剣のようだ。私がこの世に放たれた八月二十五日はもう日付ではなくかたまりだ。ボール、あるいは雪か綿を丸め、物どもすべてが集まったかたまりだ。寄せ集められたさざれ石。私はこれらすべてを生き、生まれないこともできたという可能性も含めてすべてを生きた。

ハイファで、八月二十五日、私は生まれた。

父母や若者たちの静かな目を私は思う。深い底を見つめる無限のまなざしがすべてが沈黙している静寂のなか、イスラエルの夜明けへと注がれる。地平線の上に光の線が現われる。夢の光。これが——

イスラエル《エレツ・イスラエル》の地。

　一九二二年八月二十五日夜中、私は母の身体から離れた。ロシア十月革命から五年後で第二次世界大戦の前。さまざまな事件がつづけて起こったのは一九三四年だった。ドレフュス事件、二月六日にはパリ暴動がコンコルド広場から起こった。フランス外相バルトゥー暗殺。ユーゴスラビア国王アレクサンダルI世の暗殺。もう少し下ると、スペイン戦争、ガルシア＝ロルカの死、ゲルニカの無差別爆撃。時代の乳房が金属色で光る絹の帯でぐるぐる巻きにされていく。銀幕の女王グレタ・ガルボ。ジャン・ヴィゴ監督の映画『アタラント号』とその挿入歌「過ぎ行く艀《はしけ》」。私はこの歌を生まれてはじめての肺炎の高熱にうかされながら聞いた。八月二十五日は、聖ルイの日、パリ解放（一九四四年）、レナード・バーンスタインの誕生日（一九一八年）。同じ日に生まれた者はすべて似る。子供を独り占めするすばらしい母。控えめで陽気で飾り気のない敬虔主義者のような父。

　私は幼く、世界も幼く希望に満ちていた。恋人たちはくっついては離れ、今と同じように恥知らずだった。けれども私の父と母はちがっていた。二人はカーメネツ＝ポドーリスキイでは出会わず、理念や理想の上で出会ったのだ。カーメネツ＝ポドーリスキイという町――現在過去未来における永遠の廃墟。

　ウクライナ語でカームヤネツィ＝ポジーリシクィイ、ロシア語でカーメネツ＝ポドーリスキイと呼ばれ、川やトルコ橋、カルヴァサール地区とともに現存している。ただ、敬虔主義のかすかに悲しく、陽気でやさしい町のにおいは確実になくなり、祖父イツハク＝メイルの記憶もセピア色になってしまった。私のなかには母から聞いた敬虔主義の祖父、貧乏で誠実な男、トルコ帽をかぶったユダヤ人のイメージが強く残っている。そして彼の悲しい目……。

この悲しい目が、引っ込み思案だが泣き虫ではなかった子供時代の私の写真を見ると、しっかり受け継がれているのがわかる。そうなのだ。あなたがたも同じように生まれる前からあらかじめ体に刻まれている記憶があり、現実の記憶はその上からなぞって書いているだけなのだ。想像にしろ言い伝えにしろ、あなたがたは自分の生より真実のものを持っているだろうか？　子供時代の夢より確かなものを語れる者などいはしない。

六歳のとき聖書の翻訳の授業があった。アブラハムの息子イサクの犠牲の物語だった。果たせなかったこの燔祭《はんさい》のことを知ったとき、自分が引きちぎられたように私は感じた。イサクとは私のことだった。父によってひきちぎられ縛られ、梱包されてスタンプを押された私。イサクは私だった。

東洋の占星術によれば、私は何かを抱えて生まれてきた子供だという。頭がこの世に出たとき私は九か月を母の胎内で過ごしたのだが同時に千歳もの年寄りで、世界も母も私がいてはじめて存在した。だから私は無気力や雑音に対抗して創造を続ける。対抗する敵はしばしば自分自身だ。自分を開き閉じる。この連続が私の生だ。「仕事は人生に味わいを加える」ということわざがあるが、子供のころから私はこれを言い換えて「人生は仕事に味わいを加える」と言っていた。

「私は幼く、世界も幼く」と書いたが、言いたかったのはそのとき一瞬にして変化が起こったということだ。一つの時代から次の時代へ変化するのは一瞬にして起こる。触れも、つかむこともできない一瞬で歴史は変わる。流行も変わる。「ここだ、ここ。変わったのはまさにここだ」とだれも言えない。均一な時間の流れのなかで変化が起こるというのは幻想だ。変化はいつだって一瞬で、だからアブラハムとイサクの物語を読んだ六歳の一瞬は私の人生に刻みつけられた変化の瞬間で、だからリリとの初恋が六歳だったのだ。……思い出してしまった。ブルネットをボブスタイルにしたドイツ娘リリ。一九三〇年、年末のハイファのジャーマンコロニーにいたリリ。束の間感じた彼女の香りは甘いお菓子だった。彼女の家はお菓子もつくっているドイツのパン屋だった。同《おな》い年。私がいつもなくさないように大事にしている年齢。

子供のときの私は植木の世話が大好きだった。植物はときにはうまく成長し、ときには自動車に轢かれた。私は成長したり持続するものが好きだ。私の物語は根が生《は》えること。水や油が広がっていくように根が生えていけば最後にはすべてを覆いつくし、だれもが大切なものをそこからくみ取ることができる。しかも源はおそらく尽きることがない。知っておいてほしい、この広がりはほかの人に奉仕するために費やされ、ゆだねられる必要がある。たとえばバルトークやコダーイ、リムスキー゠コルサコフはもちろんのこと、ラヴェルもそうだ。ラヴェルはフランスの作曲家なのにスペインやユダヤなどほかの民族のなかに飛び込んで創作をした。われわれの生は限られている。私たちは民族の物語を選んだわけではないが、手にもって生まれてきた。そして私たちのなかで民族の物語も少しずつ変わっていく。私の民族の物語はカーメネツ゠ポドーリスキイで始まった。両親の民族の物語はもっと古く、スペインの宗教裁判あたりから始まっている。一点で大地と接している一輪車のように、そこがすべてのルーツだ。人は支点のない無限の世界に生きることはできない。制限や境界がなくてはわれわれはいられない。だから私はカーメネツ゠ポドーリスキイなのだ。だれもみな、すでに持っているものしか持ち歩くことができない。

　私は一度もカーメネツ＝ポドーリスキイに住んだことがない。それなのに一九六三年の十月にコンサートでロシアを訪れたとき、両親の出身のこと、許可や法規でもめたことがあった。たしかにそこに私の小さなルーツがある。イスラエルにも小さなルーツがある。二つは同じルーツなのか別なのか？　世界に視点を移してみると、お互い似ている民族の音楽に出会う。アイルランドの音楽と朝鮮の音楽などがそれだ。実際に生きた現実と想像のなかの現実をどう区別したらいいのだろう。母からカーメネツ＝ポドーリスキイについて語り聞かされた現実は、私がのちにそこで体験したことより子供の私にとっても現在の私にとっても、ずっと現実的だった。大きくは人類にとっての民族の物語があるのと同様に、一人の人にとっての民族の物語がある。私が一歳か二歳のとき母はロシアの歌を歌ってくれた。家ではヘブライ語が使われていたが、ロシア語は習ったことがないけれど私は話すことができた。飛行機がロシアに向かって飛び立ったとき、私にはうずくような感動があった。パリからたった三時間でモスクワだ。三十年、四十年の人生で記憶していることのすべて、蓄積された民族の物語すべてがあなたをつかまえてこま切れにする瞬間だ。モスクワ上空を飛行機で飛びながら、私は感極まって息ができなかった。紙切れを取り出して書き出した、「パパ、ママン、パパ、ママン」と。過去が出会う瞬間、思ってもみないことが起こる。

　祖国イスラエル、わが誕生の地。私はイスラエル国の人間だ。祖国に事が起きたら私は生よりも死を選ぶ。それなのにロシアの大地に触れたときすべての神話がロシアと結びついた。生まれる以前の記憶がそこにはあった。母が語ってくれた記憶は第一次世界大戦のときのカーメネツ＝ポドーリスキイだった。オーストリア、コサック、ロシアが代わるがわる占領しては略奪し、またもユダヤ人の悲劇が始まっていた。オーストリアの士官たちはエレガントな階級制をつくり上げ、コサック兵は情け容赦ない完璧さでシステマティックな略奪と殺戮をおこなった。コサック兵が迫る音が聞こえた。ロシア軍歌をコーラスで歌っている。馬も武者ぶるいし、彼らはトルコ橋を渡ってこちらにやって来る。母はこれから起こることの恐ろしさも忘れて、そのコーラスに聴きほれた。

　モスクワで飛行機を降りたとき、私は第二の故郷にいるのを感じた。しかし半時間もしないうちに心の足場がトランプのお城のように崩れていった。「これはちがう。モスクワはこんなじゃない！」のちになって私はレニングラード（現サンクトペテルブルグ）で自分の民族の物語を少しだけ見つけた。両親は一度もこの町に来たことがない。なぜならこの町は一九一四年までユダヤ人が入るのを禁じられていたから。キエフ、オデッサでも少しだけ感じた。でもモスクワでは感じなかった。逆にニューヨークのユダヤ人街はロシアよりロシア的だ。ロシアにあるものが何でも移植されている。モスクワで何もかもが幻滅だったわけではない。いくつものコンサートを回っているうちにそれなりの発見はあった。

　ソ連邦になったロシアも私には重要だ。そこでは人々がみな左翼として生きている。父は労働者だった。イスラエルに来て職を探していたとき、大きな製粉工場で粉ひきの仕事を見つけた。そこではまず粉ひき小屋からつくらねばならなかった。最初父は石工《いしく》をやりそのあとで粉ひきになった。悲惨な時代に育った両親は手に職をつける時間がなかった。人生は砂漠にも花園にも向かって開いている。可能性は無限大だ。そして父は粉ひきを選んだ。粉だらけになって働く父を見るのが好きだった。現在七十五歳の父は今でも週に二日製粉工場に働きに出ている。働かないことができない性分なのだ。

労働者の父は社会主義者で左翼だった。母の歌の先生は当時のイスラエル首相ベン゠グリオンの義理の兄弟だった。この先生の妹はフリードマン・ルォルフという変わった小男と結婚していた。ルォルフはエネルギーにあふれ《カルメン》や《フィガロの結婚》まで歌った。さまざまな国からやってきたあらゆる職業の人たちがイスラエルにはいた。ふつうではない。と言って何とくらべてふつうじゃないのだろう。祖父の「お金持ち」というのも何かとくらべているのかどうか、よくわからなかった。ロックフェラー家を引き合いに出しているわけではなく、ヴァンスやトゥーレットのお金持ちタルタンピオン氏レベルのことだろう。

話を本筋に戻そう。私にとってロシア革命は重要な出来事だ。レーニンもトロツキーも知識として重要なのではない。私はいつだって感情抜きに物事を理解できない。感情は私にとって山道を導いてくれるたいまつと同じだ。レーニンもそうだ。革命家レーニンの歴史は実の兄が処刑されたときから始まっている。モスクワでトランプで組み上げた城が壊れていったのは空港の係官を見て失望したからだ。革命はどこへ行ってしまったのだろう。公務員である彼らとそのほかの人たちのあいだには大きな壁があった。五十年前にあった貧民街と同じだった。人を人として扱っていない。モスクワで飛行機を降りたとたん、私は五十年前の貧民街に紛れ込んだ気がした。今ロシアはもっと革命から遠ざかってしまった。真実は隠されて見えなくなっている。ほんとうの革命はほかの場所で起こっている。

第2章　最初のヴァイオリン

一九一二年、両親はルーマニアを離れて私が生まれた土地を目指した。何もないここで何をしようとしたのだろう？　ほんとうに何もない土地だった。ハイファは人口数千の小さな村で、岩だらけでヘビ、サソリ、ハイエナがたくさんいて注意が必要だった。自分がなれる者に人々はなっていった。目的は理想の徹底追及。中途半端は意味がなかった。

母は病院看護婦の仕事の次に園母《ガネネ》になった。園母は若い娘たちのために設けられた仕事で、子供という若芽の世話をする庭師だった。のちに母の妹三人も園母になった。「適職がなければ園母に」と言われていた。今日《こんにち》に至るまでイスラエルでは子供は王様という考え方に変わりがない。ユダヤ家族ではあたりまえだった。地中海周辺はどこも同じだと思う。子供の園を辞めたあと母はお針子になり、父は操業開始前のパレスチナ製粉工場を建設する仕事をし、その後粉ひきになった。どんな仕事をしていても、その土地にいればイギリス人がユダヤ人に約束した「国」を建設する道にいることにちがいはない。しかしイギリス人は同時に同じ土地をアラブ人にも約束してしまった。

高原のベドウィン族の少年たちとアラビアのロレンスによってつちかわれたホモセクシュアルのロマンチシズムよ！

そのころ母は見るからにお腹が大きくなってきたのに気がついた。十分な食事によるのではどうもないらしい。戦争やロシア革命で何年にもわたって骨と皮だった母にとってはこの考えもまんざら突飛だったわけではない。このとき母の女性解放運動家としての心が目覚めた。以前から母は潜在的な婦人参政権論者だったし、女性解放運動ということばがないころから運動家だった。子供の出現！　聖母マリアと同じ告知を受け、授かりものだというのに母は産みたくないと思った。自分独りで子供を身ごもったと母は思い込んでいた。いや、だからといって聖処女の使命に目覚めたわけではない。母の独立心が自由な翼を求め、父と結婚しているわずらわしさにも耐えられなくなっていた。

放っておけば胎児になるよけいな肉、どうせいつかは死んでしまう肉体を今のうちに処分してしまいたいと母は思った。自立したいという彼女の気持ちは子供よりも大きかった。個人としてまっとうする生き方もあるが、共同体のなかで生きる、国家に捧げる生もある。さんざん悩んだ挙句母は共同体のなかで生きることを望んだ。

こうしたすべてを、もっとあとになって私は母自身の口から聞いた。

しかし、悪魔的な小天使が夢のかたちで私を助けに現われた。本物の悪夢を母は見たのだ。でも何で？　フロイト先生、教えてほしい！　生まれようとしている子供は「何か」だ。「何者か」でもある。小さな天才。小さな救世主。え、また何で？　ウクライナの最果てから来たユダヤ人家族にとっては、救世主が生まれることだってあり得ないわけではない。イサーク・バーベリの『オデッサ物語』にもそんな話が書いてある。

だいたいこんなふうなのだ、オデッサ＝キエフ＝ヴィルナ地域のユダヤ人の男の子が生まれるときは。見出された楽園に対するすべての希望、あるいは怖れを抱き、ヴァイオリンを手にした小さな救世主、ユダヤ音楽《クレズマー》の担い手で村のヴァイオリン弾き、みんなそう。女の子は？　ピアノだ！　それが彼らの目の前に置かれた未来のすべてだ。現実とかけ離れた未来。新天地ではたぶん希望が現実となり、きっと手にできるものになるにちがいない。しかし、母は手で確かめられない希望をもう望んではいなかった。でも、夢を見、私が生まれた。この世に私が生まれるまでの三日間、母は生死の間をさ迷った。この三日間がなければ、私はおとめ座ではなく、しし座の二二日から人生が始まっていたかもしれない。わかっていただけるだろうか、難産のせいで静脈炎になり、母はその後の生涯を片足が腫れたまま過ごすことになった。生まれたときから私はこんな罪を犯していたのだ。


最初の思い出？　開くと幾枚もの絵を描いた扉がある中世の厨子《ずし》のようでもあり、一枚の大きなフレスコ絵巻のようでもあるばらばらな記憶。

私たち家族ははじめ、市場《スーク》近くの古いアラブ村に住んでいた。市場に買い出しに行く母はよく私をいっしょに連れていった。想像できないと思うが、この環境のちがいを想像してほしい。雪深い草原地帯のユダヤ人居住区《ゲットー》や何年にもわたる戦争による飢えから逃れてきた若い娘が今トマトやスイカのただなかにいる。砂漠の砂嵐《ハムスィーン》が吹き荒れる土地で、スパイスのにおいに囲まれ、歩く農民《ファッラーヒーン》たちは北アフリカの長衣《ジェラバ》を身に着けている。絵に描いたようなその雑踏のなかを娘が子供の私の手を引いて歩く。ことばではどうにも描写ができない雑音。すべてがあまりにちがっている。はじめて聞く音、自由を運んでくれる音、もちろん私にもすべてがはじめての体験だった。

　こんなふうに市場を歩いていたとき、母の手を持っていたと思ったのだが、目の前の風景に目を奪われ、ふと気づくと私は長衣を着たアラブ人に手を引かれていた。しばらくのあいだ道に迷ってしまった恐ろしい時間が流れ、人の善意で母と子はまたいっしょになれた。

　はじめての友だちはアラブ人の子供だった。鼻のなかで今でも感じるこの地域のスパイスのにおい。ここでしばらく暮らしてから私たちは引っ越した。引っ越し先では絵のような風景は減ってしまったが、スパイスのにおいはむしろ強くなった。ジャーマンコロニー近くのキリスト教徒のアラブ人、ヨセフおじさん《アブ・ユーセフ》の石づくりのアパートに移ったのだ。二階ほぼ全部を使わせてもらい、私にはとても広く感じられた。当時この地域では典型的だった家族が増えても使えるように設計されている、まるで太っても当て布で幅出しできるように前もってスリーサイズ大きめにつくってある洋服みたいな家だった。部屋数が多く、家族一人ひとりが小さな部屋を別々に使っていた。父・母・私、それに時期によって一人だったり二人だったりしたが、叔母たちもいっしょに住んでいた。モイシェとベーバのビッグ夫妻もいっしょだった。ベーバはピアニスト、モイシェは作曲家で合唱団を主宰していた。二人とも尊敬できる人たちだった。今ではこういう人たちはいなくなってしまった。

モイシェとベーバの息子アヴィクドールはヴァイオリンを習っていた。子供同士よくヴァイオリンを競い合った。競争はしたけれど仲がよかった。音楽が私たちのまわりにあり、家のなかにもあった。父もとってもいい声だったが、静かにそのままいることが好きだった。母は父とはちがい創造する女だったが、残念なことに表現する手段を知らなかった。教育も受けていなかったし思いをかたちにする技術も持っていなかった。私は両親の二つの性格を受けついで、私のなかで実現した。

この地域では小さいうちからヴァイオリンを持っている子供をよく見かけたが、五つになったときみんながお金を出し合って私にもヴァイオリンを買ってくれた。この日からヴァイオリンは決定的に私の一部になった。物ではなく、ヴァイオリンはとてもからだに近いものだ。精神分裂病の楽器ともいえる。だからだと思うのだが、とてもユダヤ的な楽器だ。ピアノの前に人は座る。両手を前に出し食べたり書いたりするときみたいにする。一連の統一感のある動きがここにはある。でもヴァイオリンときたら……。道を歩いてくる人がヴァイオリニストの手つきをしたとしよう、それを見たら人は何と思うだろう？　おかしい、気狂い、そんなところだ！

左手が何かしているかと思うと、右手はまったくちがうことをする。葛藤している二つの手のあいだに閉じ込められ、人は揺れに揺れている。これがヴァイオリニストだ。引き裂かれているとも、好き勝手に動いているとも見える。体全体が動いてじつに奇妙な心と体の協同作業。コントロールされ、操縦されている精神分裂。

オデッサ＝キエフ＝ヴィルナ地域の性格を説明するのに、これがよいヒントになるだろう。射精するようにエキスを四方八方に撒き散らす元気いっぱいのアメーバたち。あの地域で生き残るには浪費しまくり、気狂いになり、集中することが必要なのだ。何世紀も前からあそこには村のヴァイオリン弾きでユダヤ音楽《クレズマー》の担い手がいた。ヴァイオリンは逃避ではなく、現実の一部だったのだ。ポーランドやロシアにいたユダヤ人グループがオーストリア国境周辺に集まってきたのは、わかるかぎりで百年ぐらい前、ユダヤ人居住区《ゲットー》の壁がこわされてからこっちのことだった。きっと以前はすごくたくさんの知られざる天才がいたにちがいない。

イサーク・バーベリの『オデッサ物語』にもあるように、ここにはヴァイオリニストも救世主もいた。そういえばストラディヴァリウスの名品には「救世主」という名がついている。そんなたいそうな楽器を持ってしまったら、どう生きたらいい？　そのころパレスチナで人々は孤立していた。今でも状況は同じだが、世界がそのことを知るようになった点が昔とはちがう。

最初のヴァイオリンをプレゼントされた五歳のお誕生日に小さな丸襟の茶色いビロード服をつくってもらった。丸襟小僧《ブビクラーゲン》の一丁あがりッ！　そして子役のジャッキー・クーガンみたいに髪の毛をカットしてもらった。母、祖母、叔母もいた。叔母の友だち、それにベーバ・ビッグ。さぁ大変、私は女たちに囲まれてしまった。わがリトル・ロード・フォントゥルロワはテーブルの上に立たされ、女たちから誉めそやされ、愛《め》でられ、ああだこうだ言われた。からかい好きの女たちは私をもみくちゃにし、少し侮辱したがそんなに嫌ではなかった。じろじろ見られ、後ろからお尻の肉をつままれ「脂肪《シュマルツ》！」と言われたりした。そのせいか、階段で後ろにだれかがいると、今でも気になってしかたがない。

私の最初の楽器はヴァイオリンではない。いつも離さず持っていたのはハーモニカだった。オシッコに行くときも、写真を撮られるときもいっしょだった。一歳四か月の私がハーモニカを持ってクッションの上に立っている写真が残っている。生きていくのがとても大変だったのに、幸せに思えたそれらの日々。

悪ガキにおどされてお小遣いを取られそうになり、怖くて走って逃げた。門限に間に合わないときは家の人に前もって言っておくこと。コサック兵と鉢合わせした母にくらべれば、まだまだかわいいものだ。ユダヤ人の血と女の肉に飢えているコサック兵に出会った母はいのちからがら走って逃げたという。袋をかぶせただけで蜂の巣を探しに行かせ、友だちが蜂に追いかけられるのを見て楽しんだ嘘つきの子供。けんかの思い出。相手は力が同じくらいだったり、強いヤツだったりした。近くの浜辺で父と見た夕日の沈む光景。

テルアビブに母が仕事を探しに行っていた時期がある。連れに戻ってくれるのをひたすら待っているあいだ「子供の家」に預けられた私はまるでみなし子だった。父は夜番と昼番を交互にくり返しながら私の世話に明け暮れていた。

引っ越したのもこのころだった。ジャーマンコロニーがある旧市街からカルメル山を少しずつ登って移り住んだ。ハイファ市そのものが建設によって少しずつ丘の上に発展していた時期だった。

このころ私は初めてヴァイオリンのレッスンを受けた。ヴェリコフスキーという女の先生で、ご主人は聖書のことばを科学的に証明しようとした『衝突する宇宙』という本で有名になったイマニュエル・ヴェリコフスキーで、内科と精神科の医者だった。私は六歳と数か月になっていた。五つの誕生日から最初のレッスンまでのあいだ、暗い部屋で私は独り至福の時間を過ごしていた。両目をガーゼでおおわれ、ひと目でそれとわかるトラコーマで涙が止まらなかったのだ。アラブ人の友だちのところでうつされたトラコーマはこの地域の風土病だった。今ではイスラエルとイスラエルのアラブ人地区からこの病気はほぼ完全になくなっている。

街の魅力に目覚めたのもこのころだった。道に向いて開いた窓。街と街の持っている見世物小屋的おもしろさに惹かれた。目がよく見えなかったので、よけい何でも見たかったのかもしれない。

線路の上にある部屋でレッスンは行なわれた。今は大きな港になっているが、列車が到着するたびにヴァイオリンを弾く手を止めなければならなかった。ツヴィ・ザイトリンと私はそのたびに窓に走り寄った。ツヴィとはよくいっしょにレッスンを受けていた。お父さんがヤグールのセメント工場で働いていた彼は、のちにヴァイオリニストとして一級の音楽家になった。最初の「ほんとの」公開コンサートを私たちは工学校《テクニオン》で行なった。楽屋はふつうの教室で、そこにあったインク壺で私たちは遊びはじめてしまった。だからヴァイオリニストというより小さな煙突掃除夫だった。なぜって、手も洋服も二人ともインクで真っ黒だったから！

初めて聴衆の前に出たのは小学校のときだった。茶色いビロードの布をかぶせたミカン箱を舞台にみたてて、クラスの友だちの前で演奏した。七歳になるかならないかのころだった。

一つひとつは小さな出来事だが、どれも私の発展、あるいはちっとも発展しないことの基《ベース》になったと思う。旅立ちの基《ベース》、天馬《ペガサス》のスプリングボード。でも、どういう空に向かって飛び立とうとしていたのか？　それ以後の人生で私が体験することになるだろう状況に向けていくつもの基《ベース》の苗が植え込まれた。喜びの基、葛藤の基。

トラコーマのせいで光に目が慣れず盲人のように手を引かれ、頭巾をかぶっていたが、そのときの私にはまだ見せかけの家族との生活があった。父は勤めていた製粉工場が大変な時期で、斜めに肩から銃をかけて見張り番に出ていた。別に小さな英雄だったと言いたいわけじゃない。両親の関係は不安定だったが、時間をかければ修復できたかもしれない。母と父の二人のあいだで私の気持ちは二つに分裂し、二人に同じように誠実であろうと努めた。両親に破局が訪れるのにはまだ少し時間がかかった。

ヴェリコフスキー夫人のレッスン代を母は夫人の洋服を縫うことでまかなった。少なくともその時期の母は私の犠牲になってくれた。具体的に母は私に愛を示したのだ。そう私に理解させようとし、私はそう理解している。カルメル山に住んでいたヴェリコフスキー夫人の家に私たちは住み込むことになった。そこは家からとても遠く、眠るとき私が怖がったので、針仕事をベッドのかたわらでしながら母は子守唄を歌ってくれた。

のちにテルアビブからエルサレムへ、そしてヨーロッパへと旅立って家族の糸が切れたころのこと、道に向いて開いた窓、私の興味をかき立てた街の風景はテルアビブのゲウラ街三番地の私の部屋のシミのある壁に取って代わった。壁のシミに私はたくさんのヴィジョンを観た。そしていたずらをしたり、現実から逃げる日々を送った。そこでとどこおっていた私はどうやって成長し、どうやってそこから抜け出たのだろう？

このとき壁の上に見た想像の世界がのちにパリで現実のものになった。パリ、テルヌ通り四五番地四階の窓から見えた風景がそれだ。何時間も人が通るのを私は眺めていた。高い窓から見ると、歩いたり止まったりしている人の群れはまるで動く歩道に乗っている彫刻のように見えた。テナントモールの人ごみのなかで彼らは自分を見失っているようだった。

どんな育ち方をすると子供の魂が芸術的表現にふさわしいものになるのだろう？

ベートーヴェンから酔っ払いで乱暴な父親を取ったとしたらどうだろう？　モーツァルトから奇跡の子供時代へいつも引き戻される思いをなくしたとしたら？　シューベルトから悲惨さや若くして梅毒にかかったことがなかったら？　カフェなしのバルザック？　こうしたものがなかったらいったい彼らは何になっていただろう？


カルメル山の傾斜地に引っ越したとき樹の上に家をつくった。初めての不動産所有。八歳の誕生日は家族でお誕生日を祝ってくれた最後だった。たくさんの子供たちが家にやって来たのに私は樹の家にこもったままみんながいなくなるまで外に出なかった。このことがあってからというもの、私は樹の上の家から降りるのがとてもむずかしくなってしまった。

ハイファの砂漠で腕時計をなくしたのが何でこんなに心に残っているのか。腕時計は父からもらったもので、七歳か八歳のときなくし、ずいぶん長いあいだ探した。いつかきっと見つけるにちがいないと今でもそう思っている。

いつかきっと見つける――。バイヨンヌの小さなカバンもそうだ。あわただしく母とイギリスに向かった一九四〇年、私は貴重品をすべてそのなかに入れた。スケジュールを山ほど書き込んだ手帳、想像世界を書き込んだ想像カード。それらをカバンごとなくしてしまった。それなのに母の炊事道具を入れたバッグは無事手元に届いた。よく夢想するのだ、いつかだれかがそのカバンを見つけてくれてコンサート会場の出口で手渡してくれることを。

生涯私は何も所有してこなかった。今使っているヴァイオリンもやっと最近ローンを払い終わったばかりだ。所有していたことなんて、ほんとになかった。

第二次世界大戦のイギリスでついに独りになったとき、私はラジオを買った。ラジオは大好きだった。ニューヨークだろうとモスクワだろうと世界を聴くことができる。しかしすぐ壊れた。ま、ともかく、一度はラジオを所有していたことはたしかだ。

所有欲があるのかどうか自分ではわからない。持っていないものを欲しがらないようにすることだって人はできる。これはイメージなのだが、私だけの何かを私は欲しているのだ。だれもそれを取り上げることができない。そこにあるだけのものだったら、きっとだれかに持っていかれてしまう。

もちろん金は稼いだし、今でも稼いでいる。けれどもいつだって不十分だ。カルメル山の上に住む父は二日に一度氷を補充しなくてはいけない貯氷庫をもっていて、何年もそれを使っていたがついに冷蔵庫を自分の金で買った。冷蔵庫を父が持ったのだ。所有するまでずいぶんと時間がかかった。

愛情あふれた子供時代から今までずっと私は何もなしに生きるのを習慣にしている。おいしいレストランへ行くのに車で何キロも出かけたりなどしない。お腹がすいたらパン切れとチーズがあればいい。パンとチーズだっていつも手の届くところにあったわけではなかった。

目の具合は悪化し盲目になるおそれもあった。高名な眼科医のティコ博士しか救うことができなかった。博士はとてもやさしく親切で、この地域のトラコーマを減少させた功労者だった。エルサレム旧駅近く、城壁の目の前に博士のクリニックはあった。イスラエルのアラブ人やユダヤ人がトラコーマを患わなくなったのは、ひとえに博士とそのグループの働きと犠牲的精神のおかげだ。

毎週、ちょっと変わった冒険が始まった。母に連れられてエルサレムまでラジウム治療に行くのだ。きのうのことのように思い出す。上から下まで白衣の人物が丸い金属ミラーのついた黒いリングを頭につけてやってくる。未来世界のスーパーマンみたいなこの男が白いシーツを敷いた黒革のベッドに横になっている少年の上におおいかぶさる。私は動いてはいけない。麻酔はいつ終わるかわからないほど長く、開きっ放しになった目に向かって蒸気コンプレッサーが当てられる。コンプレッサーのなかには圧力調整用の小さな鉛が入っていて、そこを抜けてラジウムが噴霧されてくる。

忍耐と運命、それとも「必ずうまくいく」という確信を私はここで学んだ？　それは別にして、ティコ博士とラジウム発見者のキュリー夫人に感謝。自分に感謝。すべての子供たちに感謝。アブラハムの子イサクの子イスマエルの子たちに感謝。彼らは縮んでもやがかかった目をしていたかもしれない。長い衣を着たベドウィン族の農民《ファッラー》の父や母よ。人の愛と子供たちの忍耐心によって目の病いが治った子供たちよ。きょうだいとも言えるあなた方のいく人がのちに心ない他国人に扇動され、憎しみをかき立てられ、われわれと分裂し別れ別れになってしまったことか！

エルサレムに行くと言っても、その当時は大変なことだった。旧式のバスで石だらけの道を揺られ、途中の町でいちいち停まる。ジェニン、ナーブルス（シケム）を過ぎ、サマリアの丘、ユダの丘を通り、曲がりくねった狭い道を抜けるとやっとユニークで忘れることのできない町エルサレムが現われる。ユダヤ教徒だろうとイスラム教徒、キリスト教徒、無神論者、不可知論者だれでもがこの町を見て無感動ではいられない。一瞬にして神の存在、信じろと命じさえしない神を理解することができる。神は信仰さえ必要としない。来年エルサレムで《ベシャナ・ハバア・ベイエルシャリム》。二千年のあいだ、最果ての亡命の地から、暗い悲しみに満ちたユダヤ人の目が向けられた町エルサレムへ、シオンの丘へ。シオニストたちよ……。やっと開くことができた目ヤニでべたついた目で、私も黒メガネごしにこの町を見た。銃は持っていないものの、まるでギャングスターみたいないでたちだった。

ヨルダン川の西側はどんなくねくね道でも知っていた。ミカドのお尻やアミン大統領のひげ、見ることも触ることもできないそんなものまで私は知っていた。あれ、アミン大統領にひげなんてあったかな？

何てたくさんの演説の声が聞こえることだろう。ヨルダン川のこっちから、国連から、パレスチナから、パレスチナ解放戦線から。シンプルで複雑なこと！　でもだれもパレスチナ人について語ろうとはしない。私が知っているかぎりこの地域のあちこちにいたのはアラブ人だった。彼らは長くて恐ろしいオスマン帝国の統治のもとで抵抗した。イギリスだけが彼らの後押しをした。そして第二次世界大戦のあいだに約束を結んだ。神のみがそのいきさつを知っている。何世紀ものあいだけだるく眠っていた太陽、石砂漠、ただれて、トラコーマやマラリアに冒されていた土地。この乾いた土地、裸の丘、ガリラヤの丘、イスラエルの谷、ユダの丘から理想を掘り出すためには多くを求めず、空想に生き、フレッシュなひと握りの気力に満ちたユダヤ人が必要だった。世界八十か所に散らばっていた千年の二倍もの期間瀕死の灰のような存在だったユダヤ人、彼らは聖書のなかの言語、話すことのなかったことばを復活させ、玄武岩の砂漠、病気のために荒れ果てた沼地、開墾不能の土地、正真正銘の伝染病地帯を時の利を得た売り手たちから買い取って農地にしていった。

　エルサレムへの旅はつらかった。私たちは知人の家やバイト・ヴァガンの遠いいとこの家に泊まったりした。バイト・ヴァガンはエルサレムから数キロ離れた小さな村で、当時はとても気味の悪いところだった。一九二九年に大きな紛争があったとき、村人数人がアラブ人の畑泥棒に惨殺された。それと、ヘブロンというアブラハムの町ではユダヤ人が何人か喉をかき切られて殺された。その日はイスラム暦の聖バルトロメオの祝日で、エルサレムの偉大なイスラム法学者《ムフティー》の命令による虐殺だった。この法学者はヤーセル・アラファートの近い親類だった。

　こうした半内戦状態はそこに生きる私にとっては大問題だった。若者も年寄りもまだ幼かった私でさえ何もかも知っていた。谷や丘を見下ろす突き出した岩に私はよく座りに出かけ、遠く、とても遠くを見ながらどんな運命、どんな才能が自分にあるのかを、私を見ているにちがいない神を呼んで尋ねようとした。この丘は一九四八年の独立戦争以来、シオニスト、テオドール・ヘルツルの名にちなんでヘルツル山と呼ばれている。すぐ近くにはナチのユダヤ人虐殺を記念するヤド・ヴァシェム博物館が建っている。バイト・ヴァガンからエルサレムの方に少し行くとベイト・ハケレム（ブドウの館）という町がある。

私は独りでこの町までよく散歩し、やはり独りで散歩する一人の男にときどき会った。この男は私の手を取って世にも不思議な話をいくつもしてくれた。

のちにこれが二十世紀最大のヘブライ語詩人の一人ハイム・ナフマン・ビアリクだと知った。ちょっとおもしろいエピソードでしょ？

ハイファからエルサレムに行く旅がとても大変だったので、エルサレムに住むいい口実ができた。口実が必要だとしての話だが。キング・ジョージ五世通りに面した建物の一番上の六階の部屋を借りた。名前は同じジョージ五世だが、パリのとは比べものにならなかった。バルコニーは狭く小さな部屋が二つ。でも旧市街が一望できた。

ヴァイオリンの勉強をつづけるため、先生を見つける必要があった。結局ミラ・ベン＝アミ夫人に決まり、じつに驚くべき、すべてが花開く時期が始まった。エルサレムだからだ！　ミラ・ベン＝アミ夫人は正確で独裁的、善良で厳格、ゆるぎない確信を持っていた。信仰の人で、どんな苦しいことがあっても犠牲の心で向かう。私をとても愛してくれ、私に才能を見出して幸せを感じたと同時に自分の感情表現が擦り切れて残り少なく、私に分けてあげられないことに欲求不満を感じていた。

目の治療のおかげで私は少しずつ動けるようになっていった。ほとんど障害者といってよく、しぼんでいた子供だったのが、やっと翼を見つけ飛び立つ時がやってきた。

学校の授業は途中で止めたままだったが、それほど悲しくはなかった。なんにしても、目をふさがれたままがいい子なんているだろうか？　ここで選ばなければいけなかった。私は選び、物事は選ばれるべくして選ばれ、音楽が選ばれた。

ヴァイオリンを始めたとき、これこそすごい楽器だと思った。私は発信者であると同時に受信者になることができた。この楽器で自分が表現できると感じた。でも時々、私のヴァイオリンを利用しようとする人がいる。私にとってヴァイオリンがとても大事だということをだれも理解していないんじゃないだろうか。で結局、私が利用されただけで終わってしまう。ヴァイオリンと私は愛の物語そのものなのに、他人が奪おうなどとすると私は暴君のようになってしまう。私の本当の最初の先生ミラ・ベン＝アミ夫人はヨーゼフ・シゲティの弟子だった。私たちが練習する部屋の上の方にいつもシゲティの写真が飾ってあった。そのせいで私はシゲティを音楽の上の祖父のように感じていた。

ある日、ミラ・ベン＝アミ夫人はブロニスラフ・フーベルマンという名前の男の人の前で私に演奏させた。この偉大なヴァイオリニストは立派な紳士だったが片目が義眼で、見られているかどうかよくわからなかった。汎ヨーロッパ運動の創始者でイスラエルのフィルハーモニーオーケストラの前身パレスチナ交響楽団も彼がつくった。ミラ・ベン＝アミ夫人は私にキング・ダビデ・ホテルの彼の前で演奏させた。「この子には才能がある」と彼は言った。今までも、たまたま私の演奏を聴いたエリカ・モリーニなど、ほかのヴァイオリニストたちも同じことを言ったけれども、フーベルマンはほかの人とは違ったことをした。

――この小さな翼くんにほかのところで学ばせなさい。

と彼は言ったのだ。ほかってどこだろう？　ベルリン？　ありえない。ウィーンでもモスクワでもない。パリが残った。パリ！　偉大なるフランコ＝ベルギー派の栄光！　クライスラーもエネスコもそこに通った。

フーベルマンは私がヨーロッパに行く許可をもらえるようにキャンペーンを張ってくれた。力を貸してくれる芸術家たちほど感動的なものはない。コンサートを催したり、ハビマ劇団の喜劇役者に至っては私たちにお金を作ってくれるために芝居の興行をしてくれた。ヘブライ語で「場面」という意味のこの劇団はスタニスラフスキーのモスクワ芸術劇場出身の役者たちが創設したイスラエルの国立劇団だった。

私はもう一つコンサートで演奏しなければならなかった。でももうどうしてだか忘れてしまったけれど、私は演奏したくなく、結局私は演奏しなかった。きっとちょっとおかしかったんだろう。私たち家族は四つ角に立っていた。両親は「お前はヨーロッパに行くんだよ」とは言わなかった。そうは言わなくて、私の意見を訊いてきた。これは一種の亡命だということを私に分からせようとした。しかもその亡命はとても長く人生の断絶ともいえるものだと分からせようとした。決めるのは私だった。ある意味で私は両親を尊敬しているところがあるけれども、このとき私は自分に言い聞かせた、〈家族全員の人生を決めるのは十歳の少年ではない。私ではない〉

製粉工場で働いていた父は息子がまさか別の人生を歩むとは考えてもいなかった。でも母は父とは別の強い望みを私に抱いていた。自分自身に対しても多分抱いていた。十歳の後半になっていた私は自分に恐ろしい質問をしなければならなかった。〈私の決断は父や母そして私にとってどんな

意味を持つのだろう〉

――出発しよう。

と、いくつもの理由を挙げて私は言った。小さな私はたくさんのことをしたかった。探検家になりたかった。天文学者になりたかった。ヴァイオリンはそうしたいろいろのなかから出てきた一つだった。ヴァイオリンを始めたのはまず好奇心からだった。なぜって、だれもがみな四、五歳から持っていたから。それと愛。時には愛は独裁者になる。人はこの二つ――愛と独裁――をいっしょくたにする。それと、才能はお金のないユダヤ一家にとっては救世主だった。それに私には周りのみんなが私のヴァイオリン、私の愛を取り上げようとしている気がしていた。なぜかといえば問題がヴァイオリンから両親の問題にすり替えられようとしていたから。でも出発したからといって結局私は何を失うだろう？

私はヴァイオリンといっしょに鍵のついた部屋に閉じこもって即興で演奏した。そのとき一つの考えがひっきりなしに私の頭に浮かび上がった。〈私とヴァイオリンは引き離されようとしている。ずっと練習してきたのは未来のためだったのではないだろうか。そして今ヨーロッパに行こうとしている。なぜ、そうしちゃいけないんだろう？　たしかに両親は別れて暮らすことになる。だからってなぜ、出発してはいけないんだ〉

ヨーロッパ出発よりしばらく前、九歳と十歳のあいだのころ、テルアビブで最初のコンサートを開いた。「すごいもんだ」、そう人が言いに来るのが嫌だった。なぜかと言えば、〈本当のことだったらそれはもうわかってることだし、言う必要がない〉と私は常に思っていたから。この最初のコンサートが終わったとき、すべての人が私のところにやって来た。

――こんな小さい子がほんと不思議。

あちこちで同じことをみんなが言っていた。そういう人たちから逃げるため、私は舞台裏でできるだけ高いところに登っていった。寄ってくるのが嫌いなわけじゃない。でも……。コンサートの前になると、私はとても神経質になる。演奏の前に休めるように母がホテルまで連れて行ってくれた。彼女には変に思えたようだった。コンサートの前にどんな感じがするかなんて、とても母には理解できなかったに違いない。彼女の人生にそんなことは一度もなかった。しかし母は本能と直感で理解してくれた。

まる一日、休むためにベッドで寝ていた。ところが、まだ幼いいとこの女の子が小さな巨匠に挨拶をしにやって来て、少し私をいら立たせた。そのあとで食べたくもなかったのに、食事をさせられた。イワシ料理だった。病気だろうと何だろうと、いつだってイワシだった。今となってはそれが本当にイワシだったのかどうかさえあまりはっきりしない。このおかげで私は舞台に出るまでずっと吐き続けた。コンサートではヘンデルのソナタ、バッハの《パルティータ》ホ短調、ヴュータンのヴァイオリン協奏曲、それとアクロンの《ヘブライの旋律》を弾いた。終わり近く、コンサートホールの電気系統が突然故障した。

――気にするな、ちびちゃん。演奏を続けるんだ。

そう声がした。それはとても有名な老ピアノ教師の声だった。立派な白ひげをたくわえたショール先生だった。闇のなかで私は演奏を続けた。このことがとてもいい印象として残っていたので最近のこと、ヴァンス音楽祭で停電したとき、私がせっかく闇のなかで演奏しているのに「おやさしい」観客が懐中電灯で照らしてくださったのには腹が立って仕方なかった。

ある日、母が言った、

——さあこれでいいわ。船の切符を買ったのよ。四等船室だわ。スフィンクス号っていう連絡船よ。

母が付け加えて言うには、船室にはベッドが十二もあるそうだ。十二もあるから何だと言うんだろう？　のちに母が入院したときも病室にはベッドが十二あった。それでも結構快適だった。

スフィンクス号は第一次大戦よりずっと前からの古い船だった。蒸気エンジンは息切れして元気がなかった。植民地で成り金になった人が遊覧で使ったり、文無しの移民たちを船倉に詰め込んで運んだりした代物だった。

第3章　ヨーロッパ

こうして私たちはスフィンクス号でヤッファを出発した。老朽船だが、もともと遊覧船だったので豪華な雰囲気があった。

ハイファで住んでいた労働者向けアパートは引き払った。母の母ゴルダとはこれが最後だった。山の賢者の娘で指にニシンを一つだけぶら下げて帰ってくる男の妻。小柄だったゴルダは私の逃げ場所だった。苦しいとき、私はおばあちゃんの膝に頭を乗せた。家のテラスから彼女は手を振っていた。父にはヤッファで別れた。はしけ船が私たちをスフィンクス号まで連れていく。艀《はしけ》には四人、私、母、イギリスから来たカップルが乗っていた。男の方は白い麦わら帽子をかぶり、女は映画女優のノエル・カワードみたいな青味がかった赤紫の少し色あせた帽子をかぶっていた。聖地ツアーやピラミッドツアー、知識を求める旅が終わりに近づいているらしい二人はまるで原住民のように私たちを見ていた。生まれた地域を初めて離れ、ヨーロッパに行く船に乗るまでのあいだ、私は勉強させられた。だれも私たちに話しかけてこない。

船では白服のボーイたちが待っていた。こんなにエレガントな人たちを見るのは初めてだった。いや、一度だけあった。パレスチナでのコンサートに付き添ってくれたアーサー・ワンコープ、イギリスの警視正の彼もエレガントだった。受付で、どの船室かが告げられる。ボール紙でできた旅行カバンを見ればわかるというものだが、切符を見せたとたん受付の態度が変わり、船の奥の方へ追いやられた。背中を蹴られなかっただけでもまだましだった。数キロもありそうな廊下を歩かされ、途中、半開きのドア越しにきれいに塗装された船室が見え、素敵な洋服を着て上等なカバンを持った人たちがそこから出てきた。さらに歩くと船橋《ブリッジ》からまた廊下、そしてやっと奥の奥にたどり着いた。まるで穴だった。らせん階段の下からはおぞましいにおいが立ちのぼってくる。小さな船室に降りるとベッドが十二個、数段ずつ重なっている。毛布もシーツもない。台所と便所のにおいがこもり、狭いスペースにすべてが小ぢんまりまとまっている。四等船客はこれでも人間として扱われているのだろうか？　すでに一家族が座っていた。赤ん坊からおばあさんまで。人種もよくわからない。こんな一文無しの乗客がいることなど、ほかのクラスの人たちは知らないだろう。タバコのにおいは私は好きだ。でも、ここのにおい！　四等船室のにおいとしか言いようがないクソのにおい。このにおいは一生忘れない。死ぬ瞬間まで忘れないでいたい。金持ちになっても忘れないでいたい。

窓から闇のなかを遠のいていくヤッファが見えた。おばあさん、父、母、三人の人間の人生を変えたのは十歳の私だった。そのことを私はひしひしと感じた。そして孤独に泣いた。

六日間、旅はつづいた。そのあいだほかの旅行者に出会い、船橋に近い三等船室に上がって行ったりもした。上に行くと、「来てはいけない」と船員からは注意される。二等だったかにアンドレアス・ヴァイスゲルバーという名のヴァイオリニストが乗っていて、彼の友だちが私が少しでも眠れるように、ないしょで自分たちのベッドを譲ってくれたりした。母は残っていたわずかの金でクラスを替えてもらうことができた。

マルセイユで船を降り、ぎりぎり持っている金でパリ行きの切符を買った。列車には四等はなく三等車だった。船着き場からサン＝シャルル駅までカバンを持って歩いた。駅の長い階段は映画『戦艦ポチョムキン』を思わせる。これがヨーロッパとの最初の出会いだった。

パリ、リヨン駅では作曲家で合唱団の団長をしていたピアニストのモイシェ・ビックと待ち合わせていた。彼は以前ヨセフおじさん《アブ・ユーセフ》のアパートで、同じ踊り場に向いた部屋に住んでいて、一、二年前からフランスに作曲を学びに来ていた。ある意味貴族で、ベートーヴェンのような髪をしたすばらしい男だった。三〇フランしかポケットに持っていない母と私はこう思っていた。

〈モイシェがいてくれる。彼はフランスにしばらく住んでいる。きっとお金を持っていて私たちを助けてくれる〉

たしかにモイシェは待っていてくれた。でも私たちが少しはお金を持っていて助けてくれるだろうと思っていた。さぁ、どうしたらいい？　モイシェはいとこの家に住んでいた。鉄橋の真下で、乗って来たリヨン駅から来る列車が頭上を通っていく。食事だけその家で済ませ、すぐ近くの小さなホテルにモイシェの案内で行った。そのホテルで初めて裸の女の人を見た。カーテンも引かないで窓の近くを歩いていた。初めて見たエロチックな光景だった。

パリに着き、前からこの町を知っているように感じた。パリも私の民族の物語の一部だったのだ。子供ヴィクトル・ユゴーの『ああ無情《レ・ミゼラブル》』やジュール・ヴェルヌをヘブライ語で読んでいた。子供だっただったけれど、私は読んだ本のリストをつくりながら本を読む熱心な読者だった。イザドラ・ダンカンの『告白』といった読むのを禁止されていた母の本も読んでいた。パリの私のイメージはユゴーが教えてくれた。私にとってセーヌはゴミを運ぶ川だった。鼻のなかにゴミのにおいを私はいつも感じる。私のなかの想像のにおい。

パリ祭の数日前に到着したので、リパブリック広場では市《いち》が出てにぎわっていた。子供用のぶつけて楽しむバンパーカーで私は初めて車の運転を経験し、手首にけがをした。

三〇フランと推薦状、それだけしか持っていなかった。ふつうの教育を私はほとんど受けていない。短いあいだしか学校には行っていない。八歳か九歳で、私は人生を選ばなければならなかった。

テヘラン街でダヴィッド・シュヴァイツァーという母方の祖母の遠いいとこが亡命ユダヤ人救済委員会「ジョイント」というのを主宰していた。彼が私たちをまたたく間に救ってくれた。私はカルメン・フォルテという名前のヴァイオリンの先生の前で弾いた。とっても「カルメン」で、とっても強烈《フォルテ》な人だった。レオン・ツィエグラとジュール・ブーシュリの前でも弾いた。ブーシュリは魅力的で洗練されていて、パリ国立コンセルヴァトワールでヴァイオリンを教えていた。ブーシュリのアシスタントのマルセル・シャイイについて、私は練習を始めることになった。マルセル・シャイイの奥さんのシャイイ＝リシェス夫人も教えてくれるという。シャイイ家は信心深いカトリック教徒で、とても親切なマルセル・シャイイは彼らが家族で夏を過ごすヨンヌ県セニュレイ村の一家の別荘近くに私と母を招待してくれた。

　シャイイ家はいわば私の家族だった。まちがいなく私は家族を持ちはじめていた。私にフランス語と文化全般を教えてくれた若い学生と母と私は家族のような三人だった。私はこの若い男を兄のようにも感じたけれど、息子のようにも扱った。私の変な部分だと思うんだけれど、私は母親に責任を感じていた。家族のなかで男であることを感じていた。この学生は私たちといっしょに住み、のちにアウシュヴィッツで死んだ。

　これ以上、人生のこのころのことは思い出せない。なぜかといえば、私はとっても早いスピードで自分の殻を作っていったから。自分の内側にじかに触ってくる危険なものを私は拒否したかった。嫌なものでも、遮断すれば存在しなくなる。

　ヴァイオリン以外の教育にも気を配ってくれた点で私は母に感謝している。こういうことも生まれる前から準備されていたのだろうか？　わからないけれど、あり得ることだ。家族の絆がどんなに強くて密でもエゴイズムというか家族一人ひとりの個人的利益がとても大きな役割を果たすことを私は早くから知っていた。外から見えるものと現実はちがうということも知っていた。

　私の「家族」シャイイ家ともいくつかの問題があった。でもそれはまた別の種類の問題だった。私はイスラエルの出身だ。そこではユダヤ人の共同体が祖先の土地でヘブライ語を話しながら生きて活動している。きっといつか戦争に行かなければいけないことをだれもがわかっている。今の時代、腕組みをしてただ見ているなど、だれも考えていなかった。イスラエル共和国はたくさんの衝突を経験している。たくさんの紛争と言ってもいい。それでもユダヤ人だからその土地を離れないでいる。ユダヤ人であることを誇りに思っているにしろ、いないにしろ、そこにいる。

反ユダヤ主義がどういうものだったか、私は知らない。ドイツから最初にイスラエルにやってきたユダヤ人亡命者たちから聞いたことがあるだけだ。ユダヤ人虐殺《ポグロム》があったことは知っている。けれども反ユダヤ主義のことは体で理解しているわけではない。ヨンヌ県の村でのことだった。ある日、親切なシャイイ家の子供たちがほかの子供たちと遊ぼうと私を誘ってくれた。十歳から十四歳の年上の子供たちだった。私だけ年下で外国人で、ほとんどフランス語が話せず、当然のようにほかの子供たちの遊びに簡単には溶け込めなかった。そこにはしごがあった。私が昇る順番のとき一人の男の子が譲ろうとしなかった。

――何でイサークにも遊ばせてあげないの？

シャイイ家の子供たちがそう尋ねたら、その子は、

――汚いユダヤ何かと遊びたくないやい。

と答えた。このとき初めて私はそういうことを耳にした。こういう言動に生理的理由など、じつはまったくない。だから私は最初全然気づかなかった。オウムはオウム返しに親の言うことをただ繰り返しているだけなのだ。よく思うのだが、子供といっしょに親が遊ばないのはとっても残念なことだ。いろんなことがわかるのに。この子が言った言葉が私にはとても驚きだった。言われた言葉の全部はしばらくしてから理解できたくらいだった。

パレスチナやイスラエルに移住してきたユダヤ人は勇気も意志の力もたくさん発揮しなければならなかった。偉ぶっていることと時々まちがえられてしまう彼らの生意気さ《フッパ》はそういうところから

出ているのだろう。ユダヤ人は世界各地に点々と存在していて、連携しながらそれぞれみんな勝手に行動していた。

私たち子供にしてみるとキリスト教は裏切りだった。イエスは私たちの一人だったのに、このナザレ人はわれわれを裏切った。私たちが持っていた最も貴重なもの、イエス自身もその一部だった貴重なものをキリスト教徒のほしいままにさせてしまった。私が「イエスがそうだったように私もユダヤ人だ」と言うのはそのことなのだ。

この小さな事件があったあとの夏、シャイイ家は近くの町の見物に私を連れて行ってくれ、みんなで教会に入った。たしかにとても美しい教会だったけれども、私は隅の方に隠れて床に唾を吐いた。

そうかと思うと、これからずっとあとの一九四〇年のこと、サルペトリエール病院で手術をしたばかりの母に会いに行ったとき、クリシーから私は歩いて行ったのだけれど、道沿いにあった教会でひざまずいて祈ることをした。サン＝ジェルマン＝デ＝プレ教会のなかでだ！　私は私なりに神を信じている。でも神がどういうものかは知らない。あなたは知っているだろうか？

子供というのは反発するときは心の底からするもので、大きくなってから知性によってその反抗心を乗り越えないと、アダルト性が子供のように暴れ出して心のなかのチャイルド性を殺す。

パリの最初のインパクトはにおいだった。地下鉄のにおいやアスファルトのにおい。一九四〇年のドイツ軍のパリ入城の前の日、私と母はサン＝ジャン＝ド＝リュスのティボーのところに行くため、パリを離れなければならなかった。私の魂は灰色に染まっていた。荷車に荷物といっしょに乗っている母を、今でも思い出す。手術のすぐあとだったので、母はまだ歩けなかった。私はパリというこの町に愛着を持っていた。離れたくなかった。イギリスに亡命してからのこと、ふとパリの地下鉄と似たにおいを嗅いだように感じて、目に涙を浮かべてしまったことがある。

　ヨンヌ県から帰ってきた十月、私はコンセルヴァトワールの入学試験に合格した。外国人として最高のクラスに入ったばかりでなく、学校で一番の成績だった。ジトリという名前が一番最初に呼ばれ、みんなが突然、私に向かって突進し抱きしめてきた。何が何だかよくわからなかった。ジトリというのは私の名前をフランス語風に発音したものだったのだ。いつもは名前で呼ばれたことなどなかったので、自分の名前だとは思わなかった。

　最初の冬、クリニャンクール近くのデュエスム通りにアパルトマンを借りた。家具付ではなくマットレスが一つあるだけ。パリの初めての寒い冬、私は早速肺炎にかかってしまった。これは言っておかないとわからないかもしれないが、イスラエルでは上着を脱いだシャツ姿のイギリス兵が街に繰り出し、酔っ払って千鳥足で歩いて声をかぎりに叫び出すとクリスマスがやって来る。

　アパルトマンを移らなければいけないと思い、テルヌ通り四五番地の四階に引っ越した。ソールズ商店の上でテナントモールの向かいだった。町を見下ろすのに絶好の場所！　私はよく練習をすると思われているけれど、ほんとうの私ときたら、ほとんど一日窓から外を眺めているだけだ。そしてチラシを見てはソールズみたいな安物店で買い物したりしていた。

　母の女友だちのジェニア・フランケルが訪ねてきた。彼女は共産主義者だった。私はスペイン市民戦争のとき、戦闘的婦人《パシオナリア》戦線に夢中になったことがあるので、反ファシストの共和党員は同胞だった。ソ連映画もよく観に行った。ロシア語によるロシアの映画だ。ロシアは母にとっては子供時代そのもので、私にとってはそれなりに私自身のものだった。ソ連映画の『人生案内』はイスラエルで観ていた。この映画のなかの挿入歌を私はヴァイオリンで何曲も弾いた。《クロンシュタットの船員たち》や《チャパーエフ》！　こうした映画は子供の心に刻み込まれ、私の想像力に強烈な印象を与えた。想像力は私にとっていつも一番大事なものだ。人の話としてだけ知っている出来事を映像でドラマ化して見せてくれたので、私の想像力に酵母菌を投げ込んで、さらに活性化する効果があった。

それから少しあとのこと、コンピエーニュの森近くの保養所で私は療養生活をしていたことがある。良家の子女たちがたくさんいて、なかには電動の鉄道模型を持っている子までいた。私は何も持っていないし、外国人だった。ヨンヌ県のバカンスのとき起こった事件のようなことがこの休息の館でもあったと思うが、もう覚えていない。きっと私は心を守るため自分の気持ちにカーテンを上からかぶせてしまったのだろう。

十一月に入って、クラス全員で第一次世界大戦の戦場見学に連れて行かれた。第一次世界大戦について私はたくさんのことを知っていた。なぜかといえば、私のおじさんの一人マックスはハンガリーに生まれたドン・キホーテみたいな人だったけれど、オーストリア＝ハンガリー帝国の陸軍士官だった。ユダヤ人にはめったに許されないポストだった。このマックスおじさんが写真アルバムを持っていて、私はそれを見るのが好きだった。第一次世界大戦のとき、おじさんが使っていた双眼鏡を見るのも同じくらい好きだった。今でもイスラエルに行ったとき、マックスおじさんを訪ねるとバルコニーから双眼鏡で外を見ていることが多い。簡単に言うと、私はマックスおじさんとアルバムと双眼鏡がとっても好きだった。

昔の戦場を見て、私はモノクロームの憂鬱にとり憑かれてしまった。まるで最近の十一月の異常寒波のような感じだ。先生の説明を私は聞いてもいなかったし、理解してもいなかったけれど、先生は一生懸命説明していた。「ここ、それにそことここで、何とか将軍が……」ちがうちがう、そんなことに私は関心があるんじゃない。この塹壕のなかで男たちの人生がどんなだったか、私は想像しようとしていた。どうしても私の頭のなかではメンデルスゾーンの協奏曲、それもアンダンテの中間部のトレモロ部分が何度も何度も繰り返し浮かんできてしまう。

今でもこの曲を演奏すると、彼ら兵士たちの悲しさと孤独のイメージが浮かんで来る。

これは何年もあとのことだが、ルクセンブルクへ行く途中で私は第一次世界大戦の激戦地ヴェルダンの近くで車を停めたことがある。そのとき私が見たのは、のびのび育つことを恥じているかのような樹木によって拷問みたいに締め付けられているいくつもの丘だった。恐ろしいほどの残酷さと俗悪の印象がそこにはあった。

私は自分の人生をこんな悲しいイメージに満たされたまま、いつまでもずっと送っていくのだろうか？　たぶんそうだ。ヴァイオリンを手に、孤独な私。ヴァイオリンが学校から、人生から、あるいは人生の学校から私を遠ざけた。普通だれでもがよく知っているものたちから私を遠ざけ、芸術家という別の生物に私はなった。楽しいじゃないか、とっても？

黒いもの、影になったものを人は光より多く見る。

第4章　コンセルヴァトワール

コンセルヴァトワールに入ったときのヴァイオリンの先生はジュール・ブーシュリで、和声の先生はアルマン・ブルノンヴィルだった。ブルノンヴィルという名前はこの先生にぴったりだった。とても太って体格がよく、とても無愛想《ブリュ》だった。

週に二、三回通った。クラスの生徒数は一五人ぐらいで、すべての授業に出席しなければならない。私は最年少で、同級生の数人は二十歳とか二十五歳までいた。徴兵に行くと、コンセルヴァトワールの履修時間が減ってしまうのだ。五年でこのクラスを終えられるとしても、徴兵後の十八歳に第一学年に入学する人もいるわけだから、人によっては二十六でクラスにいることだってあり得る。十三歳の私がクラスにいることは年長の生徒たちに緊張感を与えていた。

私のように両親のごたごたを強く感じながら父と母のどちらにも誠実であろうとした子供にとって、ライバル意識丸だしのクラスの雰囲気はなじみにくかった。競争心、ライバル意識、そんなものに自分の気持ちを急に切り替えることはそう簡単にできはしない。いつも私は内部からやって来るものの必要を感じている。ほかの人と比べてどうのこうのいうのではなく、自分自身が決めるものが本質的で大事だ。ライバル意識によって芸術の創造性が高まるというのなら、それも悪くはないが。

クラスでは幸せではなかった。十三歳で一番で入学し、コンセルヴァトワールの門の前に立ったときはうれしかった。しかし私はこう考えた、こうした工場のような組織は危険でさえある、と。いや、考えたというより予測したと言ったほうがいいかもしれない。今でも同じように考えている。たしかにこうした学校はすごい存在にはちがいないだろうし、なかには例外もある。いい先生もいる、芸術家もいる。そういう人たちはここコンセルヴァトワールを去って、ほんとうの芸術家になった。ただ、みんなといっしょだと状況がちがってくる。子供がコンセルヴァトワールに入ることを私は勧めない。マドリッド通りを通ったときなど、門をちょっと開けてなかを見たりする。病的なノスタルジーの一種だ。でも私はそれ以上はなかに入らない。

たしかに飛び上がれば、そこからすべてが始まる。まちがった飛び上がり方をすると、ボールは止まってしまう。コンセルヴァトワールには飛び上がりが欠けている。ここに学びにきた少年は奇跡の庭に着いた気がした。でも、そこで発見したのは工場システムだった。しかも、重苦しく、みみっちく、しみったれたねたみがここには、はびこっていた。音楽はもともと何のためにあるんだ。音楽はすべてを超越する。少なくとも一瞬のあいだ音楽は世界を創る。

クラスには優秀なヴァイオリニストのジョルジオ・チオンピもいた。フィレンツェ人特有の魅力を持っている彼は、しょっちゅう女の子とうまくやっていた。私はまだ十三歳だったので、学生の特権を利用しようにも若すぎた。「あいつとさ」とか「こんなふうに」と年上の生徒たちが女の子との話をしているのを聞いていると、私は内部から体がうずいてくるような変な気持ちになるのだった。

ちょっとマイナスの気持ちになって今思うのだが、私は小さすぎたためにコンセルヴァトワールをやりそこなった。学生生活がなかった。賞を獲ることばかりが優先してクラスの友だちと交流した思い出がない。ほかの年上の生徒たちはいっしょに遊びに出たりして、仲間同士の付き合いがあった。そういうとき、私は学校のなかに置いてきぼりにされた。なにしろ小さかった。

――お前の出る幕じゃない！

趣味の話をしているときなど、よくそう言われた。少なくとも昔のコンセルヴァトワールは私にとってそんなふうだった。

オデッサにストリアルスキー音楽学校というのがある。オイストラフやミルシテインなどの先生の名前をとった学校だ。とくに天分に恵まれた生徒のための学校で、のちにそこを私が訪ねたとき、朝八時だというのに、すばらしいやり方で子供たちが演奏しているのを聴いた。ビタミンたっぷりのこの学校で八歳から十六歳の子供たちは、どこから見ても適量投与の教育をされていた。システムが天才を創るかどうかわからないし、天才が創られるものかどうかもわからない。天分のある子供が心の真ん中にある子供的な部分を自由に自分で発展させるしかない。システムにはだから欠点が必ずつきまとう。犯罪者を全部同じところに集めたら、どうなるだろう？　すべての男色者を集めたら？　女衒《ぜげん》をいっしょにしたらどうなるだろう？　でも、私ならむしろそんな学校にいたら、もっと幸せだったかな？

　のちにロンドンでのこと、とても偉大な教師カール・フレッシュのクラスで母親たちがほかの生徒について話しているのを小耳に挟んだことがある。

　――ジョゼフがやったの見た？　なんでうちの子、同じようにできないのかしら？

　こういう言い方は頭にくる。まるで私の頭のなかにことばが入り込んで、私を締め付けてくるみたいだ。音楽教育だけでなくほかの教育でもそうだが、右へならえの規格を強制すると結局、悪い結果しかもたらさない。だれもがみな自分の歩幅を持っている。どの子も何かしらすぐれたものを持っている。いろんな病気も持っている。奇跡の子供というのは生まれついて印づけられている。子供がその印に気づくまで、ほかの人がそれを引き出そうとしてはいけない。こうした子供たちはほかの子と同じやり方で扱われてはいけない。だれもかれもが規格品ではないのだ。自分の道《ヴォア》、自分の声《ヴォア》を見出すことが必要だ。

　ごった煮コンセルヴァトワールでみな泳がねばならず、結局真ん中あたりで溺れてしまう。泳ぎ方を知っていれば、まだましなのだが。

　第一学年の最終試験のとき、前評判では私が明らかに一番になるはずだった。ところが初見演奏のせいで私は一番にならなかった。

　最終試験では落とし穴がたくさんある曲をわざと作曲家に依頼する。受験者は公衆の前で初見でそれを弾かされる。

　一番になったからといって、いったい何になるだろう？　偉大な芸術家と言われたいから一番を獲るのだろうか？　それとも、チャンスがあればの話だが、地方の小オーケストラの後ろの方の譜面台に地味な席があるだけかもしれない。カフェのオーケストラ、どこか外国のオーケストラ、ボストン・シンフォニー・オーケストラ？　そんなこと、だれにもわからない。毎年一つずつ獲って十五個の一等賞獲得を目指すなら、一番になることはたしかに何かではあるだろう。

一番は目的ではなく、道の先にある到達目標でしかない。そうあるべきだ。コンセルヴァトワールは官僚主義を保つことではなく、芸術家の持っている才能そのままを育てる手助けをするのがいい。オーケストラの団員になるのは名誉だが、敗北とも言える。コンセルヴァトワールはあなたにそうなる準備をさせている。

それから初見演奏はいったい何の役に立つというのだろう？　うまくやったとしても神経質な連中からこっぴどく言われるのがオチだ。きみの楽器できみがあり得ない才能を発揮したとしても、彼らはこう言う。

——初見がダメだったね。この生徒はせいぜい小さなオーケストラの後ろの方の譜面台以下で終わるだろう。

私は二番だった。十三歳の少年にしてはまあまあの成績だった。試験官の言いそうなことはこんなところだろう、「この年齢ならまだ一年ある」。しかし二年目は災難つづきだった。

一年目にはたくさん練習した。十四歳になった二年目に、私は問題を抱えはじめた。二十世紀はじめのフォーレの時代、ブーシュリは魅力的でエレガントな男だった。彼は私をとても愛してくれたのだが、この初めての初見演奏の試験で舞台に出る直前、ブーシュリが一生懸命ほかの生徒の世話をしているのを私は見てしまった。生徒は私よりいくつか年上のフランス人のよいヴァイオリニストだった。私は差別されているような感情を持った。みんなその生徒に夢中だった。私は独り孤独のなかにいた。下ぶくれの少年だった私は悲しさと自尊心の混じった孤独を強く感じていた。ある意味、こうした孤独感が私を成長させたとも言える。孤独が、私に、静かな力を与えてくれた。ほかの子にかまけているブーシュリを見ながら平静に私は舞台に登った。

独りだった。演奏した。今までにないクリアな状態にいるのを自分でも感じた。人生には夜も昼もある。演奏もそうだ。時に応じてさまざまに私たちは演じる。観客は敏感にそれを感じ、試験官も感じる。そして私は初見を失敗した。初見はそれまでほとんどやったことがなかった。初見練習が必要だというのは聞いたことがあったが、私は試験のたった二週間前に練習を始めただけだった。今では私は初見演奏がとても好きだ。ただ、このとき初見演奏をやらせようとした人たちの意図としては、言うなれば私たちの死を確実にする秘密兵器として、それを使おうというものだった。オーケストラの歯車になれと言う。譬えとして保障会社のコンピュータ・デスクを挙げればいいだろうか？　それとも、戻り手形を処理する信用金庫の記入カード係の方がぴったりかもしれない。

今の私だったら生徒にこう助言する、

——自分を鍛えるために毎日初見の練習をするといい。ただしコンサートで目の前にお客さんがいるつもりでやる。そしてきらめきがフッと出てきたら、すばやくそれをつかまえる。きらめきをつかまえる、これが大切だ。

とてもすぐれた指揮者ヤッシャ・ホーレンシュタインのウィーン・フィルハーモニー・オーケストラとシベリウスの協奏曲を録音したときのこと、この協奏曲は好きだったが、オーケストラと演奏するのは初めてだった。ニューヨークの初舞台でこの曲をジョージ・セル指揮のニューヨーク・フィルと演奏する予定があり、この録音はニューヨークの舞台よりも前に与えられたよいチャンスだった。指も頭もこの曲をよく覚えた。

ウィーンではいろいろなことが起こった。百人のミュージシャンに囲まれて迫ってくる音の圧力。これは肉体的にも心理的にもショックだった。

オーケストラのつぶやきからこの協奏曲は始まる。シベリウスは北の人で影のある角ばった顔をしていて、ネバダ砂漠の岩の壁に刻まれたアメリカ大統領の彫刻を思わせる。シベリウスを演じるにはフィンランドのカレリア地方のあちこちに見られる百以上もある湖をイメージしなければならない。この一帯はずーっと私の母の生まれたステップ地帯へと続いている。だんだん近づいてくるロシア語が聞こえ、また遠のいていく。クレッシェンドからディミヌエンド。一人でずいぶん練習し、あるとき突然、この協奏曲がリアリティをもって目の前にバンと現われた。演奏すべきやり方がわかった瞬間だった。

それまで練習していたのとはまったくちがう演奏をした。つぶやきから私は出た。根源的なつぶやき、ワーグナーの森のつぶやき、ほとんどヴィブラートなしでヴァイオリンが奏ではじめる。聞こえない、聞き取れないほどのつぶやきだ。ほかのヴァイオリニストがこの曲を弾いた録音をたくさん私は知っている。熱情的だったり、ベル・カントだったり、イタリア風だったりした。ただ、私にとってこの曲はまったくそれとはちがう。カレリア地方の凍てついたステップ地帯の湖から湧き出てくる音楽で、少しずつ、少しずつそれが開けていく。私には最初の録音がよかった。

ただ、ウィーン・コンツェルトハウスのばかでかいホールで録音しているそのさなか、空気の流れのせいでドアがバタンと閉まった。バタンをそのままにしておくわけにもいかないので再録音させてほしいという意見が出たが、私は断った。

——これ以上の演奏はできません。今のをキープしてほしい！

結局、ドアの音と重なってしまった一音だけ再録音して切り貼りした。だから、このレコードを聴くたびCシャープの音がほかのより少しだけ大きいのがわかる。理由ももちろん私は知っているから、このレコードをかけてこの音のところに来たとき、だれかに気づかれないよう私はしゃべり始めることにしている。

たぶんほかの人には気づかれないでいるだろう、きっと。

ネタばらし？　それとも私はわざと教えようとしているのだろうか？　そんな大げさなものじゃない。そんなに重要なことでもない。一つのものがほかのものと切り離され、それがまた切り離されていくと、全体がバラバラになり、システムが壊れてしまうことが時々ある。でも、いったいだれが全体を論理的につかんでいるというのだろう？　理屈のつながりは手間暇がかかるものだ。理屈のつながりがときどき無視されるのは、それはそれでいいのだ。

人の理解を超えるのがこうした瞬間なのだ。

私はアインシュタインがとても好きだ。顔がいい。何年も彼の顔写真と彼の顔をデザインしたイスラエルの切手とを壁に貼っていた。大きくなっても読み書きができない子のことをふつう知恵遅れと呼ぶ。何かの本で読んだのだが、そういう子はことばで分析的に表わすのではなく、想像するのだそうだ。この説はそのまま、科学的に、機械仕掛けのように、数学的に、受け入れられるものではない。だけれども物事を少しまず見せてくれるのは想像力だし、理解はそのあとにやってくる。科学者にとっての真実は芸術家にとっても真実だし、科学者は芸術家だ。なぜ二つを区別しなくてはいけないのだ。アインシュタインは彼の科学論において芸術家だ。科学の芸術家というのは神さまみたいなものだ。

初見の演奏試験のあと、自分に問いかけた、

〈何でこんなに練習するんだろう？　何でこんなに一生懸命、重っ苦しい、タイセツだってものを自分のなかにつくり上げてる？　ぼくにとっても、ぼくが何かを与えることができるかもしれない人たちのためにもタイセツなもの？　それが全部壊れちゃった。何で？　だれのせい？　じゃ何で練習するんだ？〉

二年生になって私はセイトになった。それが抵抗のかたちだった。ずっとずっとあとになってコンセルヴァトワールに試験官として招かれたことがある。私はOKした。あの高いバリケードの向こうで、どんなことが行なわれているのか見てみたかった。そして見た。ほかのよりましな生徒が三人いて、だれよりも千倍いい女生徒が一人いた。「だれよりも」の「だれ」のなかには試験官も何人か入っている。試験官仲間にこう言わないではいられなかった。

――その娘《こ》からわれわれの方が学ぶことがあるんじゃないの。

彼女が演奏した。私が最初の試験で弾いたのと同じだ、きっと。十四歳ぐらいで演奏は完璧、その年齢にしてすでにある種、完成していた。すべてが正しく、腕の下がり具合、肩、白い靴下に至るまで。演奏はすばらしく、これに付け加えて何を教えたらいい？　この植木には水と空気と土さえあれば成長するのに十分だ。

私は自分に言う、

〈これからこの娘《こ》に教えようってわけだ。この娘を壊して、それで終わりだ〉

奪い去ってやりたかった。この娘に彼らが教えようとしているものから引き離したかった。あやうく両親に言いそうになった。

――引き受けたいんです、お宅のお嬢さんを。だれも悪さできないよう守りたいんです。愛で締め付けてしまいかねないほど愛しているから。

できっこない。彼女の先生がそこにいたし、その先生が自分の生徒、自分のクラスを眼光ぎらぎらで見張っていることをコンセルヴァトワールではだれもが知っていた。

――投票前に何か付け加えることがありますか？

と議長が尋ねてきた。だれも何も言わなかったが私だけ、学生のときみたいに手のひらに汗をかきかきこう言った、

――すでにだれが一番かはっきりしています。私が知りたいのは一つ、これから先、彼女がどうなるかです。

バカみたいに私はいつも奇跡を期待している。

答えはいかにも正統的だった、

――ムッシュ、今日われわれはここに評決のために来ているのです。明日どうなるかはわれわれには関係ない。

その女生徒はその後、何人も先生を変えた。もがいた結果がそれだったのだろう。五年後に私はそのことを聞いた。それはまるでネガのようだった。

私にもそれは起こったかもしれなかった？　技術的な理由だったのだろうか、この半挫折は？　それとも教育に問題があったのか？　あるいはこの娘《こ》自身の問題だったのか？　心と体の両方がいっしょに問題をつくっていたのだろうか？　理由はわからないし、どれもあり得ることだ。人にはもとから持っている本来の力もあるけれど、同時に壊れやすさも持っている。

裏が出るか表が出るかといったコイン占いのようなところもあるのだから、その娘と同じことが私に起こる可能性だってゼロじゃなかった。樹がまだ柔らかいうちに伐ってはいけない。それが私に起こらなかった理由は野育ちで耕されていない感情の力が私にあったからだ。それと受信者であり、同時に発信者というスタンスが私を守ってくれたのだと思う。このスタンスにいれば音楽にかぎらず、人生のどんな場面へでも枝葉のように広がっていくことができる。じっと待ちながらバカであると同時に処女のようにいることができる。

止まらないでずっと動いている永久運動はいかにも私に似ている。私が自分のなかに抱え持っているものだ。この感情の力がきっと私のなかに知恵遅れに似たものをつくったのだ。このおかげで私は内側に連続性を持つことができた。

型にはまった教育、学校や親の教育が空を飛ぼうとする気持ちを破壊し打ち砕く。いっしょに住んでいた母との衝突がいつも私の感情を逆なでしていた。嚙み付き合いで時間が過ぎていった。でも嚙み付き合いが終わると、今まで以上にお互い心を開くことができた。

母と私はゲロを吐き合っているというのが私のイメージだ。憎んでいるわけではないのだが、われわれ二人は一人でいるときでも二人でいるときもお互いしかいない。母と息子の関係はたしかにゼロではない。私は一本の弦みたいなもので、母はそれを演奏する。しかし私の方はといえば弦を四本も持っているんだ。

パリに来てしばらく経ったころ、エドゥアール・ド・ロスチャイルド男爵夫人など私を応援してくれる人たちと母は出会った。男爵夫人の娘の夫ピアティゴルスキーは有名で立派なチェリストだった。ピアティゴルスキーは私に才能を認めて寄宿舎のようなものを手配してくれた。そこで暮らすことを私たちはロスチャイルド家から許された。なぜだかわからないが、母は私に貯金箱を買ってくれた。私はその貯金箱がとっても自慢だった。月末になると貯金箱に少しだけお金が溜まっている。どこからのお金だったのだろう？　多分母からだ。母がお金を受け取ることができたのは私がいたからだった。だれもが私に才能を認めてくれた。でも食べなければならなかったし、着るものも必要だった。それに音楽に関するものを買ったり、レッスン代もかかった。たぶんこういういろんな意味を込めて母は少しだけ私にお金をバックしてくれていたのだろう。月末になって私の貯金箱のお金がどうしても必要になると母は正直に「お金を貸してくれない？」と頼み、お金を持っていく。私は「私の」お金で母を助けることができて、とてもうれしい……？

いいや、ほんとうの気持ちはこれじゃない。簡単に言うと、母に感謝の言葉があまりになかった。私のお金をあたりまえのように持って行くのに私はムッとしていた。もう今となっては自分の気持ちがわからないが、そうだった気がする。

同じころ母は自転車を買ってくれた。シャルル・シルルニクというヴァイオリニストの友だちがいた。彼も自転車を持っていて夏、マルロットに行ったときなどよくいっしょに遊んだ。ある日、私に一言も告げずに、母は自転車を売ってしまった。お金が必要だったのか、それともパリでは自転車は危ないと思ったのだろうか？　わからない。ある日、自転車がなくなってしまった。

それから少しあとのこと、戦争中のロンドンでポーランドのレジスタンス組織の代表者のマイエフスキーとかいう人に会った。彼は両方のポケットに武器を隠し持っていたため、ポケットの形が崩れてしまった革のブルゾンを着ていた。彼は私にこのブルゾンを友情の証としてくれた。このブルゾンを着ればポーランドで起こった現実と私がつながりを持てると考え、くれたのだった。ロンドン空襲の下、防空壕のなかで母は洋服商のハリーさんに会った。私のブルゾンは悪くなかった。何シリングかにはなった。ハリーさんに持って行かれて家からブルゾンがなくなっていた。

私がコンセルヴァトワールで教わったのは、教わる必要などないということだった。私は息子や娘をそこに入学させはしない。こうすることがよりよいことなのか、ちょっとよいことなのか、私にはわからない。どっちにしても私は自分が感じたようにするだけだ。

十三歳でコンセルヴァトワールを出て、その後何年にもわたって長くて暗い絶望と霧のトンネルを通らされた。

コンセルヴァトワールでは一年に二、三回生徒たちのオーディションがあった。何人か、コンクール用に完璧に調教された動物たちがとってもうまく演奏する。私は大嫌いなサン＝サーンスの協奏的小品を演奏し、恐ろしいことに一か所忘れてしまった。みんながその場にいて、かわいそうに母もいた。おまけに私は外国人だったので、それだけ私には重い責任があり、このことが一生トラウマになってしまった。いつかまたまちがえるんじゃないかという本物の強迫観念を植えつけられてしまった。

ロシアには少しずつ移行していくグラデーションというシステムがある。普通の道を歩みながらだんだんとソリストになれるかどうか、探っていく方法だ。ダヴィート・オイストラフはモスクワのコンセルヴァトワールの先生だった。彼の息子のイゴールは生まれながらのソリストで、世界中で演奏していた。イゴールもここの先生をしている。目の前の現実と目の前の観客にいつも接することが大切だ。演奏するのは結果にすぎない。

ヤッシャ・ハイフェッツとは何時間も音楽について話し合ったことがある。自分がいい形であり続けようとするなら最低年に五十回のコンサートを開かなければいけない、と彼は言っていた。現在七十五歳の彼は十一歳のときからすでに驚くほどのコンサートプレイヤーだった。最近はさすがにコンサートツアーをしなくなった。教えることも彼は好きだった。演奏をしなくなっても、彼の伝説はずっと生き続けている。

十一歳か十二歳ぐらいで年五十回のコンサートをするなど、だれも思いついてさえくれなかった。

考えようともしなかった。こうした意味でユーディ・メニューインは小さいときから模範的なやり方で育てられた。彼の両親は一九一〇年から一九一五年のあいだテルアビブの高校教師をしていたが、ユーディをとても厳しいやり方で教育した。家で義務教育をこなしながらコンサートで演奏させたのだ。まるで温室栽培だ。こんなエピソードが語られている。ヴァイオリンを何時間も練習したあと彼の母が言う、「少しお休みなさい」。そしてドストエフスキーの『カラマーゾフの兄弟』を手の上に置く。世のなかとの接触は動物園のガラス越しだ。ほんとうの意味での人間的出会いにこれが役立っていると言えるだろうか？　未来に向けて育ちそうもない種を蒔いているようなものだ。

これとは逆にクライスラーのような作曲家で同時に素晴らしいヴァイオリニストは、ウィーンという大きな鍋のなかで教養を養った。当時のウィーンにはたくさん芸術家が生活していて、クライスラーはフロイトとも会っている。こうした出会いが演奏にも影響を与えた。クライスラーは内科医になりたかった。そのため長いことコンサートをまったく開かなかった。彼がヴァイオリニストとしてのキャリアを再開したのは四十歳ぐらいになってからだった。

最近はまるでロボットみたいな人たちがいる。私は今ここに比較のためにいるわけじゃないが、レコードがある。証拠がある。今の若い音楽家は偉大な芸術家のナマの音を聴いて気持ちを新たにすることができるはずだ。四十年前、五十年前のクライスラーやフルトヴェングラー、フーベルマン、トスカニーニなどの録音を聴いて関心が湧いてきたって、ちっともおかしなことではない。

〈だれのために何のために演奏するんだろう？〉

十三歳から十七歳まで、私は自分にこう投げかけていた。コンセルヴァトワールに入ったことは交通事故にあったようなものだった。今でも私の絶望に深く刻み込まれている。血が出ている。悪性だ。私以外の人にも同じことが起こった。でもそうしたなかでも偉大な芸術家は傷や苦しみから楽器の練習に没頭していく。そういう場合もある。楽器の練習に避難し、一旦退却するのだ。

私の場合、道を無理に決めさせようとする人が周りにいなかったので、かえって苦しんだともいえる。

コンセルヴァトワールのようなものはただの音楽学校にすぎない。成長するための二次的な子宮であればいいし、もっとビタミン豊富であっていい。それからこれは若い人たちについて言えることだが、子供時代がまだ終わったばかりの彼らはもっともっと多くのものを必要としている。熱い思いをただ付け足すだけでは足りないのだ。思春期というむずかしい時期を通り抜けるためにはもっともっと熱いものが必要なのだ。昔に比べ少しは変わっただろうか？　一九六八年のパリ五月革命はコンセルヴァトワールをも襲った。それでどう変わった？　博士課程みたいなものができたって精神が変わるのに何の役にも立ちはしない。博士課程だって同じものに毛が生えただけにすぎない。執行猶予期間が延びただけだ。同じ先生、同じ生徒、同じクラス。たぶんたくさんのコンセルヴァトワールのような音楽学校の学生や生徒が個人的つながりや人間的なつながりを求めているにちがいない。クラスとのつながり、楽器とのつながりを求めている。先生は生徒であり生徒も先生である、という関係をなんで夢見ないのだろう？

第5章 師エネスコ

私はマルセル・シャイイをとても愛していた。心の人でロシアのステップ地帯のように大きく、フランス哲学のデカルト派の流れをくみ、いろんなことを話してくれた。喘息の病気で私がパリに着いた翌年に亡くなった。私はそれまで人が死ぬのを見たことがなかったので、初めての体験だった。動かない死体を見て、動いて欲しいと強く感じた。彼は私を捨てた。そんなことできっこないはずなのに！

シャイイ夫人も立派な音楽家だった。毎年エネスコといっしょにコンサートを開いていた。私がパリで最初に聴いた二つのコンサートの一つはシャンゼリゼ劇場の天井桟敷で聞いたトスカニーニで、もう一つがシャイイ夫人とエネスコの共演だった。場所はエコールノルマル音楽学院の小ホールだった。偉大な先生エネスコ。エネスコの音楽のアウトラインは今でもメニューインのなかで生きている。エネスコはわれわれ世代の子どもたちや親たちにとって、そうありたい目標だった。特別な存在だった。でもエネスコのイメージは一つに像を結ばない。その人その人によってイメージがちがうのだ。たとえば、私の場合は彼の演奏を聴いてすぐに自分も観客の前で演奏がしたくなった。イメージが泡のように消えてしまう前に今、演奏したくなった。私はどこか遠くから来るかも知れない何ものかを待って部屋に閉じこもっているタイプではない。メニューインはそれとはちがってとてもずば抜けた生徒だった。バッハを演奏しているエネスコのレコードを偶然見つけた私はユーディを聴いているような気がしたくらいだ。それはユーディがエネスコ先生そのもので、へその緒を切ってエネスコから離れてからユーディに問題が続出したのも結局そのためだった。私はといえば、独り孤独のなかで学ばなければならなかった。

マレゼルブ大通りのイヴォンヌ・アストリュックのアパルトマンまで行って、エネスコの授業を受けた。イヴォンヌも素晴らしいヴァイオリニストだった。エネスコはとても私を愛してくれ、私はまた新たな幸せを感じた。彼といっしょにいて、とてもたくさん教えられた気がする。エネスコの次に教えてくれたのはカール・フレッシュだった。成功への道は登りきったあと、必ず下り坂がある。まるで私の人生のようだ。このことを考え出すと気持ちがいつも出口のない迷路に迷い込んでしまう。出口まで導いてもらおうと私はアリアドネの糸を探すのだけれど、いつだってアリアドネの糸は幻にすぎない。

その夏のパリはムッとするくらいとても暑かった。歩いて授業に行くだけでもボーっとして、まるで幻のなかにいるようだった。巡礼と感じたのを覚えている。

ヴァイオリン教師の通俗的なイメージは「あれかこれをしなければいけない」と必ず言う。言われたきみはこれをやってあれはやらない。だれがこういうずるい手を教えたんだろう？　こういうふうに考えてみてほしい。ヴァイオリニストは演奏するのに十本ではなく四本の指しか使わない。そのほかに知的な端役ともいえる親指と、別の手では弓を持っている。

四本の指と四本の弦。大して多くの指を使うわけじゃない。ヴァイオリン教師のなかには楽譜に運指を書き込んで生徒に与え、それとまったく同じように弾くよう命じる者がいる。これではあまりに単純すぎる。人によって手がちがうように、自分にとっての真実は自分で見つけなければならない。自分だけの運指を見つけるのだ。運指はメカニックであるけれども、同時に表現でもある。

またこう言う者もいる、「ほら、そこでクレッシェンドをやって」、「あ、そこはもっと弓を使って」、「そうじゃない。そこは使わない」、「ほら弓の先で」、「あ、そこは弓元で」……。まだ指が小さくてうまくいかないと彼らは指をひっぱたいたりする。

エネスコは教師ではない。たまには運指のことを間接的に言ったりしたけれど、それは生徒が困っていると感じたときだけだった。

音楽は自分自身をイメージで表現するものだ。誇張なしに彼は音楽そのものだった。

私はいつもこんなふうに思う、イメージでつくるものがなかったら、人間はノミにすぎない。

シャイイ夫人は彼女のすばらしい本のなかでエネスコが語った言葉を書き残している。「ヴィオラのようにヴァイオリンを演奏しなければいけない」。ショーソンの《詩曲》については、「ここにはドビュッシーの《選ばれた乙女》に通じるものがある」。エネスコはイメージを与えてくれる。

彼のレッスンを私はまるで海の上の船のなかにいるかのような思いで体験した。うねりの強い海だが、それが私を運んでくれる。どこまでもただ運んでくれ、何も閉じているものがない。世界に向かってすべてが開かれ、それはきみにいのちを与えてくれる子宮だ。そしてそれはきみ自身である。

ここに教師と師の違いがある。

エネスコはルーマニアの土から出た人だ。そこでは音楽はいのちの一部であり贅沢品ではない。ロマであり、驚くべきピアニストであり、いっしょに練習するときピアノ伴奏をしてくれる。この人はきみといっしょに音楽を通り、二人で音楽をつくる。この旅は二人の全部が関わっていて、この体験のすべてはきみのなかに刻まれ、だれもそれを奪うことができない。きみがこの体験を拒否しようとしても、この体験はどこにも行かないで、きみのなかに止まる。

北極点について聞いたことがあると思う。でも、聞くのと見るのとはまた別だ。エネスコと練習していると北極点に行きつくことさえある。北極点を見る。

エネスコに関して感じたことがナディア・ブーランジェと出会ったとき、確信に変わった。あるコンサートのあと彼女の家に食事に行き、すばらしい女性だと思った。家に帰ってから、そこに戻らなかったことを後悔した。戻らなかったのは何も知らないと思われたくなかったからだった。私はテクニックがほんとうのところどうなっているかという仕組みなどわからない。学ばなかったし、学んだとしてもどうせ忘れた方がよかったようなものだったと思うから。

彼女の家で私はミッシェル・ルグランに初めて会った。ルグランは彼女の生徒で、あとで彼女の友人になった。最近テレビで彼女と対談したとき、この伝説的な超理論主義の女性はイメージしか語らなかった。みな音楽学校で起こっていることを真剣に考えるといい。フランスの音楽教育がまだ世俗に埋もれないで今日《こんにち》まで生きながらえているのは幸運と言っていいと思う。おかげで子供たちは純粋さを守ることができた。フランスの偉大な音楽家たちにはほんとうにたくさんの功績がある。

ミッシャ・エルマンと私はいっしょにいることが多かった。彼は特別ハンサムではなく、小さくて太ってハゲだった。彼は走って舞台に来て、そのまま舞台にいる。私の方は初めから舞台にいて演奏している。ほかの人が泣いていようと、どっかに行ってしまおうと、私はといえばいつでも泣いていた。

細かい部分だけが大切なわけではなく、インパクトが大切だ。レンブラントの一枚の絵を見るとき、私は細かい部分を見ない。絵の前で二時間いることだってあり、そのようにして私は絵を自分のなかに受け取る。それで十分だ。

教育には嘘がつきまとう。ティボーやエネスコは伝統的な教育とは全然ちがうところにいた。教えるって、いったい何だろう？　学ぶことと同じだろうか、それともちがうことだろうか？

嘘がつきまとう？　私は教育する人たちを中傷するつもりなどまったくない。ただどの職業ももっと高いところを目指すべきだ。私はあなたを癒す人にもなれるし、植物を植える人にもなれるし、考え方を奪う人にもなれるし、あなたの道連れになることもできる。規則を他人に押しつけるという根本的な過ちを反省しようとしないならば、入学させるばかりで生きることを少しも楽にしてあげられないならば、若い魂に対してどんなにひどい罪を犯していることか！

私たちはみな迷子の子供たちだ。でも、いつも見つけてもらえるとはかぎらない。熱い思いもなく、愛する気持ちもなく、なぜ生きるか、なぜ愛するかもわからないなら教育の名に値しない。引っ張っていく気持ちがあれば、生徒の内側に秩序ができてくる。技術的な細かいところやどうしても必要なものはあとからついてくる。

向かっている目標が私にはある。少しずつそれに近づき、少しずつ世界が見えてきている。どんな目標かって？　一生ずっと考え続けてきた質問だ。私にはもう一つの本性、野心がある。両親のとも先生のともちがう野心だ。私には裸のままの内側のものが必要だ。肉体的問題や技術的問題は克服してよりよい段階になるためにつねに私たちの前に立ちはだかっている必要がある。ここに葛藤が生まれる。ヴァイオリニストの技巧は練習をすることで成り立つ。つまり束縛だ。ところがこの技術というヤツは自然に生まれてくることはない。ほとんどの教師がお手上げになるのはこの点だ。内側からの喉の渇きをおぼえるには学校の宿題だけではダメなのだ。

やっと認められるか認めることができる程度でコンセルヴァトワールを終わった少年は、次のやっと認められるか認めることができる段階に行かなければならなかった。私の母親もこうなったら妥協に妥協を重ねなければならない。なぜなら、生きなければいけないから。なぜならば……。私は少し、ほんのちょっとだけ練習を始めた。ユーディ・メニューインのイメージが私の心にトラウマとして残っていたからかもしれない。母もいろんなものの板挟みになっていたんじゃないかと思う。こんなことも母は言われていた。

――子供というのはコンサートにあんまり早く出すものじゃない。一般教養を身につけてからでも十分間に合う。

母は急ぎすぎてしまうことを恐れたのだろう。どうしたらいいのか、わからない様子だった。

私たちの経済状態は鎖を砕き、ちょっと前にあったことを全部断ち切って別の道へ進むほど豊かではなかった。

コンセルヴァトワールを去って初めての夏、教師として高く世の中で評価されていたカール・フレッシュに演奏を聞いてもらった。フレッシュが夏を過ごし、治療を受け、生徒に授業をしていたベルギーの温泉まで行ったのだ。素晴らしい夏だった。ボディとパペットという二匹の犬がいた。私は少しだけ先生のお気に入りになった。一番小さかったし、よく練習した。何かを生み出したいと思ったときとか創造したいとき、それから幸せなとき、人はよく練習するものだ。私はとても進歩した。偉大なる先生カール・フレッシュは私にとても満足してくれた。もちろん私も楽しかった。そして私をみんなのお手本とした。その人が元から持っている力で一定のレベルを保つには、ほかの人の目にもその人のレベルが見えるようにしなければならない。そして鏡のように意識のなかでそれを反射する必要がある。

ジネット・ヌヴーも、戦争中に死んだ天才的ヴァイオリニストのヨーゼフ・ハシッドもそこにいた。同じイスラエル人のヨーゼフ・セガルもいた。彼の父親も私の父と同じ製粉工場で働いていた。もっとも役職は向こうの方がずっと上だったけれど。セガル夫人はいつも日傘をさして散歩していた。どんな天気でもである。もっとあとのことだが、母とあまり仲がうまくいってないときにこう言われたことがある。

――ヨーゼフに会ったかい？　なんでできないんだろうね、ヨーゼフみたいに。

どっちのヨーゼフのことを言ってたのかはわからない。

ともかくこの夏、私はほんとうのめぐみに満たされていた。カール・フレッシュには欠点がいくつもあったが、とても立派なよいところがあった。彼は価値ある国の出身なのだ。ベルリン音楽高等学校の教師をしていたユダヤ系ハンガリー人だったのだ。ヒトラーが台頭してきてから彼はロンドンに移住していた。このベルギーで私は井戸の外を垣間見ることができた。沖の方からの風を感じ、とってもとっても大きな世界の存在を感じた。温泉の夏が終わり、パリに帰った私は強く心に決めていた。

〈ロンドンでフレッシュに再会するぞ〉

でも、パリでは勉強するお金を私にくれていたロスチャイルド男爵夫人がフレッシュのところに私が行くことを快く思っていないと伝えてきた。偉大なピアニストのイヴォンヌ・ルフェビュールの意見に従ったものだった。そして私にドイツ学校への入学を提案してきた。そこに行ったらせっかくパリで身につけた感情表現やエレガントな演奏をなくしてしまうだろう。私の先生ブーシュリは私が彼を裏切ったと感じていることを知らせてきた。でも私たちはパリに留まる必要があった。母が彼らとのあいだで取り交わした約束を、私はすべて無視した。でも行きたいロンドンには行けないことがわかった。この冬はまた無気力な軟体動物として過ごさなければならない。ブーシュリが希望したので、少しだけ彼と練習をした。結果は小さな諍《いさか》いに終わった。この状況では当然だった。私はひと冬、何もしないで過ごした。

夏がまた来た。私は四季のない国から来た外国人だが、ヨーロッパの季節の変化にもう慣れていた。黒と白、影と光、亀裂と断絶……。世界の子供たちよ、物事がつながっていくということはきみたちのことだとわかってもらうのに、いったいどれだけの時間が必要だというのだろう。すべてはきみたちなのだ。きみたちの両親や大人たちが規則で縛るのはきみたちが逃げていってしまうのが怖いからだ。一度逃げてしまったら、また捕まえることがむずかしい。取り返しのつかないところまでずっと滑り、何もない淵に落ちてはじめて捕まえることができるくらいだ。

ああ、何と幸せな子供時代よ！　すべてがきみたち以外のところで決められてしまう。自由にどこかに行ったり、したり、笑ったり、食べたりするためにはだれかが死んだり、子供時代そのものが終わりを告げるのを待たなければならない。

忍耐と勇気、ちょうどこのころエネスコが写真に書いてくれた言葉を思い出す。長いことその意味がわからなかったけれど、こういうことだったのだ。

ひと夏のあいだ、エネスコといられて幸せだった。エネスコのあとに死ぬほど憧れたのはフレッシュだった。私は十四歳から十五歳だった。結局、フレッシュとはなかなか再会できなかった。上がってはいつも下る。エネスコとの五月から六月、フレッシュとの七月か八月。フレッシュにかかったら、エネスコは破門だ。なぜならメニューインの先生だから。フレッシュは決してメニューインのようなものはつくらないだろう。私がエネスコについて練習していたと知ったなら、フレッシュは自分のことが侮辱されたと感じたにちがいない。同じ状況に置かれたら私も彼と同じように反応するだろうか？　するかもしれない。エネスコは私のなかに同化していた。それが彼の私への愛し方だった。まるまる所有してしまうというやり方。私はそれが苦しかった。この代償を支払うのは結局、私自身なのだから。

来年の末ロンドンに行かなければいけないと母を納得させる必要があった。私は母とそのほかの人たちとのあいだで和解が成り立つと考えることはできなかった。私の覚えているかぎり結局ロンドンに行ったのは一九三八年のことだった。

第6章――せむし男を求め美女のもとを去る

子供のときヴィクトル・ユゴーやエスメラルダ、せむし男のカジモドのおかげでパリが身近だったように、私にとってロンドンやイギリスはチャールズ・ディケンズの『デイヴィッド・コパフィールド』で親しかった。中庭の奥の方にある薄暗い店のことが書いてあったのを覚えている。第二次世界大戦の終わりの二、三年間のロンドンは堂々とした帝国的な様子と空《から》威張りの両方が混じっているみたいだった。まだほんのちょっと前の過ぎ去った過去と、これからどうなるかわからない不確かな未来とのあいだで、アメリカ人シンプソン夫人と結婚するため退位したエドワード八世の個人的な英雄話やエドワード・エルガーの《威風堂々》といった音楽、エンドウ豆のスープ、英首相ネヴィル・チェンバレンのトレードマークの傘などが印象に残っている。

かといって私と母の生活にたくさんバリエーションがあるわけでもない。生きなければいけないし、レッスン料も払わなければならない。大英帝国の首都ロンドンはそう簡単に外国人を受け入れてはくれなかった。イスラエルはそのときイギリスの委任統治下で、私のパスポートは英国のものだったけれども、イギリス人ではない。ただし一度だけロンドンで受け入れられたことがある。心から受け入れられた。それは入学許可をもらったときのことだった。

私は私の後援をしてくれる人たちに自分をアピールする必要があった。アピールと言っても屈辱的ではなく、それが自分のためでもあった。でも私は怖かった。子供同士の情報交換はなく、ほかの子供たちがどうやっているのか、知らなかった。そういうことは普通両親が処理してくれる問題だった。

あるサロンに案内された。そうしたサロンでプライベートなコンサートが催されるのだ。音楽を義務として背負っている少年である私が連れて来られる。しかも、私に対して影響力のある聞き手に向かって私は自分の心の糧を提供するのだ。少年にとってこれは決して悪い扱い方ではない。特別重要な人物のなかにひどく背が小さくずんぐりむっくりした催眠術にかかったような目と太い眉毛の男の人がいた。彼はこう言った。

――この子にはとても興味がある。この子の面倒を全部みたい。

私は珍しい考古学上の掘り出しもののようだった。ブロンズの小さな像なのだ。でも、保護者を必要としていたので、とてもうれしかった。

私と母はやっと助けてくれる人物を見つけた。

この人は夕食に家に招いてくれた。私はあまりに無邪気すぎた。彼の奥さんは魅力的な人だったが、とても緊張しているように見えた。もう一人少年がいたけれど、彼の皮膚は何だかとても汚らしかった。夕食後、奥さんはベッドに行き、われわれは三人になった。そしてもう一人の少年もいなくなった。

　その男の人は私に話しはじめ、とても変わったやり方で私の手を触ってきた。健康かどうか見たいからというのが言い訳だった。私はこの人を理解したくなかった。やっと帰してくれたのはずいぶん遅くなってからだった。ピカデリー広場を歩いていると、夜の女が何人か近寄って来た。半ズボンの男の子にである。私はほとんど彼女たちとくっつきそうになった。今思うに私は自分の気持ちをそうやって安定させたかったのだ。家に戻っても母には何も言わなかった。何ともがっかりしてしまった。私はとても困ってしまった。

　ある日、この男の人から電話があり、週末を彼の家族といっしょに田舎の家で過ごさないかと誘ってきた。最初の出会いで彼はとても印象的だった。まるで演劇を観てるみたいによくしゃべる偉そうな感じの人だった。この人はロンドン弁護士団の一員だったのだ。弁護士団の人たちはだれもとても尊敬できた！　それに家族といっしょだと言うではないか。奥さんや子供たちといっしょにいったい何が起こるというのだ？

　駅で待ち合わせた。彼は一人だった。家族とは途中で合流することになっていると言う。でも私たち二人は彼の領地には向かわずブライトンに向かった。そこはホテルだった。ブライトンではたまたまダブルベッドの部屋が一つしか空いていなかった。私は文句を言い、ツインルームを探してもらった。部屋に入ってすぐ、彼は私を説得しはじめた。

　ロンドンにいるとき普通教育をするために家庭教師を頼んでいたが、その家庭教師がホモセクシュアルだった。とても教養があって頭のいい人だった。彼も一度私を知的に、ギリシア人の話などして説得しようとしたことがある。でも今回の説得は知的ではなかった。

私はさっさと一人で帰った。自殺する妄想にとりつかれ何時間も雨のなかを歩き回り、まるで魂のように波が高くうねる海岸まで行った。そこからロンドンまで列車に乗った。もううんざりだった。こんな目的のためにこんなことするなんて、とても理解できなかった。幸せな子供時代……。

母には何も言わなかった。でも私をとても愛してくれていたホモセクシャルの家庭教師には話した。彼は男同士の愛の美しさについてシェイクスピアやミケランジェロを例に出して、ほぼ私を納得させた。

この恐ろしい話は彼にだけ話したのに、彼は母に話してしまった。

人の話がどう伝わって行くのか私にはわからなかったが、わかっているのは彼らがこのことをフレッシュに話したということだ。彼らは三人で会議をし、一つの結論に達した。その男は代償を払わなければいけない。罰を受けるべきだ。少年を誘惑するなど裁判にしてもいいくらいだ。裁判には持ち込まず、彼はお金を支払った。私のレッスン代を払ってくれたのだ。

その人はフレッシュとのレッスン代一年分を支払ってくれた。もちろん私に相談はなかった。でも私はそのことをすぐに知った。私にとってそれはたくさんのことが終わるきっかけになった。その年のレッスンはあまりうまくいかなかった。私が不幸で、心に傷を受けていたからだ。家庭教師が突然とても小さな男に思えて仕方なかった。でも一方で、母はどうだったろう？　そうだ、思い出した、私はフレッシュとのレッスンを母にねだっていたのだった。

少しあとの戦争中のロンドンでのことだったが、送る言葉をフレッシュに書いてもらった写真がほかの写真といっしょにしておいたのに、それだけ風で暖炉の近くに飛んで燃えてしまった。

この男との事件があってから数年後、コンサートが終わり、とあるカフェに行ったときこの弁護士を見かけた。彼は少し太り、体つきが歪んでいた。少年といっしょだった。彼もきっと私とは別のイメージを追い求め、愛を必要としていたのだろう。そしてきっと気狂いじみた望みを頭のなかで思っていたのだろう。かわいそうに！

この同じ一九三八年に私と母はロンドン郊外のとてつもなく大きくて画一的でモノトーンな町の一角に住んだ。スイス・コテージと呼ばれて亡命者に割り当てられ、ドイツやオーストリアから来たユダヤ人が住んでいた。バスが二台いつも往復していたが、それについての冗談が飛び交っていた。バスを利用する人たちのなまりがすごくて、お互いに話が通じないという笑い話だった。

のちに戦争中のこと、ベルサイズ・パーク・ガーデン十番地に住んでいたことがある。大家さんはフリッツ・ジークフリート・ヘスという五十代のユダヤ系ドイツ人で、ゴヤのすばらしい小品を持っていた。フロイトの孫にあたるルシアンの絵も持っていた。

グアテマラ共和国民の彼はイギリス人よりよっぽどイギリス人みたいだった。自分をこよなく愛し、タイムズ誌を読み、保守党の党員だった。土地の人よりずっと完璧なアクセントで話し、とってもイギリス的な小学校教師と結婚していた。そして彼は名前を変えた。ヘスは残したが、フリッツ・ジークフリートはフランシス・スタンレーになった。ああ、なんて一方的で強迫観念に基づいた欲求なのだろう。名前という人間の一部にすぎないものが何かに属するとでも言うのだろうか？

フィンチレー・ロードにレストランがあり、私たちはそこの常連だった。シンドラー博士とかいう中国文学の専門家がいて、若い人たち向けに寄宿舎を経営していた。それぞれみな別の文化を抱えてここにやってきて、アクの強いそれぞれの個性を亡命先のここでアピールする。人というのは自分の過去を基準にして、なんでも主張する。そんなに過去ことばかり言うのなら過去に遡ってそれが正しいと証明すればいい！

レストラン、カフェ、ベルリン市民、ウィーン市民。どれもがイギリスの環境に移植され、中途半端な状態に置かれていた。ある晩、キルバーンの巨大な映画館でH・G・ウェルズ原作の黙示録のような大絵巻映画『来《きた》るべき世界』を観た。映画館を出たとき新聞売りの声が「号外、号外」と叫んでいた。一つの時代の終わりだった。ドイツとオーストリアが合併したこととウィーンに鍵十字が翻ったことが載っていた。

この、失われた世界の亡命者たちは時々悲喜劇を演じることもある。ドイツが追い立て永久に抹殺しようとしたものをイギリスは逆に懐に入れた。物書き、音楽家、役者、知識人……。ありとあらゆる芸術家がここに集中した。彼らはそれぞれのジャンルで内側から変革することに大きく貢献し、その成果は昔のアメリカにあったように、今でもあちこちに見られる。日照りで樹木が死んだからといって捨ててしまうことができないものがある。プライベートなサロンで演奏されたいくつかのソナタもそうだった。アルトゥール・シュナーベルのピアノや私の先生カール・フレッシュのヴァイオリンなどだ。私もそこにいた。その時代を生きていた人たち全員に向けてソナタは演奏され、ほかに比べるもののない印象を残した。

始まりかけた夏のある暑い夜、私は家にいてラジオでトスカニーニを聴いていた。トスカニーニ指揮、ＢＢＣオーケストラ演奏によるベートーヴェンやブラームスの交響曲全曲だった。そういうものが聴ける時代でもあった。そう、ラジオ受信機の前に集まり、トスカニーニを聴いていた時代。もちろん切符を買うことができればコンサートにも行った。このころコンサート実況はすぐラジオで放送され、それはもう大騒ぎだった。そうしたことを忘れることなどできはしない。

第7章——荷物のない旅人

一九三九年の夏、パリに戻るためロンドンを出発した。もう家はないというのに、なんでパリに戻るのか？　パリには何かがあるのだ。パリとイスラエルはとっても遠いというのに、私はどこに行こうとしているのだ？　無頓着みたいなものが私のなかに住んでいる。それが時々顔を出すのを私は抑えることができない。たしかに戦争は間近だったが、私のなかの戦争に臨む意識はまるでクロロホルムを嗅がされたように眠っていた。

パリでタッソ・ヤノプーロと共演した。ジャック・ティボーのピアニストだった。ピアティゴルスキーとも共演したが、これはうまくいかなかった。たくさんのことを期待させてくれた子供時代だったが、私はもう子供ではなかった。いじりまわされるのはもう嫌だった。人前をあっちこっち引き回されるのも嫌だ。こうしたものは忌まわしく、私にとって拷問になっていた。人の前で演奏しなければならないとき、演奏がよくても悪くても、私はどっちでもよかった。これは自分自身に対する抵抗だった。でも聴いている人たちは演奏からしか判断できない。

フォッシュ街のある家で演奏した。私の演奏を聴いたあと、偉い人がこう言った。

――二、三年ここにいたまえ。できることはしよう。結果がどうなるかわからないけどね。

保留の時間をくれたわけだ。この文章を読み返しながら、私はこの時期しょっちゅう泣いていたことを思い出した。

十一歳になったころから私はミスをする権利が欲しかった。でも私にそんな権利はなかったし、私と母には貯金もなかった。

ところが再びチャンスがやってきた。精神を豊かにする体験をジャック・ティボーと持つことができたのだ。一九三九年の夏はパリから離れたサン＝ジャン＝ド＝リュスで、ずっと彼といた。授業は朝だった。ジャック・ティボーはいつも部屋着姿で吸いかけの煙草をくわえていた。たぶんちょっとだけ食前酒を飲んでいた。彼はタバコは自分で手巻きでつくっていたと思う。タバコの灰が楽器に落ちないよう小脇にヴァイオリンを抱えるようにして部屋に入ってきて演奏した。何よりも彼は美しかった。光と柔らかさだった。

私は目の前にヴァイオリニストを見ているのではなく、ヴァイオリンを弾く一人の男の姿を見ていた。右や左に彼は音できみを揺らす。それ以外は何もいらないと思わないだろうか？　ミスタンゲットだ、シュバリエだ、すばらしい。きみは好きだろうか嫌いだろうか。どっちにしてもきみはもう今までと同じではありえない。無感動でいるなんてこと、できやしない。

ティボーはシンプルの人だった。シンプルのなかにエレガントを持っていた。こういう人には二度と会えない。彼がどういう出身の人だか私は知らないが、最高に上品な伯爵とも対抗できるにちがいない。そこらへんにいるダメ伯爵は話にならないけど。できるだけ遠くへ行く方法を彼は知っていた。しかも、とてもゆっくりほとんど動かないままで。

サン＝ジャン＝ド＝リュスには十一月の終わりまで滞在した。九月一日にドイツ軍がポーランドに侵攻した。ヒトラーのワルシャワ爆撃だ。私とタッソとタッソの甥ジョルジュ・ゲタリーは浜辺に行って、気球遊びをしていた。何もかもが非現実的に思えた。バスク地方の素晴らしい光のなかで泳いだ。ラヴェルの《ラ・ヴァルス》や組曲《マ・メール・ロワ》の主要部の下書きが完成したのもこのすぐ近くだった。一九三九年十一月十一日は絹のような雨が降った。朝から肌寒い。部屋のラジオは第一次世界大戦の終戦記念の祭典を放送していた。またあの旋律が聞こえる。メンデルスゾーンの協奏曲第二楽章のトレモロ……。

パリに帰ったら砂漠だった。先生もいないし、だれもいない。戦争のバカバカしさを感じる。ほとんどお金がなく、時々父から電信為替で手紙がいくつか来た。私と母はフェリシテ通りの小さなホテルに住んでいた。

プニーナ・ザルツマンというイスラエルの若い女性ピアニストがいた。アルフレッド・コルトー、マグダ・タリアフェロ、それに彼女の母親の愛弟子だった。この母親は奇跡の子の母親の典型で、熱意と知力にあふれていた。弟のヤイルは、ヘブライ語で照らす者という意味の名前のキラキラ輝く大きな目をした美しい少年で、プニーナにも似ていた。たしか画家か物書きになったと思う。ナイルは一九四八年、シナイ半島で死んだ。彼らはとても小さなアパルトマンに家族で住んでいた。友情とライバル意識で結びついた奇妙なアンサンブルを私たちはつくった。発生しつつある大きなつむじ風の真ん中にいる小さなグループ。プニーナはすでに美しい少女で、まちがいなく私は恋をしていた。でも、一度も手を握ることもできなかった。もちろん告白などできるわけもない。プニーナがショパンの《バラード》を練習しているのを聴いたことがある。今でもそれは私の頭のなかで流れている。一九四〇年五月のドイツ軍総攻撃の数日前、母はサルペトリエール病院で大手術をした。

母が病院に行ったので、私は一人ホテルに残った。プニーナと彼女の母はすでに疎開していた。私たちはいつも惨めな小さなホテルで暮らしていた。一人でいたそのとき、私に何かが聞こえ、そして見た。こうした光景が見えるから、私はいつも無邪気でいられるのかもしれない。気分が少し悪かった。私は中国の紙芝居をして遊ぶのが好きだった。そのときは隣の部屋の女の子の姿が目の前の壁を通して見えた。着物を脱いでいるところだった。私はすることが何もなかった。私には使っていない、いろんな力があるというのに。

サルペトリエール病院の母を見舞いに歩いて行った。このときはカルディネ通りの近くに住んでいた。母が回復するには何週間もが必要だったのに、ドイツ軍の攻撃は目の前に迫っていた。負傷兵の治療に使うため病院から病人たちが立ち退かされた。母も十日間の入院のあと、ホテルに連れて来なければならなかった。回復したわけでは全然なかった。

父が送ってくれたお金も取りに行かなければならない。でも必要な書類を私は持っていなかった。私たちのパスポートはバイヨンヌのイギリス領事館にあった。

私は出発したくなかった、パリを離れたくなかった。この町に私は愛着を持っている。私はいろんなものに愛着を持ちやすい。愛着が感情のコアになる。でも母は出発を希望していた。六月十二日、ドイツ軍パリ入城の二日前、ティボーの招きに従って私たちはサン＝ジャン＝ド＝リュス行きの列車に乗った。オーステルリッツ駅まで私は母を荷物用の手押し車に乗せて行った。列車は兵隊や士官でいっぱいで、盛んにイギリスとユダヤ人を非難していた。敗走の雰囲気が感じられた。私にとってフランスはとても重要だ。ヴィクトル・ユゴー、ジュール・ヴェルヌ、私のいのちの一部。

ティボーがもういるはずのないことはわかっていた。そのサン＝ジャン＝ド＝リュスで非現実的な光景を見た。国の軍隊が負けて逃げているというのに、人々はレストランで食事をし、若者はスポーツカーでドライブしていた。私はバイヨンヌのイギリスの領事館にパスポートを取り戻しに行った。亡命者たちが何千人もいた。スペイン人やユダヤ系ドイツ人などだ。役人たちは盛んに威張り腐っていた。私たちの書類はかなり待つ必要があったけれど、ともかく領事館にパスポートが保管されていることを証明する書類だけは手に入れることができた。あとでこの書類が私たちのいのちを救うことになる。私たちに残されているのはこれがすべてだった。

天気がよく、まだどこかでブロック遊びの連中が喧嘩をしていた。広場で私は一人の女性の隣に座った。フランス人ではなかった。絶望が女性の形を取ったといったような存在だった。どこに行ったらいい？　バイヨンヌはヒトラーがすぐそばまで来ているし、もう一方にはフランコがいる。この女性はそのことをよく知っていた。彼女のイメージがいつも私のなかにある。

母はなんとか動くことができた。何かニュースがないか、いつも私が行く新聞販売店がある。ある朝、そこに張り紙がしてあった。

「イギリス人出国者は朝十時にバイヨンヌに集合のこと。荷物はできるだけ少なく、集合場所は英国への最後の船が出発する桟橋」

それはまさにその日の朝だった。

——すぐ発たなくちゃ。

私は母に言った。ボール紙でできた小さなカバンに写真、絵葉書、スケジュールを書き込んだ手帳を詰め込んだ。隠し持っていたエロ写真も何枚か。自分で持てる以上の荷物は許されなかった。スポーツカーの助手席に女友だちを乗せたまだ若いプレイボーイが車を停めてくれ、自由に動けない婦人とアスパラガスみたいに成長した若者を乗せてくれた。彼は私たちをバイヨンヌ行きの列車まで送ってくれた。それは最終列車で私たちは何とか港に到着することができた。港には出発を待って何千人もの人がいた。その人たちを見下ろすように太陽がギラギラと輝いていた。

ダンテの詩のような光景だった。女、子供、老人、けが人、カバン、手荷物、兵士、フランス人、ポーランド人、イギリス人らしい人、スペイン共和国の人、ただ波止場にたむろしているだけの人、エンマ王妃号のタラップに駆け寄って突撃している人もいた。このオランダ船は乗客は五百人まで、オランダ—イギリス航路のみと決められていた。イギリス国籍の出国者だけが乗ることができると何度も何度もアナウンスがあった。私たちは領事館でもらった紙切れのおかげで、船に乗ることができた。ポーツマスまでどれくらい時間がかかったかも覚えていない。先に出発した船も、このあとに出航した船も沈没した。浮かんでいる船の残骸を眺めながら、私たちは船の日々を過ごした。十二人ほどの修道女の一団がいっしょに旅をしていて祈りを捧げていた。

船の生活にも地上と同じように規則があった。一度集団に溶け込めないと、それから先の航海の間中ずっとそのままだった。上下関係もすぐにでき上がり、クラゲでできたいかだの上にタバコの葉っぱや水揚げされたイワシみたいに詰め込まれた四千五百人。結局それだけ詰め込んだのだ。明かりのない夜が続いた。

――ダメですよ、タバコは。消して、消して！

声が叫んで回る。こんな灯火管制はむなしいと思う。ドイツ軍の攻撃爆撃機や潜水艦がわれわれを見つけるのに、まるで明かりを必要としているかのように感じる。ポーツマスでは港までの艀《はしけ》に乗るのがなかなか許されなかった。そのおかげで初めてのイギリス本土爆撃を遠くから見ることができた。ボロいかだで、もう一晩過ごした。そして厳格に選別されたあと、船を降りた。結局、ロンドン近くのとある収容施設で十日ほど軟禁された。何千人ものほかの亡命者たちといっしょだった。毎日天気がよく、知人に出会ったりした。よく知っているこの都会をこんなに近くで、またこんなに遠いものとして見るのはとても奇妙な感じがした。

炊事道具を詰め込んだ母のカバンや古い部屋着、古い履物は私たちといっしょにイギリスに着いた。でも私のボール紙製の小さなカバンはなくなってしまった。

バイヨンヌの近くを通ると今でも夢見てしまう、だれかがその小さなカバンを持ってきてくれる夢だ。その人はその日までしっかりとカバンを保管しておいてくれたのだ。

このイギリス旅行は十年後のアメリカ旅行と同じように自由への旅だった。戦争中の自由。閉ざされた場のなかの自由。

第8章　戦争亡命者

WR——戦争亡命者。金もなければ財布もない。あるのはリスボン発のアメリカ行きの切符一枚だけ。ロスチャイルド家が買ってくれたものだったが、期限が切れていた。七月十二日の出発だったのだ。

アメリカに行く代わりにロンドンで一番激しく爆撃を受けた地域に住んだ。素晴らしく空が開けていたハムステッドで、私たちはWRに登録された。ハムステッドには一九三〇年代から住んでいるほかの亡命者たちもいた。

フレッシュは一九三九年の夏をオランダで過ごし、宣戦が布告されてもそこを離れなかった。弟子のヨーゼフ・ハシッドも呼び寄せていた。離れなかったのはたしかに幸運だったが、オランダが占領されてからあとは運の悪いことに足止めを食らった。われわれの方はずっとハムステッドにいた。昔フレッシュが住んでいたので、この地区のことはよく知っていた。ここで母の女友だちにも再会した。私の演奏を聞いてくれて、この人は一言「若きミルシテインね」と言った。昔、このヴアイオリニストを知っていたという。彼女のおかげでカルマス博士とかいう名前のブージー・アンド・ホークスに勤めている人と引き合わせてもらった。まるで中世の錬金術師みたいな顔をしていた。もちろんヒゲをたくわえている。彼はウィーンのウニヴェルザール出版社を主導し、ドイツ人作曲家の楽譜をいくつか出版していた。ブージー・アンド・ホークスの編集人はレスリー・ブージーという名前で、音楽顧問がエルヴィン・シュタインだった。シュタインはユダヤ系ドイツ人で立派な音楽史家だった。ベンジャミン・ブリテンを発見し、世の中に紹介した人と言っていい。

たしか一九四一年の初めのこと、以前に私に才能があると言ってくれた紳士たちの前で演奏をした。私の人生は恵まれた時と何もない虚無の時とがかわるがわるやってくる。結局、こちらから何かを仕掛ける必要があるのだ。イギリスでの最初の日々、静かで英雄的なイギリスに、集団のなか孤独でいられることで私は癒されていた。ただ私にはすでに過去があった。いなくなってしまった恋人の香りのように、フランスのにおいが鼻の奥にまだ残っていた。でも私は別の人生を始めることだってできた。この時期、私はよい演奏をした。よい練習ができたからということではなく、内側の状態が演奏の質を左右したのだ。静かな力がみなぎってくるのを感じていた。周りで危険が起こっているとき、かえって静かに透き通った力を感じる。爆弾さえ怖くなかった。私は自分自身の基本のところにいた。生身の体が危険にさらされているから心が澄みきったのだ。消えるのはどうせ体だけだ。

それから少しあとのこと、V1号・V2号ロケットがエンジンをうならせてロンドンの上空に現われたとき、私はV2号ロケットに比べてV1号にはほとんどシンパシーを持ったと言っていい。

お尻から火を吹き、何とくるくる回りはじめるのだ。操縦者もいないから、どこか野球のようでもある。ヒットになるのか、それともデッドボールを避けるか。触ろうと思えば手で触れることができる気がした。この程度ならまだ逃げることができた。しかしＶ２号ロケットはちがった。エンジン音が聞こえるか聞こえないくらいだった。そのとき私は独り言を言いながら道を歩いていた。どんなことを言ってたかも覚えている。そしたら突然、今まで目の前にあったものがもう何もないではないか。まるで火花みたいだった。今という瞬間をはっきり私に理解させてくれた。普通ではこんなもの見ることなんかできっこない。この瞬間をまた見るのに戦争が必要だとしたら、なんて残念なことだろう！　そう思った。戦争が終わっても普通の社会生活に戻れない人たちがいるのがわかる気がする。ヴァイオリンの練習中、楽譜にこういう字を書き込んだ。

――爆弾が落ちた。一〇〇メートル向こう。……二〇メートル向こう。

その楽譜は今でも持っている。

母は怖がっていた。それはそうだと思う。警報の間中ほかの感情をすべてそっちのけにして、母のなかで恐れがすべてになる。母はたしかに私を愛していたが、私が家に残っていても一人で防空壕へ降りて行った。防空壕に入るのを私はいつも嫌がっていたのだ。そして警報が終わると私がまだ生きて家にいるかどうか心配しながら母は上がってくる。朝になって私とのあいだの数百メートルの距離を修復しようと母は上がってくる。この数百メートルを歩くことが母には恐ろしかったにちがいない。どうだろう、まだ家が建っているのを母は見るだろうか？　私がまだ生きているのを見るだろうか？　それでも夜になるとまた地下鉄に戻っていく。

数百人もの人たちといっしょに防空壕で窒息して死ぬよりも一撃でやられた方が私はいい。母は何度も私といっしょに家にいようと努力したけれど、結局ダメだった。夜間の爆撃への不安の方が、朝、大丈夫だろうかと思いながら帰ってくることの不安より強かった。

ママ、パパ、結局これってどういうことなの？　心の内側のことだと結局だれも信頼できないってことだろうか。与えよされど何も期待して待つな、ということだろうか。怖い話だが、母に対してさえこの教訓は役に立つというのだろうか。確かめたい気持ちが私のなかにムクムクわいてくる。どこまで私は母といっしょにいられるだろう？　それともこう言い換えようか、母はどこまで私といっしょにいるだろう？

子供たちよ、こんな危ない質問をしてはいけない！

一九四一年一月三十日を思い出す。さながらナチの航空ショーだった。その晩とくに激しい爆撃があった。とてもお金のかかるやり方で記念日を祝ったものだ。一九三三年のこの日、ヒトラーがドイツの首相になったのだ。ラジオでヒトラーの演説を聞いた。彼の声はベルリンのスポーツ宮殿の群衆が熱狂的に叫ぶ勝利万歳の声と混じり合った。そして爆弾が私たちの上から降り注いだ。これが黙示録のワンシーンでないなら夢か幻だったのだろう。何百何千もの死者がその夜、ロンドンで出た。

私が住んでいた小さな家には私とヴァイオリン、それに耳の遠い老女だけがいた。そのとき爆弾がすぐ近くに落ち家中が震えた。ひどく気分がよかった。とても幻想的な伴奏だった。老女の声が下から聞こえた。

――ミスター・ギトリス、今何とおっしゃいました？
イギリスのサロンではもう子供扱いされなかった。状況は今までとまったくちがって、私は大人扱いされた。まただ。こちらから選ぶ権利などなかった。

ブージー・アンド・ホークスの人たちに私は好感を持った。この大事な出版社はコンサートを企画するセクションをつくろうとしていた。そのセクションのトップが私に五年契約を結ばないかと提案してきた。給料は固定給で週五ポンドだった。私たちにギリギリの生活をさせてくれる金額だ。それに加えてコンサートがあった場合、ギャラは別に支払われる。この契約のおかげで気持ちがやっと少し落ち着いた。母に対する発言力も増した。一挙両得だった。

これとほとんど同じころ、私はもう一社別の興行主イッブス・アンド・ティレットとサヴェッジ・クラブで出会った。そのクラブには芸術家や物書き、実業家などいろんな人たちが集まっていた。とてもイギリス的な、いろんなものがいっしょになっている集まりだった。イッブス・アンド・ティレットは契約をいくつか提案してきた。

そして私はウォルター・レッグの前で演奏することにもなった。戦中戦後を通じてイギリスの音楽シーンでとても重要な役割を果たした人物だ。ヘルベルト・フォン・カラヤンを生み出し、世に出したのはこの男だと言っていい。戦後、彼はエリザベート・シュワルツコップの夫となった。この時期、レッグは武装劇団の音楽監督だった。私はレッグのためにソロコンサートを行ない、マギー・テイトも来てくれた。

マギー・テイトは二十世紀前半の最高の女性歌手の一人だった。ドビュッシー、ラヴェル、デュパルクなどの演奏家としても第一級の女性だった。すでに若くはなかったが、それでも魅力と熱意を周囲に振りまいていた。彼女は私の演奏をとても気に入ってくれた。レッグは、EMI＝ヒズ・マスターズ・ヴォイスとの契約が固まり次第、テスト録音に入ることを決めた。彼はこの会社のディレクターでもあったのだ。

私の人生はオール・オア・ナッシング。未成年だったので自由に契約書にサインすることも法的な決定権もまだなかった。結局、契約はブージー・アンド・ホークスとだけなされた。なんでそうなったのかって？　週五ポンドのためですよ。

一週間に五ポンドだ。保証がある。小さな安心がある。「オッケーしなさい」と母に言われた。何もないときの週五ポンドに対抗することなんてできっこない。六〇〇ポンドだったか七〇〇ポンドだったかでブージーは私にヴァイオリンを買ってくれた。ヴァイオリンも持っていなかったのだ。このヴァイオリンは彼らの所有だけれど、演奏に使う分には私の自由だった。ルジェリ作。

この契約は失敗だと私は確信していた。ブージー・アンド・ホークスはたしかに大きな会社だし、大きな出版社だった。でもコンサートのエージェント業務はまだ企画段階にすぎなかった。ほかの会社からもいくつか提案があり、そのなかには魅力的な冒険もあったのに、冒険の道は諦めなければならなかった。週五ポンドのためだった。けれども結果は待つまでもなく明らかになった。

私は分かれ道にいた。一方にウォルター・レッグ。もう一方にイップス・アンド・ティレット。だが、二つの道が一つになった。なんでもありの状態。イギリス本土で戦争が始まったのだ。いろんなものがストップした。分かれ道などではなく、この島には一つの道しかなくなった。勝利か死だ。

シェイクスピアが言うように、幸運の女神は決して両手をいっぱいにして現われることはないのだろうか？　あちこちに戦争成金がいた。海で囲まれて孤立しているイギリスのヨーロッパでの孤独。イギリスは芸術家を外から受け入れることも、外に送り出すこともできないで、ひたすら国内で活躍させてきた。この時期たくさんの芸術家が才能を発揮して世界の舞台に躍り出た。いろいろなものが一気に吹き出し、芸術家たちを表舞台に飛び出させたのだ。もう今までと同じではなかった。

世の中にはチャーチルのような人たちもいるけれど、そうでない人たちもいる。どの兵隊もがハイフェッツやマイラ・フェスのようになれるわけではない。こうしたひどい戦争のなかにいて、自分がどれだけ無駄で無力な感じに襲われるか、マイナスの気持ちがどれだけ自分についてまわるのか、私は自分でよくわかった。

私のマネージャーが問題だったわけではない。たしかにマネージャーは私を儲けの手段としてだけ見ていたことは確かだ。より高く売れる市場で売ろうとしていた。

新しく代わったマネージャーも世間の人が私を知る前にレコーディングするのはよくないと思っていた。新しいマネージャーとエージェント会社はまず私を世間に知ってもらおうとした。でも結局、エージェント会社のコンサート企画は具体化されることなく、契約書にサインしただけで終わってしまった。

ウォルター・レッグは偉ぶっていて、このことで一度も私に謝らなかった。ビッグ・チャンスを与えたのに、この少年はレコードなんかつくりたくないという本音をなかなか言わなかったと思っていた。ミスター・レッグは芸術家にして芸術の理解者だ。まだ子供の私にいったいどう反論できるというのだ。

種をまいたものはいつか収穫される。このあと私は収穫物を手に入れた。ウォルター・レッグは決して謝らなかった。でも、別のエージェントが私には多すぎると思えるギャラでコンサートを二つ用意してくれた。考えてもみてほしい、三〇から四〇ポンドぐらいだったと思う。これだけあれば自立することだって可能だった。ティレットの会社はブージーの会社に協力することはせず、私を放っておいた。

私はほかにどうしようがあったのだろう？　いつやって来るかわからないコンサートに備えて部屋で練習する？　私の理性の声だけが私を力強く励ましてくれた。こんな冒険があることを私はそれまで知らなかった。予知はできなかったけれど、こうした冒険は私が望んだものだった。なんて若かったんだろう！　ブージーとの契約がまだ残っていた。それはずっと変わらないままだった。これがあるために私はずっと板挟みだった。契約を終わらせてほしいと、私は母に頼んだ。でも一方で、こうも思った。

〈母は女だし、保険が欲しいんだ〉

でも、保険というのはいわば安全柵みたいなもので、あるところまでは守ってくれるけれど、限界がある。ブージーはたしかにヴァイオリンは与えてくれた。でもだからなんだっていうんだ？

ヴァイオリンがなくたって私はヴァイオリニストだ。悶々と私は日々を過ごしていた。

二年前、マックス・エルンストについての素晴らしいドキュメンタリー映画を観た。インタビュアーがエルンストに尋ねた。

――あなたの人生最初のイメージは何ですか？

エルンストが答える。

――四歳のとき父が家の庭を絵に描いたこと。

しかも、とてもていねいに描いた。キャンバスを描き終えるとエルンストの父はモデルになった庭を眺め、自分の絵と比べて木が一本よけいにあることに気づいた。そこで彼がどうしたかと言うと、そのよけいな木を伐らせたのだ。

生まれる前の記憶というのがある。この場合、生まれるというのは時には四歳でもいい、十歳だったりもする。さらに二十歳だったりもする。エルンストの父親にとっては自分の絵が保険だった。私の母親も自分の保険のために、私の庭の木を伐った。

私の母を養ったのはほぼ私だ。でも一方で、私は母に完全に依存している。子供というのは時には親よりもいろんなことをより深く感じている。子供には忘れなければいけない記憶というのはまだなく、経験によって物事がわかるようになるということもまだない。自分で目をふさいでしまって感じることをしなくなった者が経験に頼る。自然の習いとして子供に分別はない。

その後の人生でも同じだったが、私たちはまた引っ越した。イスラエルでもいつも引っ越ししていた。同じ街のなかで三回も引っ越したこともある。救いという意味のゲウラ街でだった。最初が五番地で次に七番地、最後に十七番地。ハムステッドでは最初は街中の一角で暮らしはじめ、次は別の場所へ移動し、最後はほかにも亡命者が何人かいた下宿屋に移った。そこにはいかにもイギリス人らしい下宿のおばさんがいた。

私をとても愛してくれた母の女友だちがいた。彼女はある晩パーティを催し、私を招いてくれた。こういうときは大人扱いされる。判断が必要なときは子供扱いされるのに。どっちにしても私は後ろの方でゴソゴソ企まれるのが大嫌いだ。

この母の女友だちは私が愛を交わした初めての女性だった。私は十七歳か十八歳で、彼女は三十から三十五のあいだだった。ある夜、彼女の家でみんなで音楽を楽しんでいたとき、警報が突然鳴った。彼女は母と私にこのまま家にいるように勧めた。そこで私はベッドで一人で寝ていたのだが、突然、彼女が私のすぐそばにいた。私はそのときまで一度も女性を抱いたことがなかった。それなのにベッドのなかで女性といっしょにいたのだ。こんなことは夢に見たこともなかった。私はほぼ普通に成長した少年だったし、こういうことがある時への心構えは子供のころから持っていた。でも、これはあまりに突然すぎた。女性といっしょに彼女の腕のなか。まさにそんな感じで、それで全部だったか、どうだったか……忘れてしまった。そして理由は自分でもよくわからないのだけれど、私は突然笑い出した。

何年か後のスペインでのこと、コンサートのあと、痩せた小さな婦人が私に会いに来た。

——覚えていらっしゃる？

そして私の耳元でこう言った。

——なんであの晩、笑ったの？

何年もが過ぎ、メロディが残る。イスラエルの歌の歌詞だ。いくつもの分かれ道があり、まるで歯車のように全体を見ることなく、ただ動いていた。そして数年が経つと顔つきだけが少し変わり、再び前と同じ場所にいる。地球は丸く、行き止まりはない。

ウォルター・レッグと武装劇団との話はまだ終わっていなかった。その劇団にはすべての職業の戦争に行かない人たちがいて、ほんとうの芸術家もなかにはいた。

ブージーとの契約書にサインする前から決まっていたメンデルスゾーンの協奏曲の演奏があり、若い兵隊によって構成されたオーケストラでサー・バジル・キャメロンが指揮をする。場所は北イギリスのキャッタリックにある陸軍の大きなキャンプだった。

コンサート前日に私は基地に着き、とってもいいホテルに泊まった。そこで私はサー・バジル・キャメロンに会った。二人とも同じホテルだった。一人は有名なオーケストラの指揮者。もう一人の私はまだ名前も聞いたことがない駆け出しの若造だった。いっしょに食事をした。私は彼のソリストだったので、自分のことを彼と同等だと思っていた。食事のあいだ彼は一言も喋らなかった。私は心のなかで笑った。それから私たちはリハーサルに向かい、私はとてもうまく演奏した。兵隊たちはほとんどが私より若く、何人かは知り合いだった。気分がいいと私は気持ちをすぐ表に出す。

私は彼らに言った。

——みんないっしょに昼ごはんを食べようよ！

でも、サー・バジルは士官に連れられて別の方に行ってしまった。

——ほら、きみもあの士官といっしょに行かなくっちゃ！

友だちがそう言ってくれたが、私はとてもクリアな声でこう言った。

——なんでだよ！　みんないっしょに食事しようよ！

士官の髭がほんとに落っこちそうな気がした。何だこの外国人の若造は！　彼はサー・バジルに会って士官食堂でいっしょに食事ができるのを誇りに思っていた。私はもっと大きな声で言った。

——いつか来るんだ、みんないっしょに食事ができる日が。士官も士官じゃない人も！

結局、私は食堂に連れて行かれた。予想したとおり、そこは薄暗かった。私は自分のしたことに満足していた。こんなことするなんてバカげているだろうか？

その晩のコンサートで私は引き続き気分がよかった。とてもうまく演奏して大成功を収めた。指揮者はいつもと同じように成功を収めた。

数か月後のこと、私はどうしても労働許可証が必要になった。ティレットが私と契約したがっていたときには問題がなかったが、今回は突然必要になったのだ。

——戦争に行けば許可証がもらえるよ。

だれかが教えてくれた。こんなこと言われる筋合いはない。私は労働許可証がただほしかっただけ。戦争に行こうと行くまいと、みんな同じ敵に向かっていたのではなかったのか。同じ戦争をしてると思ってたのに。私はイスラエルの地で生まれたユダヤ人だ。だから一層その気持ちが強い。ヴァイオリンの影に隠れて亡命しようなんて、これっぽっちも考えていなかった。軍隊の規律のなかで自分が兵士としてあまり役に立たないということも私にはわかっていた。将軍ぐらいだったらうまくやれるかもしれないけれど。軍需工場で働く？　それにしても掃除夫がいいところだろう。掃除なら少しはできる。どんな職業にしろ、私は自分の意志で好きなようにできた。自分の誕生日だったと思うが、ある日、私は母に何も言わずにイギリス空軍に志願した。少しだけ年齢を偽った。身体検査を通過し、それ以外の必要なチェックを受け、結果は数週間後に知らせて来ることになっていた。自分の得意な分野で少しでも戦争の役に立ちたかった。私は自分の価値についてある程度わかっていた。

イギリス委任統治下のパレスチナではこの時期、ナチの脅威に対抗しようとユダヤ人人口の三分の一以上に当たる六十万人が自分の意志で戦いに参加していた。男だけでなく女、子供、老人もいた。しかし政治的計算をいつも忘れないイギリス人はユダヤ人の数がアラブ人の数を上回ることがないよう気を配っていた。彼らの政治的算術はこうだ、ユダヤ人の兵隊一に対してアラブ人の兵隊一。彼らにとって不幸なことに、アラブ人一人に対して百人のユダヤ人志願兵がいた！　イギリス人は決められた割り当て以上の志願兵を拒み続けてきた。でも、それから間もなくドイツのロンメル将軍がエジプトに侵攻してきたとき、この割り当て制限は取り払われた。そして何千ものイスラエル人がアフリカやシチリア、それにイタリア本土で戦うことができたのである。

私は視力が足りないため結局、兵隊に受け入れてもらうことができなかった。イギリス空軍からの決定を待つあいだ、私は武装劇団の事務所に顔を出した。それまでだれも私を兵士の前で演奏させようとしなかったのは、共産主義の宣伝をしたと思われていたからだった。劇団事務所の秘書もそのことを知っている様子だった。これはキャンプ・キャッタリックでサー・バジル・キャメロンとのコンサートのとき、私が音楽家の兵士たち同胞に投げかけた「いつか来るんだ、みんないっしょに……」のせいだった。

前もって私が電話しておいたので、レッグは彼の上司サー・ジョージ・バーンズに話を通しておいてくれていた。この人はとてもイギリス人らしいユーモアの持ち主だった。バーンズは私に面会を許してくれ、こう言った。

——さて、あなたに何をしてあげられるだろう？

——イギリス空軍の決定が出るまでここのお役に立ちたいんです。

彼は私の顔をじっと見た。よく見ると私の顔は犯罪者の顔ではなく、善良な小さき者の顔であった。

——どうもあなたは共産主義の宣伝をしたらしいのだが？

——サー、ヴァイオリンへの私の愛をそう呼びたいのなら、共産主義の宣伝と呼んでも一向に構いません。二人して言いましょう、私がプロパガンダをしたって。

彼は微笑み、私を二か月のあいだ雇ってくれた。北へ南へ、私はイギリス全土で演奏した。最初の巡業のとき、信じられないような人たちと出会った。オーケストラは十七人編成の小さなオーケストラだったが、なかには軽業師もいたし、歌うたいもいた。この巡業のあいだ私はオーケストラの第一ヴァイオリンと同じ部屋だった。彼は私のことを気に入ってくれていた。まだ若かったし、ヴァイオリンの腕も悪くなかったから。ある意味、この時期はとてもいい時代だった。私たちはスコットランドの暖房もない城に寝泊まりしたりした。外は雪景色だった。クリスマスにはみんなで酒を飲んで少し酔った。そして戦争の話になった。だれかがこう言った。

――ヒトラーが悪いって？　ちがうちがう、みんな汚らしいユダヤ人のせいだ！

第一ヴァイオリンがこう反論した。

――そのユダヤ人がこの戦争では協力してくれているんだぜ。

私は立ち上がってその場を去った。そのあと私たちの部屋で私と第一ヴァイオリンはなかなか眠りにつけなかった。私は彼に尋ねた。

――なんでさっきあんなこと言ったの？

そこで彼は泣きながら自分のことを話し出した。彼の祖先はユダヤ人だったのだ。でもキリスト教に改宗した。今ではだれもそのことを知らない、と言った。私は彼に憐れみを覚えた。

巡業が終わって私のいつもの問題がまた蒸し返されてきた。イギリス空軍に採用されなかったので、私は仕事をしなければならなかった。アマチュア・ヴァイオリニストのレオン・バグリットを私は教えていた。レオンは小さな軍需工場を持っていて、私を助けてくれようとした。労働大臣のアーネスト・ベヴィンに手紙まで書いてくれたのだ。私が働くことに反対している人がどうもどこかにいるらしい。職業安定局から何か月にもわたってイヤな連中が調査に訪ねてきた。そしてやっとのことで軍事工場に働きに行く許可が下りた。工場では金属を磨いた。何に使われるものかはわからなかった。軍事機密だった。

金属研磨機に張り付いて私は働いた。怪我をしないために手袋をはめるのだが、その手袋を一日に一セット、ダメにした。できることをするんだということを私は証明したかった。でも役立たずだと自分のことを感じた。一か月その工場にいたけれど、能率が特別よいとはとても言えなかった。

私のためを思って別の仕事につくよう、みんながいろいろ考えてくれた。私は絵なら描ける。同じカムデン・タウンの別の工場に移った。設計図を描く仕事だった。でもまっすぐな線の引き方を知らない。クレヨンの使い方もほかの人とはちがう。ここでは十二人ほどの可愛らしいおバカさんたちといっしょだった。可愛らしいスカートに可愛らしい靴下のおバカさんたち。彼女たちの可愛らしい香水はよく匂った。効果があるとは言えないけれど、香水は彼女たちの可愛らしい物語をよく語っていた。私は高いスツールの上に乗せられ、設計をしようと毎日努力した。大文字を書く努力もした。大きな紙の上にまっすぐな線を引こうと努力した。

ある日、地下鉄のスイス・コテージ駅の階段を上がっているとき、一人の女の子とすれちがった。茶色い髪の毛ですらりとした体型、目が大きかった。プリムローズという名前だった。私たちは愛し合った。許可をもらって彼女は私に会いに来た。彼女は軍隊にいたのだ。まだ母と住んでいた私はやっとのことで家から二ブロック離れたところに地下室を見つけた。初めてでとてもロマンチックな愛だった。ほぼ大人の愛と言っていい。私は工場にヴァイオリンを持っていき、場所を探しては食事の時間に練習した。

いつの間にか私はメッセンジャー・ボーイのようになっていた。まっすぐな線に関しては私には何もできないことがわかったからだった。小包を運んでロンドンの町を行ったり来たりした。一つの工場からもう一つの工場へ運ぶのだ。

私の地下室の扉は庭に面していた。この扉の前で蜘蛛がとても美しい巣を張っていた。私はその巣を傷つけないよう別の扉を使っていた。ある時ふと気づいたのだが、私がヴァイオリンを弾くと蜘蛛は巣から出てくる。天気がとてもよかった。一言で言って戦争って、なんて美しいんだろう！　どのようにして工場を辞めたかって？　よく覚えていないけれど、たぶん私がそこに適していないこと、ほかにやらなければならないことがあることをみんなにわからせようとして、たくさんわがままを言ったからだと思う。最後に私は兵隊と工場労働者に向けてコンサートをしてから別れた。

日にちは覚えていないある日、でもまだ耳のなかでその音がしている。イギリス本土爆撃のころだった。冬の間中、警報が鳴り続け、私はその日、空港近くの工場で演奏していた。警報があったときにはみんな防空壕に降りなければならない。私が演奏しているとき警報が発令された。そのときは音ではなく、光でだった。私はヴァイオリンに集中していたので何も見なかった。一曲弾き終わったところでホールにだれもいないことに気がついた。みんな私の邪魔をするのをためらって静かに出て行ったのだった。

終戦間近、アメリカ合衆国との連絡が少しずつ元に戻ってきたころのこと、ユーディ・メニューインが兵士たちのために演奏するのを聞いたことを思い出す。彼の帽子と毛皮の外套。当時、飛行機のなかはとても寒かった。有名な芸術家はよく軍隊のために演奏した。彼ら芸術家にとっては問題は何もなかった。でも戦争初期に無名だった私のような者には大いに問題があった。

出会いがあった。おもしろい出会い、驚くような出会い。ヨーロッパで起こっている戦争の前線にいないことに私は心の底から不満を感じていた。私は軍服を着なかった。歩道を歩いていて正面から兵隊がやってくるのを見たとき、私は通りを渡って歩く道を変えた。そして視線を下げた。正面から兵隊と顔を合わせると気分が悪くなるのだ。私は欲求不満を感じていた。このブリテン島に愚かしくも閉じ込められ、私は何もしないでいる。何もできないでいる。向こうの前線ではたくさんの若者が殺されているというのに。

私は工場で労働者と兵士のために演奏した。時々怪我をした兵隊や年取った兵隊のために病院でも演奏した。

アマデウス四重奏団にいた友人がある日、私に声をかけてくれた。二つの戦争の偉大なる負傷者たちが観客だと聞いたので、私はマヌエル・デ・ファリャのスペイン舞曲《はかない人生》を演奏したいと最初から言っておいた。だれもこのことで気を悪くしたりはしなかった。イギリス人の性格はある面でユーモアあふれる子供っぽさだ。

一九四四年八月二十五日の私の誕生日の日、私は工場で演奏していた。そのときパリが解放されたと告げられた。すぐにフランス国歌を弾いた。立ち上がって目に涙を浮かべ、労働者や兵士たちがいっしょに歌った。悪夢の終わりだった。しかしナチのほんとうの恐ろしさ、アウシュヴィッツを私たちが知るにはまだあと数か月が必要だった。

私のことがだんだん話題に上るようになってきた。イギリスでは声がかかれば、できるだけそれに応えていた。ブージー・アンド・ホークスとの契約は私に拘束衣を着せたけれども、イギリス人のフェアプレー精神のおかげで週五ポンドの約束はきちんと守られた。

音楽の上で私は一人だ。自分をつくる時期だった数年間、私が愛した先生たち、ティボーもフレッシュだって私を助けてはくれなかった。教育を受け入れるには私は強くなりすぎていたのかもしれない。

戦争が始まったころ、マックス・ロスタルという先生のところに連れていってもらったことがある。ロスタルはフレッシュの弟子で、そのころはフレッシュのアシスタントをしていた。ユダヤ系ポーランド人でドイツで勉強したあと、かなりな教授先生になっていた。彼はお金を一銭も取らないで私を教えてくれた。とても親切であると同時に、とっても私に興味を持っていた。でも三回レッスンをしてお互い、相手に何もしてあげられないということがわかった。

私はロボットになる危険を感じた。ロスタルが彼にとってヴァイオリン演奏とは何かを私に説明してくれたことがある。子供がおもちゃを組んでつくり上げるように、ていねいに組み上げていくことだと彼は言った。私は逃げ出した。三十年後、私は大きなヴァイオリンの国際コンクールの審査員としてモントリオールにいた。そこで驚いた子供のような大きな目を大きなメガネで隠している小柄な紳士と私は出会った。いつの間にか有名な教育学者になっていたマックス・ロスタルだった。私たちは抱き合った。涙が溢れて離れがたかった。三十年。

ロスタルとのエピソードがあったあとの一九四〇年代、私は完全に一人だということが自分でもわかってきた。ただ、時々ほかの音楽家といっしょに演奏するときだけは話が別だった。そのことに私は不満を感じてはいない。一人でいたおかげで私は自分のやり方を発展させることができた。でも、それが一番楽な方法だったというわけではなかった。

戦争の終わりごろになって、個人としても、音楽の上でも友だちと呼べる音楽家たちと出会った。私がほんとうにデビューしたのは一九四五年七月だ。あちこちでコンサートを開いたが、最初の大切なコンサートはロンドンでだった。ロイヤル・アルバート・ホールでロンドン・フィルハーモニック・オーケストラと共演したのだ。六千人の観客が私を熱狂的に迎えてくれた。

有名な三重奏団を持っていたピアニストのハリー・アイザックと、このころずいぶんいっしょに仕事をした。下ぶくれの内気な男で、私のことをかわいがってくれ、私も彼のことがとても好きだった。ロイヤル・アカデミー・オブ・ミュージックの教授で、素晴らしい伴奏者だった。私たち二人の共演はとても実り多いものだった。私たちのグループはいっしょにアルデブルクへ行った。アルデブルクの海岸で私たちは広島の悲劇を知った。のちに偉大な作曲家ベンジャミン・ブリテンが毎年音楽祭を催すことになったのはこのアルデブルクだ。

私はミュージック・イン・ミニアチュールというグループでヴァイオリンを担当していた。ピアニストはマーガレット・チェンバレンで、全体をまとめるのは、頑固でいつも怒っているが内心は優しい独裁者ヴィヴィアン・ジョセフだった。素晴らしいクラリネット奏者で、のちに世界的に有名になったジェルヴァース・ド・ペイエ。時々、歌姫が一人加わることもあった。私たちはいつも子供みたいに議論し合った。邪魔するものは何もなかった。私たちは素晴らしい三重奏曲をいくつも演奏した。シューベルト、メンデルスゾーン、ドヴォルザークなどなど。いいグループだった。

こういう種類のグループにはイギリスでしか名前を知られていない音楽家がいる。たまにヨーロッパ大陸にも遠征する人がいるくらいだ。こうしたグループはイギリス人の生活に深く根づいている。

イギリスにはミュージッククラブという音楽のある生活をサポートするちょっと特殊なシステムがある。とっても田舎っぽくてこぢんまりとしていて居心地よく、閉鎖的だ。でも音楽を愛する人たちにとっては素敵な場所だ。中には、ヴァイオリニストのアルフレード・カンポリのようにはじめはホテルで小さなオーケストラと共演していたが、ある日、クラシックのヴァイオリニストになろうと一大決心し、自分を励まして大変な努力をさせ、ついに一流のヴァイオリニストになった例もある。このころイギリス以外ではだれも名前を知らなかったが、イギリスでは崇拝されていた。イギリス人というのは軽音楽をやったあとにクラシックの音楽家になるというパターンがとても好きだ。カンポリはいいヴァイオリニストだった。ラロの《スペイン交響曲》で彼のヴァイオリンを聴いたことがあるけれど、最終楽章は実に素晴らしかった。イギリス人が採り上げれば、ミュージッククラブから世紀のヴァイオリニストが生まれることだってありうる。

実績というものはいつだって変な風に積み重なっていく。たわいもない肉体関係や浮気の積み重ねの武勇伝のことを言っているのではない。そんな積み重ねがどんなやり方でつくられていくのか私にはわからない。どうも私は、みんなで手をつないでいっしょにやろうという発想を受け入れることができない。小さなグループをつくるのは、これは確実に好きなんだが。いつも議論をしてきた。私の場合、「そうですね。おっしゃるとおりです。でも……」といったソフトな反対の仕方はしない。だから周りの人たちの私に対する反応は真っ二つに分かれる。私のことをほんとうに愛してくれるか、それともはっきりと嫌うかのどちらかだ。暗い穴に埋められて、だれにも気づかれないで時が過ぎていくことを私はいつも望んでいるのだが、そうした無関心にはめったに出会わない。私はいつだって極端な全然ちがった感情を人に引き起こしてしまう。時々同じ人とでもそうなることがある。そうなる原因はたぶん、私を所有しているという幻想を相手に与えないからだろう。男に対しても、女に対しても。

私は実績を積んだことがない。実績を積むためにやるべきことを何もやらなかった。マネージャーを見てみるといい。あちこちでいろんな人たちのご機嫌をとっている。老婦人、重要人物、会社の重役、ラジオの重役、オーケストラの指揮者。善良で優しく知的なおべっか使いであれ。私だってこんなふうにやってみたことはある。実は結構役者なのだ。演じるのはいいのだけれど、すぐにうんざりしてしまう。

愛を利用してまで仕事をしたくない。それどころか私を愛している人が私のためにしてくれることに対しても、いつも罪悪感を感じてしまう。相手の気持ちを利用してるんじゃないかと思ってしまう。こうしたことはみんな私の子供時代と深い関係があると思う。

一九五六年まで私はイギリスに住んでかなりいいコンサートをし、生活費も稼いだ。当時のイギリスは実績を積みはじめる場所ではなく、有名になってから来るところだった。

小話を一つ思い出した。畑で働いているお百姓さんに一人の男が道を尋ねる。

――すみません、マロニエ農場へはどう行ったらいいんでしょう?

――あの小さな木の後ろの道を通って左に曲がって。あ、いやそうじゃなくて、えーとここ右に行って、あ、そうじゃなくて…。

そしてお百姓さんは旅人を見てこう言う。

――あんたもわかったでしょ。マロニエ農場に行くのはこの道じゃないんだ。ここから歩きはじめちゃダメなんだ。

イギリスから実績を積みはじめた人をあまり知らない。すでに実績のある人はこの土地では保証されているが、彼らの出発点はアメリカやフランスやドイツだ。イギリスは島だ。今では最大ではないけれども、世界の音楽の最も大きな中心の一つになったけれど。

私はとてもたくさんの人に紹介された。なかにはロンドンの大きなマネージメント会社ハロルド・ホルトもあった。重役と面会したことがある。一九四五年ごろだった。

——ムッシュ・ギトリス。とても興味深いお仕事をごいっしょできるのではないかと思っているのですよ。ただ、それにはあなたのお名前がもう少し有名にならないと……。

——私もあなたとまったく同じ意見ですよ。でも私が有名になったとき戻ってくるのはあなたの会社じゃないことだけは確かですね。

私は顔を上げてそう言った。話し合いはこれで終了だった。もし私がゲームのルールに従うつもりでいたなら、もっとへりくだってこう言っただろう。

——何が言いたいんだよ、この野郎、仄めかしやがって！

さて、どっちがよかっただろうか。こういう答えが返ってくるかもしれない。

——チラシをつくるのに五〇ポンド必要です。そのお金を集める方法を考えてください。

たとえば彼が二五〇ポンドでコンサートを開いてくれたとする。そしてよい批評が出れば、もう一度同じ条件でリサイタルができる可能性が出てくる。億万長者と知り合って娘と結婚する以外の方法としてはこれしかない。それにしても音楽ってみんなこんなものなんだろうか？

弁護士のお母さん、知り合いになった大臣の奥さん、その人たちの娘だったり、従姉妹だったり！　たしかに娘や従姉妹だったら、私は時々いっしょに夜を過ごしたことはある。彼女たちは、私の、実績を、援助してくれる、影響力のあるご婦人、よりは可愛らしかった。一年間、あるいは二年間、あるいは二十年のあいだ、私はもっと熱心にお金を出して援助してくれる人を探した方がよかったのかもしれない。

人の話を聞いていると、どこまでが仮面で、どこからがほんとうのその人なのか、わからなくなってくる。話はするのだけれど上辺だけ。簡単じゃない。

母は一九四五年八月二十八日に死んだ。四十一歳だった。戦争のあいだずっとイギリスに住み、一九四五年五月一日、イスラエルに向けて出発した。母の最後の声を聞いたのはリバプールからの電話だった。そこで船に乗り四か月後に死んだ。彼女がこの世からいなくなったことを私は二週間後に知らされた。

黄疸になりロンドン空襲の最後のころには、それが悪化して肝硬変に進んだ。そのとき私はとても若く、いつも激しい喧嘩を母としていた。あるときなどは家を飛び出して二ブロック先の地下室に住んでいたこともある。時々道ですれちがってもほとんど他人のようにしていた。女性とこんなふうに顔を合わせるなんてひどいことだ。

私は母の死をすでに見ていた。ある日、母の部屋に入ったとき、ちょうど着替えているガリガリに痩せた母を見てしまったのだ。恐ろしくショックを受けた。自分が見たものを受け入れたくなかった。そのときはいっしょに住んではいなかった。

父は私と十年も会っておらず、少年として出発した私しか知らなかったので、母の死をどう私に伝えたらいいのか困っていた。

あの夜のこと、私は母の女友だちといっしょにロイヤル・アルバート・ホールのプロムナード・コンサートを聴きに行った。休憩の時間に私は彼女に言った。

――どうしたらいいんだろう、母から何も言ってこない。毎日手紙を書くって言ってたのに。何かあったんだろうか。心配でしょうがない。

――イヴリー、わかるでしょ、人生ってそういうものなのよ。がまんしなくちゃいけないときもあるの。お母さんはとっても具合が悪いのよ。

こんな曖昧な返事はかえって私を苛立たせた。彼女は勇気がなかったのだ。父に頼まれたのに私にほんとうのことを言う勇気がなかったのだ。

コンサート会場から出て、私たちは三十一番のバスを待った。そのとき私はもう一度質問した。

――でもほんとうに何があったの？　なんでお母さんは手紙くれないの？

バスが来てステップを登りながら彼女は乱暴にこう言った。

――イヴリー、お母さんはもう手紙を書かないの。死んだの。

もっとちがうタイミングで言ってほしかった。これじゃ涙を浮かべることさえできやしない。あとになって泣いた。バスのなかでは無理だった。たぶんこの女友だちはうまくやってくれたのだ。彼女自身もうまくやったと思ったようだった。私たちはそのあと残りの夜をいっしょに過ごした。ベッドのなかで……。

母が出発してからはロンドンのアパートは私には広すぎた。五つも部屋があったのだ。友だちがみんな食べたり寝たりしにやってきた。私の方が部屋を借りてるみたいだった。とくに思い出すのは有名なロンドン・バロック・アンサンブルの創設者カール・ハースだ。いつも彼はバターの塊を持って家にやってきた。バター以外のものは私が提供した。私は友だちに周りにいてほしかった。

こうした友だちのなかにはユダヤ系ドイツ人で亡命者のヘルベルト・リヒテンタールもいた。ベルリンのマックス・ラインハルト劇場で音楽監督をしていたと言っていた。たぶんほんとうだろう。尊敬できる男で、いっしょにたくさんレッスンした。気取った喋り方をし、自分の名前も一つひとつはっきり区切って正確に発音した。こんなふうに。「リ・ヒ・テン・タ・アール」。でも結局、リントンと名前を変えた。彼以外だれも正しくリ・ヒ・テン・タ・アールと発音できなかったから。ピーター・ユスティノフがよくモノマネするドイツ人音楽教授のモデルは彼なんじゃないだろうか。リヒテンタールはよく講演会もしたし、バッハの解釈についてフルトヴェングラーと交わした手紙をていねいに保管してもいた。その手紙のなかでフルトヴェングラーは彼のことをとても評価している。

リヒテンタールは何日も私の家で過ごした。レッスンもしてくれた。それに対して私はできるだけお金を払った。強拍。小節のまとまり。フレーズの扱い方。彼はたくさんのことを教えてくれた。そのことに私はとても感謝している。人は自分のありのままを表現する。私はいつもシンプルさには二種類あると思っている。白痴的なシンプルさと、そうではないシンプルさだ。人が持っているとても複雑なものの集大成としてのシンプルさだ。私が探しているのは、あとのほうのシンプルさだ。たぶん私はありのままを受け入れるには複雑すぎる。何時間も私は自分のヴァイオリンの弾き方を探して過ごした。私の生き方は身体的であると同時に、心的だ。ヴァイオリンの弾き方というのはほかのすべての芸術と同じように体と心が両方とも関わっている。

リヒテンタールと出会ったのは運がよかった。のちに出会ったテオドール・パシュクスとアリス・パシュクスもそうだったが、リヒテンタールはこの体と心の両方に関わっているという考え方に基づいて仕事していて、私が探していたものをはっきりとつかませてくれた。何時間も一ミリの正確さで指を運びながら私はヴァイオリンの稽古をした。指を乱暴に打ちつけたり、逆にデリケートにそっと置いたりする代わりに、私は映画のスローモーションのようなゆっくりした動きを学んだ。

演奏する前に心でイメージして、一つひとつの音を暗記した。頭のなかに正確に音が定着するまで想像した。だから私は演奏する前に弓を手に、一分二分じっとしていることが多い。ヴァイオリンなしに頭のなかで演奏することもよくやった。楽器を持つ前にこうしたことをした。もちろんほかの人もそうしていると思うが、私はほかの人がどうしてるか知らなかったし、今も知らない。

この驚くべき老人のおかげで私は多くのものを得た。私たち二人はとてもお互いが好きだった。父親みたいな存在だった。家族をつくり直したいと私はいつも思っている。私はこの思いに取り憑かれている。

お金はいつも変わらず私にとってとっても複雑な問題だった。奇跡の子はすぐ先生のお気に入りになり、大勢の人たちがこうした子の未来に「次は何をするんだ？」とせっかちに望みをかける。ハイファにいたユダヤ系アメリカ人の一家を私は思い出す。アメリカ、イコール金持ちだった。その子供たちは何でも持っていた。自転車だって、ラジオだって持っていた。私は時々彼らの家に泊まりに行った。そのとき私の目に映ったものと実際に私が持っているものとのギャップが、一種の階級意識のようなものを目覚めさせた。彼らに何かをねだることはしなかったけれど、彼らは持ち、私は持たなかった。そのことで彼らを殺すことはしなかったが、恐らく自分自身を少し殺したかもしれない。

私は自分への愛を周囲に探した。ヴァイオリンが上手だから私を愛するというのは、私への愛ではない。私は子供だったけれど、それより前に人間だった。ヴァイオリンは私よりあとから来たものだ。ヴァイオリンが来る前はほかの子と同じように手が二つあるだけだった。私はヴァイオリンゆえに人が私を愛するのが好きではなかった。私の人生で道が開けそうになるとき決まって私がその飛躍にストップをかけてしまうのは、たぶんこうした感情が説明してくれるだろう。私は成功が怖かった。

この一九四六年から一九四七年のころ、私はロンドンで最初のリサイタルを開いた。準備のためたくさん練習し、たくさん研究したので、私はたくさんの発見をした。リサイタルの数週間前、ベラ・バルトークの《無伴奏ヴァイオリンのためのソナタ》をメニューインが初めて演奏するのを聴いた。私はとてもこのソナタに惹きつけられ、演奏しないではいられない気持ちになった。プログラムには載っていなかったけれど、そんなことはどうでもよかった。三週間でソナタをものにした。私はソナタとともに生き、眠り、食事した。そしてついにソナタは私の一部になった。とてもうまく演奏できたと思う。演奏がうまくいったのは比較したときにそうだというだけであって、それだけの意味しかない。私にとって大事なのはそのソナタを演奏したことであり、ソナタを私の体に刻み込んだことだ。これだけで十分じゃないだろうか。

ナタン・ミルシテインが私にこう言ったことがある。

——若いころ時々今より上手に演奏したことがある。でも人はこう言うんだ「あまりよくなかったよ」って。

ほぼ同じことをフランチェスカッティが言うのを聞いた覚えもある。それはその通りなのだから異議をとなえる必要などどこにもない。それに、こうしたことが問題なんだろうか？　ほかの人はもっと器用にやっている！

本質は生きているということ。

私はいつも上を求めてきた。最果てであり、最高の地点。生きている感覚とヴァイオリンが一体化する地点まで至りつくことを求めてきた。だから、そこに至らないことへのとても不愉快な恐れをいつも抱えている。私はこの世ならざるもののなかでしか演奏できないヴァイオリニストだ。この世にないものに至ることができないとき、私は無だ。今ではこうしたことはあまり重要ではなくなってきているのかもしれない。私は無をそれほど恐れない。自分がこうありたいと望んだレベルまで達するのが私の目的ではない。私の人格の残りの部分、私が手にしている手荷物の部分が前より濃くなり分厚くなることが大切なのだ。そうすれば私はもうこの世にないものに支配される必要がなくなる。

人生のこの時期、ロンドンにいたことは私にとって重要だった。なぜなら人生で初めて一人だったから。その前は母といっしょにいないときでも、一人でいるだけで悪いことをしているように感じたものだった。それがこの時期はほんとうに一人の青年だった。たとえ毎日が楽しくなかろうと、私は一人で立っていた。好きなときベッド脇のラジオをつけることができたし、私にとってとても必要なもの、今でも必要なものを私はこのとき少しずつ生きはじめた。人生は私にとってヴァイオリンと同じくらい大事なものだ。もっと言えばヴァイオリンと同じだと言ってもいい。好きなときに好きなところに出て行くことができる私。一人なのにアパルトマンを持っている私。たぶんこれは母に対する復讐だったのかもしれない。一人でいることは母にこう言ってるのと同じことだ。

――こうなっちゃったらもうどうしようもないよね、このたびは残念でした。

私は生きていた。毎日泳いだり歩いたりした。その時期以外は続かなかったけれど、とてもよいパターンをつくっていた。演奏もとてもよかったと思う。たぶん最高だった。なぜなら私は演奏を生きていたから。

気持ちがよかった。私はとっても完全な人生を送っていた。朝早く起きヨガをした。あとにも先にもこのときだけだった。初めて青春時代を送っていた。上手に送っていた。ヴァイオリンをたくさん練習した。音楽の勉強もした。音楽を生きていた。音楽にいのちをささげようと試みていた。もし私に息子や生徒がいたら、とっても愛して、そして彼らに教えたことだろう。生徒たちといっしょにロマを聞きに行ってたかもしれない。ロマたちは彼ら独特のやり方で音楽を生きていた。

先生が生徒たちのなかに美しい女の子を入れると、生徒は女の子と寝たがるだろう。なんでそうしないのか？　なんで壁があるのか？　こっちに美しい女の子、こっちは男の子。人生においても行動においても人と人のあいだに壁があってはいけない。人はヴァイオリニストとして生まれるわけではない。小さい人間として生まれる。私の母はヴァイオリニストの母ではなかった。

少しあと一九四八年、とてもよいピアニストで友だちのレオナルド・カッシーニがポーランドへの演奏旅行に誘ってくれた。観客の前で一人で弾くとき彼はとても神経質になるので、ソナタを弾くとき共演してほしいと言われた。戦後になって、そこで起こったすべてのことのあとにポーランドに行くのは、私にとってわが民族の墓をめぐる巡礼のようなものだった。

五月にわれわれはワルシャワへ出発した。寒さが身にしみた。都市は廃墟のままで、まだユダヤ人街の残骸が見られた。ここの場所ではまるで吸い取り紙のように大地のあちらこちらが人の血を吸った。私と同じ民族の血も吸った。

コンサートで私は成功を収め、イギリスに戻ってすぐまたポーランドに来て二十ばかりあるコンサートすべてに参加してほしいと頼まれた。のちに私の妻になる女性がいっしょだった。

ポーランドでは役者や音楽家といった興味深い人たちと出会った。とくにアンジェイ・パヌフニクは作曲家で、才能あるオーケストラ指揮者だった。この演奏旅行は私が知らなかった一つの時代、私に欠けていた時代を私に生きさせてくれた。

この時期、私は実績を積みはじめたのだろうか？　それはちがう。私はたぶん一度も実績を積んだことがない。実績に興味を持ったこともない。いつも私は実績とは別のものに戻っていく。

私はつねに自分をよりよくさせようという思いに戻っていく。そして楽器をもっと上手に弾こうと思うのだが、なかなかそれがうまくいかない。私は愛すべきタッソ・ヤノプーロと会い、彼はあるマエストロについて話してくれた。テオドール・パシュクスとその妻アリス・パシュクスだ。二人とも今はもう死んでしまった。パシュクスはユーディ・メニューインともレッスンしたことがある。「勉強しなさい」という母も、父も、後見人ももう私にはいなかった。自分が自分の母であり父であり後見人だった。自分の楽器をもっと理解する方法を私は見つけたかった。少しずつ私自身と私の芸術がもっとよくなっていきたかった。

第10章　裏切り

私にとって芸術家であることは、神のおぼし召しが形を取って表われたものだと言える。必然だ。考えもなく、まるで自分が聖職者か何かのつもりで芸術家と称する人たちがいるのは、私には耐えがたい。私には純粋が必要だ。純粋、大きな言葉だ。清潔と言い換えてもいい。だからかな、私が手を洗ってからヴァイオリンを持つのは。精神も肉体も準備できていないのにヴァイオリンに近づくのは罪だと思っている。愛も同じだ。話ができる相手、人間として、個人として独り立ちしている人が私には必要だ。そういう人を望まなければもっとシンプルになるにちがいないのに……。だれかが犠牲になることを私は望まない。犠牲なら十分、私は母にさせてしまった。私を産むときからしてそうだった。母は三日間苦しんで私を産んだ。しかもユダヤ暦で四年に一度しかめぐってこない月に私を生んでくれた。出産後、母は静脈炎になり、そのあとの人生ずっと片脚が悪いままだった。わかってる、私のせいだ。私は一生、罪の意識を持ちつづける。

十四歳のとき、パリのアカシア通りで母に言った。

——だって生まれたのはぼくのせいじゃない。生んでなんて頼んでないよ、一度だって！

女の子とちっとも遊ばなかった私が母にこう言ったのは、愛を高めるためだったかもしれない。女性についてよく言われるフランス語の表現で、人間という二本足の動物に食いものにされている哀れな小さき者、という言い方がある。私は女性を嫌っている、女性全体も、一人ひとりの女性も。つまりそれは崇拝しているということだ。女はうんざりだ。絶え間なくおどしをかけてくる。一人の女があなたの隣にいるとする。あなたを愛していると彼女は信じていて、あなたも彼女を愛していると信じている。動物の場合、これだけで結構うまくいくのだが、われわれ人間ときたらいまわしいことに文明化してるときてる。ニセのおどしなのだ、どこまでも。

——あんたじゃないのよ、お腹に子供がいるのは！

あるいは、

——病気の脚になったのはあんたのせいさ！

これは母がよく使った言葉に出さない非難のパターンだ。男と女であるかぎり、われわれはこのままではとても不幸だ。どこから見ても今は過渡期だ、と言われている。人類史上なかった時代にわれわれは生きている。つんのめるようなリズムのなかにだ。技術がいくら進歩しても、私たちのあり方とのあいだにはまだまだ大きなギャップがある。ああ、女に何を求めたらいい？　平等だろうか？　競争ではない平等を求める？　なぜ、お互い競争しなくちゃいけないんだ？　こう思うのは私の個人的な思いからだけじゃなく、もっと大きな視点から言っている。セックスは単純だ、それ以外何もしないのだから。でも、それは男女のすべてではない。もっとたくさんの性体験をするよう好奇心が私を仕向けてくれたらよかったのに。若いころは戦時中だったので、セックスより大切なものがあった。

十年前、ヴェルサイユ近くのヴィル＝ダヴレーでこんなことがあった。たまたま知り合った男に誘われて私はバカ騒ぎを体験した。地下室だった。男たちは半分裸で、腰にタオルを巻いていた。私はひとりごとを言う。

〈まるでトルコ風呂みたいだ〉

ほとんど真っ暗だった。しゃべっている声が聞こえる。男の声だ。男十五人ほどに女三人。女のうち二人はセックス要員だった。

――九人かしら？

――十人よ。

若い女の一人とは以前、レセプションで会ったことがあった。男たちは醜かった。美しかったら全体の印象がちがっていたかもしれない。頭のなかが混乱し、私はただただショックを受けていた。その後数日経ってもショック状態は続いていた。地獄のイメージそのものだった。光の感じも、無言の行為も、ビジネスライクさも地獄を思わせた。こういう世界を三十年前に見ておかなかったことが悔やまれた。そのころだったらまだ感情の見習い期間だった。私はいつも感情を理想化してしまう癖があって、このヴィル＝ダヴレーであったことも、いろんなことを変えたんじゃないかと思ってしまう。友だちからよくこんなふうに言われる。

――昔に生きてるんじゃないんだよ、イヴリー。きみは今の時代を生きてるんだ。

その気になれば百年二百年、生きられる。たぶん私は二十世紀向きにできていないのかもしれない。でも二十世紀向きにできてる人なんているんだろうか？　私のなかにはいつも物事を理想化したい気持ちや誠実でいたい気持ちがある。こんなこと思ってる私は決して女性と幸せになれっこないのだろうか。

――自分のことを嫌いになっちゃダメだよ。長続きする関係っていうのがイヴリーには縁がないだけさ。

時々自分に言い聞かせるのだ。その場限りの出会いは別だけれど、女性が持っていて私にとって物事を複雑にする要素はいつだって人間的部分だ。女性のなかに友を見る必要がある。賢い女性のなかに素晴らしい存在を私はいつも見出す。そういう女性の隣に並べると男たちは獣に思える。女性の賢さというのは身も心も関わっている。女性たちはわれわれを産んで自分の思った通りにつくり変えていく。

最初の恋人は髪の毛を一九二〇年代ふうのボブスタイルにしていたリリだった。私は六歳で、彼女は七歳。わが人生最高の愛だった。この愛がのちの私の愛の形に決定的な影響を与えた。

リリはヴァイオリンを弾き、私と同じ先生のところで勉強していた。私たちはレッスンからいっしょに帰った。断食月で落ち着きをなくしたアラブ人街を通るときには彼女を安心させるために私は手を握った。彼女とは別のことを私が怖がっていることに気づかれないようにしながら。いっしょに映画も観に行った。行列が並んでいるときは列に割り込んで席を二つ取ろうと頑張った。私には保護者みたいな面、パパみたいなところがあった。

ある日、彼女の誕生日に子供たちが全部呼ばれたのに、私だけ呼ばれなかったことがある。それが私の気持ちに一生引っかかっている。これより少し前に『ベン・ハー』と『ターザン』の二本立てをいっしょに観に行ったのに。私は彼女を「カルメン」と呼んでいた。小さなあばずれ女という意味だ。今でもオペラの《カルメン》を観ると、私はどうにもじっとしていられない。リリはブルネットで、長いこと私はブルネットの女しか愛せなかった。人から聞いたところではリリは今では太った中年のおばさんだそうだ。ね、それが人生ですよね。

裏切りを探すのは簡単だ。裏切り行為を一つ見つけたとき、一度でなく何回もしていたかどうかを知りたくなるのが普通じゃないだろうか。私のことを言うなら、私はいつも自分の全存在を相手に与えてきたと思っている。これから話すことの五年後のことだけれども、私にすべてを与えてくれたのは別の人だった。私はほかの人にそうしてもらいたかった。私がいつも引き寄せられるのは、私がその人の鏡になることができる人。そして、その人も私を映してくれる鏡であるような人。そういう人と私は引き寄せ合っている。

頭にガツンと一発食らうことがたしかにある。ほんとうに目から火花のようなものが出る。最初の妻ポルと初めて会ったときはとても変だった。私は二十三歳で、彼女は美人だった。二人の出会いは美しかった。

新年が始まって何日目かのこと、大きなアトリエに住んでいる友だちのところへ遊びに行った。三百人は集まっていたなかで、私は一人の女性に目を止めた。体にぴったりのセーターを着て、グループのなかで雑談していた。二階にいた私は下に降りて、その人たちに加わった。そして飲んで踊った。

　自分を高い所から見ているような意識の時がある。形而上的というのだろうか、そういう瞬間がある。生きていることがとても強烈で理性を失ってしまうのではないかと恐れるようなそんな瞬間だ。二、三人の人がしゃべっている小さなサロンを私は走って通り抜けた。その集まりはいかにも社交界といった集まりだったので、私は扉を開けて叫び声ではなく、こう言った。

　――光を見つけた。

　みんな黙った。私は冷静に言った。冷静に言うことが真剣であることの証明になる。たとえて言えば近眼の人がだれでもすぐわかるのと同じようなものだ。大声で自分は近眼だなどと言う必要はない。沈黙があり、そして一つの声が答えた。

　――どうやって見つけたの？　私も見つけたのよ。

　私はその声に近づいて手を取った。それが彼女だった。結婚するまで一年半。この一年半のあいだにいつか二人は別れるだろうという前兆を感じた。彼女はとても美しかった。物を書き、彼女が書いたものが私はとても好きだった。まるでまだ彼女の書いた処女小説を読んだ日のまま、その日にピン留めされているとさえ感じる。二番目の妻も物を書き、戯曲も書いた。

　ある夜、ポルが電話してきた。会いたいと言う。レストランで会った。びっくりするような話だった。妊娠していると言う。私は目の前に一つのイメージを見た。イスラエルに生えているとても高いもみの木のイメージだ。二本の木は互いに寄り添いとても幸せだった。二本の木がくっついているのは身体全体でではなく、先の方でしっかりと出会っていた。

――窓から身を投げようとしているのよ、ポルが！

彼女の女友だちが気も狂わんばかりなって電話してきたとき、私は家にいた。一時間ほど前に帰って来たばかりだった。ヴィクトリア街の人気《ひとけ》のない家の七階に住んでいたポルのところに私は駆けつけた。

私が彼女と結婚したいと思っているのを信じていないのだろうか？　私を脅しているのだろうか？

なぜ彼女がこの子供を産みたくないのか、私にはわからなかった。ただバカなことをしているだけなんじゃないかとも思った。彼女は四回子供をおろしている。結局、私は彼女と結婚した。できるなら離れるべきだったのだが、離れなかった。

結婚してから昔の母のアパートで六か月過ごした。私には自分が眠るスペースさえあれば、それで十分だった。でも彼女はケンジントンにアパートをほしがった。女というのは子供を宿していると確かなものをほしがるものだ。

一年間いっしょに住み、その後、一年別居し、また二年同居した。

こんなポルとの結婚式の当日は土砂降りの雨だった。キッチンで二人して泣いた。まるでこれから結婚する子供を持った二人の親みたいに、二人で泣いた。市役所に行くのにタクシーを呼び、一階まで降りてタクシーに乗るため雨のなか外に出た。ところが、私たちが呼んだタクシーに太った男の人に先を越され乗られてしまった。文句を言ってもしょうがない、今まで着たなかで一番優雅な衣装のまま、私たちは雨のなかを歩いた。市役所の木の床は掃除婦がワックスで磨いている最中だったので、とても滑った。地下に行き私とポル、そしてそれぞれに証人がついて役所の人の前で私たちは英語で繰り返させられた。

――私ことポル・Dはイヴリー・ギトリスを恐ろしく《オーフリー》も婚姻を結んだ夫とします。

ポルは二度そう言った。法律の定めたる《ローフリー》と言うべきところをまちがえて恐ろしく《オーフリー》もと言った。ともかくも私たちは結婚した。

証人になってくれた二人は精神科医だった。そのうちの一人に私は精神分析を受けていた。自分の仕事に役立つだろうと思ってやってもらっていた。私は彼の患者第一号だった。でも分析を受けてるうちに私の方が彼の分析医になってしまった。医者の方が問題を抱えていたのだ。

――私を愛しているなら、あなたの方から私を愛してほしいの。だってあなたって自分が何をしているのか、ちゃんとわかってる人だから。

伴侶には私の長所といっしょに欠点も知ってほしかった。ありのままの私を愛してほしいのだ。彼女たちが自分自身についてもきちんと気づき、自分たちのコンプレックスもよく見て、私を愛してほしかった。でもうまくいかなかった。ちゃんとした気づきがなかった。気づきのためずいぶん時間を浪費した。若さは忍耐の親ならず。

私にとって出会いはいつも大切だ。けれどもポルとの出会いは離婚に至る結婚によって終わってしまった。

私の人生に重要な意味を持った女性はみんな美しかった。少なくとも私にとってはそうだった。ただ、みんな小さな歪みを持っていた。ちょっとした不完全さ。神に感謝！

ここでお話をひとつ紹介しよう。

男と女が愛し合い、お互いすべてを知る。でも、女は小さいリボンを首に巻いていて、そのリボンを決して外さない。男が女に求める。

――お願いだ、二人の愛のしるしとして、一度でいいからその小さなリボンを外してくれないか。僕たちを隔てているのはそれだけなんだから。

何年にもわたって男はそう求め続け、ある日、やっとのことで女が諦めてこう言う。

――わかったわ。これが最後よ、私を抱いて。

男は外す、リボンを外す。するとリボンは解けるは解けるは、どんどん解けていき、最後にポロリ、女の首が落ちた――。

たぶん二人でいっしょに小さなリボンを大切にしなければいけなかったのだ。

一九六二年のイスラエルへの旅で私は一人の女性に会った。美人で金髪で賢かった。(ちなみにポルはリリと同じでブルネットだった。)すべてが揃っていた! 愛が形をとって現われたにちがいない。体と心が完全に調和していた。二人で素晴らしい三週間を過ごした。彼女はユダヤ人ではなかったが、イスラエルにとても惹かれていた。アメリカに住み、金持ちのアメリカ人と結婚していた。

のちにパリに彼女は来て、いっしょに数日過ごした。光に満ち、優しい情熱に溢れた人だった。二度目の別れのとき、いっしょに彼女のニューヨークの家のじゅうたんを何枚か買った。これに付け加えるものは何もなく、それですべてが終わった。一九六三年の五月、私はフランスという名の女と会った。私の娘ラファエルの母親だ。同じころアメリカのこの女友だちから手紙をもらった。「もしあなたが望むなら、いっしょに生きるためすべてを捨ててオールヌードで行く」という内容だった。私は望まなかった。じゅうたんはきっとまだ大切なものであるにちがいない。それにいつかきっと彼女は私のせいですべてを失ったと言って、私を非難することになるだろう。そんなのは嫌だ。だれも私の犠牲になってほしくない。

ヴァイオリンは、きみがヴァイオリンに与えるものすべてをきみに与える。
決して裏切らない。
人はちがう。
男も女もヴァイオリンではない。

第11章　ヴァイオリンの精神分析

過去を全部精算して再出発する気持ちになることが何度もある。一九五一年の初めにイギリスを離れたとき、ポルと別れたばかりだった。持ち物を全部売り払ったので、ニューヨーク行きの切符を買うことができた。ニューヨークでパシュクスと練習するつもりだった。とても急いでいたので、イギリスに戻るビザを持っているものと思い込んで、心配もしなかった。

船の上で一人の乗客が切符を一等に替えてくれた。コンサートのお礼だという。この船はもうスフィンクス号じゃなくて、今度はクイーンメリー号だ。「どこに住むつもりだ？」と私に尋ねてくれた人がいたが、私は「わからない」と答えた。ポケットに五ポンドあった。船が遅れ、ニューヨークに着いたのは日没ごろだった。夕焼けの空。無限の水平線。提灯のような星が輝き、巨大なプラネタリウムのようだった。すぐ近くの上甲板には偉大なイギリスのピアニスト、魅力的で愛想のいいクリフォード・カーゾンが毎年恒例となっているアメリカ演奏旅行のために乗っていた。

それで私は？　ヨーロッパから逃走してきた脱走者。そして私自身の過去のすべてから逃げて、ここにいる。私に信用というものはあるのだろうか？　不安はないのか？　ない。私は生きている。息をしている。ありえないほど素晴らしい瞬間に私は生きている。アメリカ！　何百万もの男たち女たち子供たちが新世界の入り口で、こうした気持ちを持ったことだろう。政治亡命者もいただろう。人種的迫害を受けた被害者もいた。もっと簡単に前科者もいただろう。私にはニューヨークに来るのにそんな理由は全然必要ない。私には自分のレパートリーがあり、演奏も一人でできる。

最初の夜を船に乗ったままで過ごした。帰りのビザもないし、入国ビザもない。長い時間、上甲板にずっと立って、イーストリバーのハイウェイを車のライトが糸を引いて流れていくのやネオンの広告を見ていた。そんなにおもしろくもないので、片目ずつつぶって見た。あっちの方が明るくなるかと思うと、今度は別の方が明るくなる。まるで大っきなかくれんぼだった。

だれかが十セント硬貨をくれたので、その一枚で私はパシュクスに電話した。ギロチンみたいに硬貨が落ちてしまう前に、私の状況を彼に説明する時間がかろうじてあった。翌朝になってニューヨーク港湾サービスのモーターボートが来て、何人かのいかがわしい連中といっしょに私は上陸できた。私たちはエリス島という拘留ではない場合の止め置き場所に連れて行かれた。何千万もの移住者が自由の聖地を踏む許しが出るまで何日も過ごしたところだ。アメリカ！　ヨーロッパ……。

千人いただろうか、二千人いただろうか。いろんな年齢のいろんな国籍の人がいた。巨大なホールに全員が押し込められ、これこそまさにバベルの塔だった。トスカニーニもシゲティもほかのどんな人であれ、入国前の二週間はここで止め置きされる。なんという集団だろう！　魔女狩りと言っていい狂気じみたマッカーシズムの頂点だった。

午後になって、私を探しに人がやってきた。そしてモーターボートをめいっぱい飛ばして海を、車を飛ばしてニューヨークの町を横切り、ロックフェラーセンター一番上のイギリス領事館まで連れて行ってくれた。いくつか手続きをして私は自由になった！　ちょうどヨーロッパに発つところだったメニューインにパシュクスが電話をしてくれたのだった。保証金がもう支払われていた。私は大地にしっかり足をつけることができた。ユーディ、ありがとう！

生きなければいけない。働かなければいけない。家を見つけなければいけない。たまたま知り合った人が千ドル提供しようと言ってくれたけれど、断った。そのお金は私のレッスン代としてパシュクスに渡してもらいたいと私は言った。

私にとってお金というのは何かをするための手段だ。何かをつくるため。もしたくさんのお金があったら、私はストラディヴァリウスを買う。一挺はたしかに買う。でも、三挺ではない。子供のころ、島をつくろうと夢見ていたことがある。理想世界をつくろうと思った。私が名前をつけたベートーヴェニアといった町が、その島にはたくさんあった。その夢は小学生ノートに書いてとっておいた。そのノートもバイヨンヌを発つとき、小さなカバンといっしょになくした。もしたくさんのお金があったら、私はこの夢の島をつくる。ロールスロイス？　ステータスシンボルとしてなら絶対持たない。でも、可愛いと思ったら買うかもしれない。

見せびらかすことに対して私は強い反発がある。コンサートで燕尾服を着るのはまだ許されるとして、ポケットから飛び出てる小さなハンカチ、あれは耐えられない。グロテスクでこれ見よがしだ。もし、たくさんのお金があったら、私はスーツケースと楽譜を置いておける場所を買う。そうすれば、そこに行けば必要なものがいつもある。これで私のほしいものはオシマイ。

ニューヨークでは五十五番街西二十五丁目に小さなアパートを見つけた。窓の向こうにビルがあり、中が丸見えだった。裸の女性がしょっちゅうぶらぶら歩いている姿が見え、この部屋でパシュクスとヴァイオリンの稽古をしなければいけないときなど、とても困った。

この五か月のあいだ、私はパシュクスとほんとうにたくさんレッスンした。ほぼ毎日だった。パシュクスとのレッスンはだいたい三、四時間続いた。チャイルド性を前に出してレッスンを受けるのはよくないと思ったので、私は意識的にアダルト性でパシュクスと向き合った。私はただ一つの目的、つまり、しなければいけないレッスンに専念した。今私たちが持っているもの、体にしても才能にしても神様が授けてくれたものは、ずっと変わらず永久に持っていられるものではない。いのちにしたって個人の所有物ではない。われわれは体という一時的な借り物を殻にして仮住まいしているだけだ。授かっているだけで、われわれの所有ではない。それはただほかの人より少しだけ自分のものといった程度のものだ。

できるだけ自由にヴァイオリンをうまく弾くには、ヴァイオリンの内側に込められた原理を生きなければならない。

パシュクスとしょっちゅう口喧嘩した。でも私は彼と彼の奥さんをとても愛していた。われわれがしていたのは、とても奥の深い訓練だった。譬えて言えば、一つの山をいろいろな高さで輪切りにするといった感じだった。パシュクスとパシュクスの奥さんは中央ヨーロッパの出身だった。とても議論好きだったけれど、彼の理屈には根拠がなかった。このマエストロは何人かの人には詐欺師で通っていた。そのことを私も知っていたけれど、彼が天才的詐欺師だろうと何だろうと構わない。そこに結果があれば、それでいいと思う。

彼といっしょに稽古をするにはとても強くなければいけない。たとえば首を水面から上に出したままいなければいけない。決して沈めてはいけない。人生のそのときに私が必要としていたまさにその部分に、彼はすっと入り込んできた。私は自分の全部を食い尽くされてしまわないよう自分を守る必要を感じた。私は彼の楽器となることをある期間、受け入れた。でも結果が出たとき、その状態から自分で抜け出せると信じたからそうしたのだ。彼はヴァイオリンの精神分析をやってくれた。そんなことをしていたのは、私の知っているかぎり彼と彼の妻だけだった。奥さんの方は体担当だった。触診と言ったらいいだろうか、彼女はきみの手を取り、それぞれの筋肉の動きを意識させる。指先だけでなく、肩の筋肉に至るまで意識させる。肩は翼だ。翼の痕跡と言ってもいい。われわれはみな堕ちた天使なのだ。

ヴァイオリンは足の先から髪の毛の先まで使って弾く。指だけで演奏しているわけではない。こういう言い方をするのは、気まぐれからでも文学的表現をひけらかしたいからでもない。先から先までというのは私がそう感じているからそう言うのだ。まっすぐ立つにはつま先から頭までの重さがすべて関係している。重さのバランスが全体をつくっている。永久運動をつくる方法を見つけなければいけない。モーターが回転して自分で動き、動くことで次の回転につながっていくのと同じだ。

こういうことを全部、言葉で書くのはむずかしい。たとえば弓を一往復させるとする。押して引く。上の方に行き下の方に行く。ここまでは力のかけ方の問題だ。ほとんどのヴァイオリニストはこうした力とリズムで演奏していない。軽業師はこのことをよく知っている。ボールを投げるとき、ちょうどよい力を加えれば思ったとおりの高さに跳ね上がる。無理に跳ねあげようとしなくていい。ボールはひとりでに跳ねてくれる。ボールを投げてうまく跳ねさせることができれば、止まるまで動く力を失わない。いのちと同じだ。弓も同じ。

ほとんどのヴァイオリニストは二回以上三回以上、いや百回も多く動かしすぎる。ヴァイオリンの弾き方がガチガチで、窮屈で締め付けてばっかりいるから、ムダが多く疲れてしまう。チャイコフスキーやブラームスの協奏曲を演奏するには何千もの動きに加えて、さらに何千もの動きがある。動きの曲線が連続性、つまり永久運動を持っていなければ、筋肉を固くして痙攣を引き起こしてしまう。生きていながら生命の躍動や考えることを押さえつけているのと同じだ。生きて息をしなければいけない。自分にもっと与えなければいけない。そのうえで物事をなすがままに放っておく。

話をもっと簡単にしよう。弓を弾くときと押すとき、どうやるかについて話そう。簡単に言うと、二つの動きをする必要はない。ボクサーを見ているだけで十分勉強になる。パンチを出したあと戻すために動きを止めたりなんかしない。ゴムのように手前に戻ってくる。

これは心理的な問題でもある。たとえばこういう命令があったとする。「肩と腕を下に落ちるにまかせなさい。」そして片腕を持ち上げられて、次にパッと放される。一番多いのは腕を宙に浮かせたままにしておく人だ。まるで腕を落としてなくしてしまうのが怖いみたいだ。

正しい方法を私が身につけたことを、パシュクスは私の頭のなかに叩き込んでくれた。こうした確認作業がときどき必要だ。独奏者の場合はとくにそうだ。歌手がコーチを持つのはあたりまえだと思われている。言うなれば、コーチは歌手にとっての指揮者というわけだ。レガッタで言えばコックスの役割だ。ヴァイオリニストに関してはこうしたシステムがあまり受け入れられていない。ヴァイオリニストは全知全能の神のように思われがちだから。

歌手にはふつういっしょに仕事をするピアニストがいる。ダンサーとバレエの先生についてはもちろん言うまでもない。

私は伴奏者という言い方を認めたことは一度もない。どうしてかと言うと、歌手とピアニスト、ヴァイオリニストとピアニストの関係はもっと重要だから。二人の意見が一致しないとリサイタルでは命取りになりかねない。演奏曲目のなかではどちらかというと添えもの的な存在になっているバッハの無伴奏ヴァイオリン・ソナタやパガニーニの《奇想曲》は別にして、ヴァイオリニストは一人で演奏することはあまりない。バッハやパガニーニはもちろんヴァイオリン曲のなかで一つの流れをつくってはいる。でも、ピアノなら全部、ショパンの練習曲でプログラムを組むことができるけれど、どれだけ特別な豊かさを持ってはいても、パガニーニの《奇想曲》だけでヴァイオリンのプログラムを組むのを私は見たことがない。

「伴奏者」ジェラルド・ムーアはたしかにたくさん仕事をした。そしてペアを組んだ歌手たちを成長させた。彼は一種のコーチでもあった。

タッソ・ヤノプーロは私をとても助けてくれた。彼はヴァイオリンの先生ではない。ただ三十年以上、弦楽器と共演してきた。ティボーの正式なピアニストだし、イザーイとはデビューからずっと共演している。ほかにもミルシテイン、ピアティゴルスキー、カザルス、クライスラーといっしょに仕事をしている。タッソにこちらから指示を出す必要はない。クレッシェンドも弱音も指示がいらない。彼と共演すると元気づけられ楽しくなる。現代の最高のピアニストではなく、彼自身もそのことを知っているけれども、彼と共演すると人としても音楽の上でもほんとうに幸せになる。ヴァイオリニストのクリスチャン・フェラスはピエール・バルビゼのようなピアニストとの共演が重要だと思っていると私は思う。尊敬すべき音楽家で、すばらしいパートナーなのだ！　アンデスとアマゾンの上を飛ぶ飛行機のなかで彼と話したからこういうことが言えるのだが、フェラスと同じステージで競い合うとき、私は健全な喜びをいつも感じる。

最近のピアニストは伴奏にほとんど誇りを感じていない。

二十世紀の最も優れたピアニストの一人ジェラルド・ムーアは彼が書いた『お耳ざわりですか――ある伴奏者の回想』という本のなかで、ユーモアを込めてこの根本的問題について語っている。たしかにピアニストにもっと小さな音を求める弦楽器奏者がいることを私は知っている。私はといえば、いっしょに演奏するピアニストがこうした弾き方をするのには耐えられない。本気で演奏するピアニストが私には必要なのだ。もちろんいつもフォルティッシモで演奏してあなたの音を消す必要もない。何と言ってもヴァイオリニストが四本の指と四本の弦しか持っていないのに、ピアニストったら十本の指と鍵盤を持っているんだから。

あるピアニストがきみに言ったとする。

――そんなふうにしなくてもいい、ついてくから。

冗談じゃない、私にはいったいいくつ選択肢があるというのだ？　アンサンブルをいっしょにやるのかまったくしないのか？　影のようについてくるなんて必要ない。

いくつも大きなデパートを持っているギンベル家で催された夜会の最中のこと、ニューヨークの上流階級の人たちの前で私はピアニストの伴奏で演奏した。ドーム状になっている二階のサロンに向かって階段が登っている。ピアノは窪み《アルコーブ》にはめ込まれていて、鍵盤だけが外に出ている。私は階段でヴァイオリンとピアノのためのソナタを演奏しなければならなかった。ピアニストに私の姿は見えず、私はピアニストの声を聞くことができなかった。ピアノを置くのにこんな場所を選ぶなんて何を考えているんだろう。ハリウッド的と言ったらいいんだろうか。グランドキャニオンの両側でジンジャー・ロジャースとフレッド・アステアに踊らせようとでも言うのだろうか！

パシュクスはこのころ、ヨーロッパに出発すると私に知らせてきた。ティボーが彼のためにパリでアシスタントのポストを提供してくれたのだ。私はまた一人になってしまう。

――パリに行くのだきみも！　きみはティボー・コンクールに参加すべきだよ。

一九五一年五月のことだった。コンクールは一か月後に迫っていた。

私はオッケーした。

ママン&パパ。どこかに音楽も写ってる？
約束の地に向かう二人は若く美しかった。

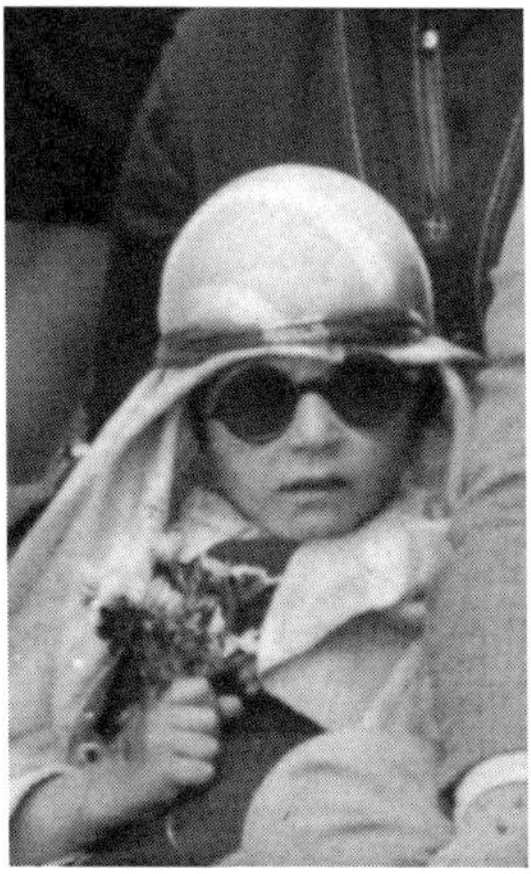

３歳の私。カルメル山の上で。
ヴァイオリンはなく花を手に明け方撮影。

すでにして、いい弓の持ち方！

パリにて。
弓が少しフランス風になった。
衣装はロシア風のまま。

シャイイ＝リシェス夫人。
いろんなことを知っていた。私は何も…。

私の（だった…）自転車と。
パリ郊外マルロットにて。

偉大なる「教授」カール・フレッシュ＆すごい生徒たち！
後方左から、２人目、ヨーゼフ・ハシッド、
３人目、私、５人目、ジネット・ヌヴー

偉大にして奇跡のような
ジャック・ティボーと。
サン＝ジャン＝ド＝リュスにて。
(1939年)

娘ラファエルと。

©D. Gurdjian

ザビーネ、ネシー、ダヴィドと。

ジョナサンのピアノに合わせて…

アフリカでの交流。

ヴァンス音楽祭1973のポスター。

ヴァンス音楽祭で。
子供たち＆娘ラファエルと。

第12章　私のティボー・コンクール

コンクールを嫌っている私がなぜパシュクスの申し入れを受け入れたのか？　たぶん私のなかに一種の絶望のようなものがあったと思う。ほかにやりようもなかった。八方塞がりの自分を感じていた。

学校ではマルグリット・ロンやジャック・ティボーのほかにも先生がいたので、あっという間に反パシュクス戦線が張られた。自分とはちがうものを受け入れず、外人を嫌い、ねたむ。人が考えることはだいたいそんなところだ。

戦争が始まってからそのときまで、ティボーは私の演奏を全然聴いていなかったのだが、今回は聴いて、はっきりこう言ってくれた。

――来るべきだ！　とっても大きなチャンスが必ずある！

パシュクスと私は熱心に練習した。このコンクールにはたくさんの国からライバルが集まっていた。そのなかには十六歳のジェラール・ジャリのようなフランス人も混じっていた。

このコンクールの少し前にエリザベート女王コンクールがあり、レオニード・コーガンが優勝していた。ティボーはコーガンの超人的なスタッカートをそこで聴いていた。ソビエト勢が次から次へとコンクールを勝ち取っていた。ランベール男爵というベルギー人がしっかり教育されたソビエト勢と対抗できるよう、フランスやベルギーの若者のために財団を創設しようと決めたばかりだった。

偉大なるマエストロ、ティボーはマドレーヌ通り近くのホテルの小さな部屋に住んでいた。ほとんど財力はなかったが、この財団の会長になった。

この年、一人のフランス人がティボー・コンクールで賞を獲ったのが大事なことだった。予選は一般公募で選ばれる。新聞の報道や観客の反応から見ると、一次予選後、私が一番だった。この前評判があまりに大きかったので、素直に私が選ばれるのを邪魔したようだ。十二人の審査員のうちベルギー人とフランス人が半分以上を占めていた。

私がコンクールの準備をしているその最中、悪い霊たちが昔の話をほじくり返し、陰謀をでっち上げることに成功した。

それは戦争の前、フランスにいたときのことだった。とても親切な弦楽器づくりのシャルル・エネルという人が私にヴァイオリンを一挺貸してくれた。同じようなことを彼はほかの生徒にもしてあげていた。そして戦争が起こり、フランス軍が負けて、逃げていった。それでも私はそのヴァイオリンを持ち続けていた。ロンドンでのこと、私はもう一挺ヴァイオリンを購入しなければならなくなった。なぜかと言うと、エネルに借りたそのヴァイオリンは練習用のヴァイオリンだったから。

そして私はもうそのヴァイオリンで演奏しなくなった。戦争中のことでもあったし、亡命先でお金が必要だったので、母はそのヴァイオリンを売った。そのときからだった、

「それはイタリアのヴァイオリンだった」

「たぶんストラディヴァリウスだった」

そんな噂が流れるようになったのは。

ストラディヴァリウスのはずがないじゃないか！　ある人がだれかを知っていて、ほかの人がそのだれかを見覚えがあるかもしれないといった程度の話だ。もちろんこれはまちがいだ。ニセモノの絵が大きな美術館に飾られている例もあるけれど、ヴァイオリンは絵ではなく音だ。たしかに世の中にはいくつかの楽器から部材だけ取ってつくられた、いいかげんなストラディヴァリウスもある。ストラディヴァリウスの本物はカタログに載っていて、世界中に二百挺ほどしかない。しかもそのなかのいくつかは名前だけしか意味がない。傷みがひどくて決してよい状態とは言えないからだ。私の女友だちがすぐれたヴァイオリンを生んだ土地クレモナの名器で練習をしていた。彼女が見つけた証明書によると、クレモナでこうしたことすべてが始まったのは、宗教裁判を逃れた数人のユダヤ系スペイン人がどこかから材木を持ってきたときからだと言う。またた！

ティボー・コンクールの少し前、だれかがこのエネルのヴァイオリンのことを思い出し、私が泥棒でペテン師だという噂を言いふらした。噂を言いふらしたのはエネル夫人じゃないことだけは確かだ。私がエネル夫人に会いに行ったとき、彼女はとても悲しがっていた。

審査会では何人かの人がこんなことを言っていた。

――彼はまるでユダヤ人のように演奏する。

いろんなことを考えあわせてみると、ヒトラーが倒されてから六年後のこのとき、この言葉はたぶん褒め言葉の一種だったんだろう。

パシュクスの敵たちは人を傷つけるのを喜びとしていた。彼らは怖かったのだ。パシュクスというこの外国人が怖かったのだ。パシュクスはいろんな噂から私を守ろうとしてくれた。噂が私をどんなひどい状態にしたか、彼はよく知っていた。でも、ほんとうのことがすべてはっきりしたおかげで、この件は決着がついた。

二次予選のとき、審査委員長は昔私に室内楽を教えてくれたジョセフ・カルヴェだった。最後の演奏のときがやってきた。私の演奏順は朝九時だった。朝九時にチャイコフスキーを演奏するなんて！　なんともひどいくじをひいてしまったものだ。

〈ジャリが一等を獲得するだろう〉

私はそう思った。ジャリはやさしい少年で、すでにこのとき自由に弾く技を十分身につけていた。その朝は寒く、「両手を温めたら」と、ジャリは私に卓上コンロを持ってきてくれた。

もう私はコンクールの結果に何の興味も持っていなかった。あとは結果が出て、終わりだった。私たちは舞台裏に集まった。ガヴォー・ホールは超満員だった。一位はジャリだった。私は驚かなかった。観客の何人かは拍手をした。でも何人かの人はすでにこのとき不満を感じていた。二番だったか三番だったかは、幅の広いデコルテを着た美しいドイツの少女だった。私と言ったらレインコートを着て無関心な平静を保っていた。私は五番だった。四番までの入賞者には賞金があった。五等の賞品はヴァイオリンだった。これは何なんだろう？　アクシデントと言ったらいいのだろうか？

ステージの上でだれかが私を押して前に出した。そこにいた千何百人かの人たちはきっとその瞬間を忘れないだろう。ティボー・コンクールでも滅多にないことだった。観客が鎖から解き放たれ、気が狂ったのだ。この正真正銘の大騒ぎは十分か十五分ぐらい続いたろうか？　審査委員長はただ虚しく小さなベルを鳴らしたが、大騒ぎは続いた。あとで友だちに聞いたのだけれど、たまに叫んでいない人がいると、丸めたプログラムで頭を叩かれていたという。

──ギトリスが五等賞のヴァイオリンを受け取る。

審査委員長はやっと聞こえるように言うことができた。でも騒ぎはよけいひどくなった。私はその場を離れた。

ガヴォー・ホールの階段を私は下りていった。泣いたり抱きついたりしながらいろんな人が私になだれ込んできた。女の人もいた、老紳士、まだ若い女性もいた、私の同僚も来た。偉大なるインプレサリオ、マルセル・ド・ヴァルマレットがこっちに来るのが見えた。

──ギトリス、もしきみがよかったら、七月九日にリサイタルをやろうじゃないか。費用は全額私が持つよ。場所はここガヴォー・ホールだ。

とヴァルマレットは言った。

〈失敗してもいいんなら、どうぞご自由に〉

私はそう思ったが、オッケーした。でも私は小さいヴァイオリンしか持っていない。弦楽器づくりのエミール・フランセが私にヴァイオリンを貸してくれた。そのヴァイオリンが手元にあった十日間というもの、私はそれで練習した。

そのヴァイオリンはイザーイが昔所有していたもので、グァルネリ・デル・ジェスだった。のちにシャルル・ミュンシュが持っていたこともある。これはずっとあとのことだけれども、九十三歳のストラディヴァリウスが最後につくった白鳥の歌というヴァイオリンをレコーディングのために弾いたこともある。

イザーイのヴァイオリンはとてもよい状態というわけではなかったけれど「四十年の伴侶」とマエストロ・イザーイの手による文字が小さく残っていた。私にとってイザーイのヴァイオリンはなかなかのものだった。十日間というもの私はそのヴァイオリンを強烈に生きた。そのあと私はそれを返さなければならなかった。

何年もが過ぎたある日、私はニューヨークの弦楽器づくりのヴェルトリッツァーのところに行った。そのとき、いい音を出すヴァイオリンの音が聞こえてきた。ヴァイオリニストではないアマチュアの男の人がそれを買おうとしていた。私はそのヴァイオリンを手に取り、弾こうとして背中に震えが走った。出会う前から私はそれをよく知っていたのだ。

一九五二年にハイファに着いたときも、出会う前からよく知っているという経験をしたことがある。十八年間、父に会っていなかった。私は船から地上の父を探した。でも見覚えがあるものが一つもない。町全体がまるで見知らぬ町のように感じた。

――パパ！

突然、そう叫ぶ声が聞こえた。声の主の姿はない。出会う前から私はそれをよく知っていた。私が自分で叫びはじめると、妻のポルは船室に戻ってしまった。女というのは時としてそういうものだ。

出会う前からよく知っているという現象は私によく起こる。

たとえばオーストリアで、あるカップルに出会った。男性の方はウィーンで建築家をしていた。奥さんの方が私に言った。

――とっても残念。ブエノスアイレスで歌手をしている姉にあなたを引き合わせたいわ。

数年後のこと、私はパリからウィーン行きの飛行機に乗っていた。ウィーン交響楽団との初めてのレコーディングに行くところだった。飛行機は半分ぐらいしか人が座っていなかった。チューリッヒに立ち寄り、何人か乗客が乗ってきた。そのなかの一人の老婦人が私の隣に座った。私たちは話しはじめた。

――三十六時間も眠っておりませんのよ。

――そうですか。乗ったのはブエノスアイレスからなんですね？

――そうなんですの。

――ウィーンに妹さんがいらっしゃるとか？

――おりますけど……。

――妹さんのご主人は建築家で、あなたは歌手ですね。

――まあどうして？　なんでそんなことまでおわかりになるんです？

精神的に自由でいるとき、人は物事を感じ取ることができる。ああ、いつもそんなふうにいられたらいいのに！

イザーイのヴァイオリンに話を戻そう。このヴァイオリンも出会う前からよく知っている気がした。このヴァイオリンを売ろうと決心したシャルル・ミュンシュは友だちのヴァイオリニストのだれか一人をえこひいきするのが嫌だった。そこでヴェルトリッツァーで売りに出したのだ。私にはそれを買う工面がつかなかったので、アイザック・スターンにこのことを話した。

このときイザーイの書いたことばが助けになった。スターンが今弾いているのはこのヴァイオリンだ。

マネージャーのヴァルマレットが準備してくれたガヴォー・ホールのリサイタルまで、あと十日ほどしかなかった。弦楽器づくりのエミール・フランセと彼の妻は私を彼らの家に泊まらせてくれた。私は釘のように痩せていただけでなく、三、四週間のへとへとになるまでの練習でとてもくたびれていた。

その翌週に受賞者への贈与式があった。私はようやく体調がよくなってきているのを感じていた。ティボー・コンクールの受賞者と人からよく言われるようになった。そう言われるほど、そのコンクールは私のコンクールになったのだ。またまたガヴォー・ホールは満員だった。当時のフランスの大統領オリオールも列席し、ラジオでも放送され、わが親愛なるタッソ・ヤノプーロも遠いところから聴いてくれ、観客たちが大声で「あーーーーーッ」と言ってるのが聞こえたので〈これはイヴリーが演奏しているにちがいない〉と思ったという。

最後にジャック・ティボーが観客をしずめるようにこう言った。

――もし皆さんがこの若い芸術家を賛美したいなら、七月六日の彼のリサイタルに行きなさい。

――ちがう！　七月九日だ！

ホール全体がどよめいた。

私のキャリアを手短に言うと、このコンクールから始まった。もし私が一等をとっていたら私のキャリアはもっと単純だったかもしれない。でも、ここで起こったことは私の人生でそれから何度も起こるようになる流れの雛型だ。シェイクスピアの言葉どおり幸運の女神は両手をいっぱいにして現われることはなく、片方の手であなたに幸せを持ってきて、もう片方の手で奪っていく。ほかの国ではもっとバカをすることだってある。たとえばアメリカでは私やコンクールが風刺画にまでなったりする。

ヴァルマレットは私のことをとても気に入ってくれた。彼はそういうタイプの人間だった。

――音楽のことは何もわからんが、あんたといっしょだと金がつくれそうな気がする。

もうあまりよく覚えていないけれど、たしかそれは映画のことを言ってたような気がする。こういうのがインプレサリオというものだ。ざっくばらんで正直だ。ほかの人だと別の言い方をするところだろう。

――あなたのご才能が……。

――ほかの人の言うところによると……。

——これこのようにしていただかないと……。

残念なことに、それからまもなくして彼は死んでしまった。

リサイタル当日は追加で二百席用意しなければならなくなった。イスラエル大使館は燕尾服を貸してくれた。それは私には大きすぎ、私はダブダブの服を着て演奏した。ズボンは安全ピンで裾上げした。

演奏直前に妻のポルが会いに来た。でも私はだれにも会いたくなかった。

——結婚してたの！　きみったら何も言わないんだな。

結婚したのを隠しておくよう言われていた。でも私はといえば結婚したなどと少しも思っていなかった。それに人によくある所有本能というのが、どうも私にはよく理解できなかった。妻というのはなんでこうも愛しているふりをして、何でこうも私のすべてを知りたがるんだろう。リサイタルではとてもうまく演奏したと思った。でも、こうしたことすべては私にとって大して重要なことじゃない。

コンサートのあと、私はシャンゼリゼに三十人ほどを招待した。

——きみは何度も何度も来る来るって言うけど、たいへんな時をいっしょにいてくれた人たちを僕は呼んだんだ。来てもきみはその他大勢の一人になっちゃうよ。

ポルにはあらかじめそう言っておいた。七月というのにポルは黒いアストラカンのオーバーを着てきた。何度も手を通したオーバーが私で、前の日にちょっと脱いだだけと私にわからせたかったのだ。結局、私たちはまたいっしょに住むようになった。なんでなんだろう、まったく！

　ポットが壊れてくっつけ直し
　　それでもやっぱりお茶漏れた
　　　ぽたぽたしずくが垂れてくる

ああ、私ときたらほんと自覚がないんだから。大人だっていうのに子供っぽいバカさ加減。せっかく知性を持っているというのに、ちっとも使おうとしないんだから。

その夏、私はもう一度パシュクスとレッスンするためにオーストリアに行った。パシュクスとレッスンすることを考えると、私は妙な思いにとらわれる。もし私が二人いることができるなら、ヴァイオリニストであると同時に自分を売り出すインプレサリオでもありたい。私はもう一度小さな少年としてそこにいて、自分のなかにあるコンサートだけで十分だ。証明すべきものはすべて証明され、芸術的炎が一度でもあればそれだけでよい。それ以外何が大事なんだろう。繰り返すことなんて何で必要なんだろう？　私は自分にこう言わなければいけなかったのかもしれない。

〈私は私のキャリアを始めるんだ。今までの自分にないことをしなければならない。演奏しなければいけない時には演奏をする。とやかく言わずに人のご機嫌を取る。いやもおうもなく今や私は有名人なんだから。〉

こういうことを考えながら私はパシュクスとレッスンするために出かけて行った。ポルは私についてきた。ずっとこうしたパターンを繰り返していくことになるのかなぁ……。

突然、私には友だちというものがいた。たぶん友だちだと思う。彼らは私に演奏を続けてほしいと言った。

〈あなたたちはみんな私の周りにいる。そして私が有名人じゃないとだれもいなくなる〉

私は彼らを少し軽蔑し、自分も軽蔑していた。

いや、私には素晴らしい友人がいた。犬のヌミだ。彼女は私自身をただ愛してくれた。こんなふうに私のことを愛してくれる人に出会えたらいい……。人々は私に投資したがった。私にはそれがよくわかっていた。

妻のポルが突然やってきたとき、こんなことを言っていた。

――ああ、彼はもう一人じゃないのね。わたしなんかいなくてもいいんだわ。

私の周りにいる友だちのことで言ったのだった。

ポルはロンドンに戻ってしまった。私はパリに止まり、また孤独のなかに取り残された。自分のキャリアを積むために、私はまったく何もしなかった。いつか自分に戻ってくる投げ槍を投げることは私に似合っている。性格にもぴったり合っている。コンクールの審査員たちは私のキャリアの手助けをしてはくれなかった。私の成功は自分たちを侮辱することになると考えたようだ。そして彼らには影響力があった。

数か月というもの私は泥のなかを歩いた。一銭もなく、パシュクスのアパルトマンの上の方の暖房もない女中部屋で生活した。

ある日、レッスンに行くと一見して顔色が悪かったのだろう、マエストロ・パシュクスにこう聞かれた。

――何か食べたか？

──三日間食べてません。

正直に言うしかなかった。パシュクスが聞いてくれなかったら自分から言うことはできなかったし、ほかのだれにも言えないことだった。私はパシュクスに少しだけお金をもらった。彼が私を利用しているという気持ちが少しあった。私はもちろんのことパシュクスについてもみんな噂していた。

あっちこっちに行って少しだけ演奏した。時々はロンドンにも行った。私の妻であることを突然鼻にかけはじめたポルだったけれど、私と彼女とのあいだには何の保証もないことに気づかなければならなかった。そしていつまでも妻だとはかぎらないということも結局は気づかなければならなかった。

このときもそうだったが、私の人生でよくあるように、何もない空虚な時間のあと偉大なマエストロについてがむしゃらにレッスンする時期だった。過去も夢も全部流してゼロから出発したかった。今でもレッスンだけしている一年を持ちたいと思うことがある。いや半年でもいい。お金の苦労がない創造の時間がほしい。でも起こることと私自身とのあいだにはいつも一種の追っかけっこがある。どちらかが先に行くかと思うと、また追い越される。だから私には休息時間というものが決してない。

第13章　礼儀知らず

イスラエルが独立宣言をした三年後、私は子供の時以来、初めてイスラエルに戻った。招待されてコンサートをいくつか開くためだった。

まだ廃墟のなかのワルシャワのホテル・ブリストルの一室でのことだった。ポーランド政府から依頼された仕事で、何人かのイスラエル人といっしょに私はいた。安定した音が出ないラジオにみんなの耳は釘づけになっていた。ダビッド・ベン＝グリオンによって読み上げられる独立宣言を私はそこで聞いた。大きな穴を開けられてもまだ倒れないで残っている建物のファサード。地面に山のように積み上げられた瓦礫の山。いくつもの夜がこうした凶暴で美しい廃墟たちの上を過ぎていった。ユダヤ人街で最後まで戦っていた人の死体を包んだ死装束の布は何も語らない。すべてがどれも現実ではないもののように思えた。

ついに私は祖国を見出した。私の出発の地。苛立つこともあった。暴力的になったこともあった。困ったこともある。こうした感情の嵐のなかでの初めての祖国への帰還。戦争は過ぎ去り、母はすでに死んでいたのに、私はイギリスに残って孤独な若者の人生を送っていたのだ。ある意味、私は放蕩息子だ。ポケットに何もなくなるまで帰ってこようとしない、そんな子供だ。イスラエルは村のようなものだった。だれもがお互いをよく知っている。まるで《ペール・ギュント》だ。母は《ペール・ギュント》を賛美していた。「ソルヴェイグの歌」はいつも私を感動させ涙させる。どうしてかと言うと、母が歌っていたから。戦前『ペール・ギュント』を母といっしょにオデオン座に観にいったことがあり、二人して泣いた。ちょっとした思い出だ。

何年にもわたって留守にしたことは、何か大きな言い訳を考えるかダイナマイトでボカンとやって正当化しなくてはいけない気がした。私はポルといっしょに来ていた。戦争の真っ最中の一九四八年から四九年にかけて、私はとてもイスラエルに行きたかった。でも、ポルは私を行かせないためにできることは何でもやった。

ユダヤ人ではない女性と結婚したという報告を息子から受けた父親が激しく反発したのは確かだった。

「私は一人の女性と結婚したのであって、国籍や宗教と結婚したのではありません」

そういう手紙をポルは私に書かせた。まだ戦争とユダヤ人虐殺が終わったばかりのころだった。私たちは応急修理をしたイスラエルの船テオドール・ヘルツル号というボロ船で出発した。少し前に書いたように、ハイファの港で私は父のことがわからなかった。でも私は父がいることを感じて呼びかけた。大声で呼びかける私の声を聞いてポルは自分の船室に閉じこもってしまった。このとき私は父と妻の間がビリビリ破れていくのを感じた。

独立した祖国に私は帰ってきた。

数週間滞在した。ここにいることは私にとって大切で、とても驚くべきことだった。私はイスラエルを崇拝している。志において大きく、大きさにおいては小さい。テルアビブからエルサレム、ハイファ、それといくつかのキブツでコンサートを開いた。ツアーを行った。父と家族全員がポルと私を熱烈で、そして習慣となっている度量の大きさでもって受け入れてくれた。ヨーロッパ＝アメリカ＝イスラエル・バスサービス会社。カルメル山の上での朝食。夜は「パリ」とか「ウィーン」でコンサート。二度目の朝食は翌日、父と。国際的なキャリアを積みたいと思っても、そのころは不可能だった。それに私はそうしたキャリアを望んでいただろうか。わからない。そこに住んでいようといまいと、私はいつもイスラエルに生きていた。

ヨーロッパに帰ったあと、いろんなものがいつも通りにまた動き始めた。パテ＝ヴォックスと契約して出した最初のレコードはアルバン・ベルクのヴァイオリン協奏曲《天使の思い出に捧げる曲》だった。これはレコードのグランプリを獲得した。LPでこの賞をもらったはじめてのレコードだと思う。同じ会社でチャイコフスキーとメンデルスゾーンの協奏曲もレコーディングした。

ウィーンにはチャイコフスキーの協奏曲のレコーディング前日に着いた。私のレコードのためにウィーン・シンフォニック・オーケストラを指揮する指揮者と会っておくためだったのだが、彼に会うことはできなかった。レコーディング当日、私は朝九時にスタジオに入った。指を温めているときドイツ人の指揮者が来てそばに座り、ドイツ語で私にこう聞いた。

――もともとあなたはどこの国の人ですか？

――イスラエルです。

――あー。

――で、あなたはもともとどこの方ですか？

――ドイツです。

――あー。

こんな調子でチャイコフスキーのレコーディングが始まった。

メンデルスゾーンの方はB面に予定されていた。でも私は病気だということにしてこっちの指揮をハンス・スワロフスキーにしてもらった。スワロフスキーはズービン・メータやクラウディオ・アバドの先生で、魅力的で精神的な人だった。

チャイコフスキーのレコーディングは簡単ではなかった。私は一つひとつのフレーズや一つひとつのニュアンスと格闘しなければならなかった。愛することができる指揮者と出会って、彼もまた私を愛してくれるなら、レコードはたぶんずっといいものになるだろう。指揮者とソリストとのあいだのこの愛と創造の行為をどのように考えたらいいのだろう？　全然接点がなく、愛がなく、戦いになってしまうとしたら、どうしたらいいのだろう。

困ったことにオーケストラの指揮者と会うのはリハーサルやレコーディングの五分前というのがいつものことだ。この段階でもし二人のコンタクトがうまくできないとすると、そうねぇ、どうしたらいいんだろう？　これはある意味、恋愛でもある。台の上に乗って指揮者があなたにこう尋ねるとする。

――ムッシュ、あなたのテンポは？

――あなたのテンポです。

私はだいたいこう答えるようにしている。これだけで私は一瞬にして彼がどんな人だか理解することができる。女性の横に寝ながら、

――朝のお茶はレモンティーにしますか、ミルクティーにしますか？

などと聞く男はどこにもいない。

テイドゥル・テイドゥル・テイドゥル・テイドゥル

メンデルスゾーンの協奏曲を私がこんなふうに弾くのをイメージしてみてほしい。ところが指揮者のテンポはこうだ。

テイドゥルム・テイドゥルム・テイドゥルム

さて何が起こるかな？　私は学習し直し、たぶんその日からまたちがったやり方で演奏するだろう。よく知っている町を他人の目を通して見直すのと似ている。別の言い方をすれば、みんなそれぞれちがったやり方で協奏曲を演奏している。

ミルシテインがウィーンで演奏したとき、彼はまだまったく無名の若者だった。コンサートは音楽協会の小ホールで行なわれた。大ホールでは別のコンサートが催されていたが、キャンセルされ、信じがたいことが起こった。すべての人が小ホールになだれ込み、ミルシテインはミルシテインに

なった。メニューインはこれとはまた別だ。彼は人並み外れた九歳の奇跡の子だった。

一九五三年のこと、温泉客でいっぱいのオーストリアのバード・ガスタインに私はパシュクスといっしょに行った。メニューインもパシュクスとレッスンするためにそこにいた。私たちはクアハウス・オーケストラやそこにいた芸術家たちとコンサートをやった。ある日、私が演奏していたとき、一人の年老いた男の人アイザック・ジョッフェがホールの奥のほうで聴いていた。彼が聴いていたことで、このコンサートは私の人生で最も重要なコンサートの一つになった。

ジョッフェは自己紹介をしないまま私といっしょに食事をし、お互いに気が合った。その日、かなり時間が経ってから、彼は自分はアメリカ最大のインプレサリオ、ソル・ヒューロックのアシスタントの一人だと告げた。マリアン・アンダーソンのマネージャーだということも教えてくれた。

――十日ほどでアメリカに戻ります。それから十日ぐらいしたら、あなたはソル・ヒューロックから契約書を受け取ることになるでしょう。万が一ですが、もしヒューロックが興味を示さなかった場合、あなたにアメリカに来ていただくよう私が最善を尽くします。

夢を見ているかと思った。でもほんとうに十日ほどあと、ヒューロックから三年契約の書類を受け取った。

私のレコードが世界中に広がりはじめた。ベルク、バルトーク、メンデルスゾーン、チャイコフスキー、シベリウス。今日でもなお、私の評価を決定的にしたと言われているレコードだ。ベルクやバルトークなどは現代音楽の専門家たちが評価してくれた。ヴィエニャフスキやパガニーニを演奏したときは「技を誇示するレコードしかつくらない」とまで言われた。もう少し礼儀を知ってもらいたいものだ！

　現代音楽や十八世紀の音楽の専門家と言われている人たちがたしかにいる。私に言わせれば、その人たちは囚われた人たちだ。バッハを上手に演奏するためには、パガニーニの作品もバルトークの作品もクライスラーの作品も演奏することができなければいけない。だれの作品だろうと演奏することができなければいけない。ある時期、ある一つの音楽がほかより自分に合っていることがあるとしても、だ。現代音楽に関してはとくに専門家というのがあまりにたくさんいすぎる。まるで亡命者たちがたくさん集まる奇妙なキャンプみたいだ。指揮者にしても器楽奏者にしても、このたぐいの人たちはだいたいひどく平凡なのだ。私がペルゴレージやテレマンの専門家たちの方が純粋で厳格だって言っていると思われるかもしれないが、それもちがう。彼らが純粋で本物なのは、熱意や技量や感性が欠如しているからではないはずだ。

　どんな鋳型にもはめられたくない。どんなタイプにも分類されてピン留めされたくない。自分で言ったことにも束縛されたくない。人生に関してももちろんそうだ。仕事にも、女性にも、男にも束縛されたくない。

　囚人になることへの恐れが私のなかにある。これはまちがいなく私の子供時代に由来している。こうした気持ちは、お互いに相手に耳を貸さない父と母のあいだで板挟みになったと感じている子供たち全部に共通だ、と私は想像している。両親がお互いに相手を大事にするなら、面と向かって裏切り行為を侵すことに恐れを感じるはずだ。でも結局、私には靴を片方ずつ放り投げることしかできなかった。父と母をえこひいきしないため、ときには左ときには右の靴を私は投げる。自分の心を押さえつけて何も感じないようにさせるにはこれだけで十分ではないだろうか！　これが子供のときからずっとなのだ。鉄床《かなどこ》とハンマーのあいだにいることがわかった子供は、四六時中、罪の意識から逃れることができない。長いこと子供を持ちたいと思わなかった。それに自分に子供時代があったなんて知りたくもなかった。

ヴァイオリン曲は決してピアノ曲より多くはない。モーツァルトやベートーヴェンもヴァイオリンのための協奏曲を数曲しか作曲していない。シューマンもそうだ。ピアノのためにはたくさん書いたのに。パガニーニはヴァイオリンのために《二十四の奇想曲》を作曲し、名人芸のための作曲家と評価されてしまった。でもブラームスはこれらの《奇想曲》をそんなに悪いものとは思わなかったようで、いくつもの主題をパガニーニから借りている。

——あんたかっこつけすぎだよ！

と言われることがある。でも何がかっこつけなんだろう？　うまく弾けるときにはうまく弾けるものなのだ。バッハのチェロのための作品だって、名人芸とみなされることもあるだろうに。

純粋で平凡な音楽家より偉大な名人芸を聴くほうが私は好きだ。器楽に力がある。大いなる美しさにも通じる。ハイフェッツやフーベルマンは真に器楽のマエストロだ。クライスラーより優れたヴァイオリニストはたぶんいるだろう。でも、クライスラーが自分の小品や《中国の太鼓》を演奏するとき、世の中の音楽「学者」たちが十八世紀や十七世紀の音楽を演奏するより、よほどよい。私は十歳でクライスラーを聴いた。若いときにクライスラーの真髄に触れるチャンスを持つことができたのだ。

最初のレコードは賭けだった。なぜかと言えば、ベルクの協奏曲は二十世紀最大の協奏曲の一つだからだ。私は一番むずかしいところから一気に入っていった。

コンサートでも私はときどき《クロイツェル・ソナタ》で始める。この曲の最初の和音は最もむずかしく、最も不快なものの一つなのだ。だいたい指慣らしのためコレッリの《ラ・フォリア》やヘンデルの短いソナタで始めるのが普通だ。でも私は一気に本陣に攻め入るのが好きだ。ほかの人が何が好きでも、そんなことは一向に構わない。

観客のなかにどんな人がいるかは決してわからない。あなたの人生を変えてしまうようなインプレサリオもいるし、あなたの息の根を止める批評家もいる。彼らはいつも新しいことを何かしようとしている。先を争い、観客を先取りし、自分をも乗り越えて、実績を上げようとしている。

パリで認められなければ、ほんとうに実績があるとは言えないかもしれない。かつて偉大な楽派だったパリのヴァイオリン楽派の伝説がそこには残っている。でもエネスコやクライスラー、それからイザーイは長いあいだ……。いや、この話はもうよそう。第一次世界大戦のあと、もう何もなくなってしまった。二十世紀の偉大な楽派は私はユダヤ＝ロシア楽派だと思う。アウアーやフーベルマンやほかの人たちだ。もちろんフランスにはジーノ・フランチェスカッティのような偉大なフランス人ヴァイオリニストもいる。パリ楽派がプリズムのようになって、それを通って世界中の偉大なヴァイオリニストたちが輩出した時期があった。ただ、それは二十世紀最初の数十年のことだった。光を放つ瞬間というのがあるものだ。そのあと東の方からヴァイオリニストの一群が現われ、完全に西洋を変えてしまった。オイストラフ、ミルシテイン、ハイフェッツ。それまでだれも名前も聞いたことがない演奏家たちだった。

ニューヨークで最初のコンサートをする前にディミトリ・ミトロプーロス指揮のニューヨーク・フィルのウィーンでのコンサートに参加した。ミトロプーロスが亡くなる少し前のことだった。素晴らしいコンサートだった。ニューヨークのオーケストラはとても大きなオーケストラで、そうそうたるメンバーで構成されていた。見事に演奏したときはほんとうに比べるものがないくらいだった。芸術家だった。私が参加した二つのコンサートのとき、彼らはいつもの自分たち以上のものを発揮したと言える。ミトロプーロス自身もそうだ。

オーケストラ指揮者のボディランゲージについて語られることが時々ある。最小限の身振りで指揮をするとか、そんな話だ。たとえばミトロプーロスの両手が空を飛んでいるように見える。でもその意味は一つではないのだ。飛んでいるのではなくて、火山が噴火して炎が立ち上がってるところかもしれない。私はそれをヴァイオリン席の端っこの方に座って見ていた。

一九五五年、私はアメリカに向けて出発した。十二のコンサートで演奏するためだった。ユージン・オーマンディ指揮のフィラデルフィア管弦楽団とジョージ・セル指揮のニューヨーク・フィルとの共演も予定されていた。

本筋に斬り込んでいくにしては変わった方法だった。十歳の子供だったらこうしたデビューの大切さをきちんと理解しないだろうけれども、私は若者だったから、ある程度物事を見る目があり、恐れの感情もあり、気持ちの高揚もあった。私は大成功した。でも同時に、真っ裸にされた気がした。人の目にさらされている感覚だ。

舞台の上であなたはたくさんのものに翻弄され、好きなようにされる。何が起こるかわからないまま十九歳のトスカニーニのように、あなたは乱暴に投げ出されるかもしれない。ルービンシュタインのように、長いことアメリカを留守にしたあと五十に手が届くころになって勝利のラッパとともにもう一度見出されることもある。あるいは、ヴァン・クライバーンのような金のない若者がモスクワに行ってピアノコンクールに参加する。ちょうどソ連で政権が交代したときだったので、アメリカ人が優勝することができたし、政治的にもその方が好ましかった。まるで第二次世界大戦の英雄のようにアメリカに凱旋し、五番街で人々の喝采を浴びて億万長者になる。

ニューヨークはとても残酷な場所だ。この町がまだ若いから残酷なのだ。ここでは批評家が芸術家をつくることも壊すこともできる。

デビューのときから観客は私を愛してくれた。ニューヨークでは四つのコンサートをやった。批評家は最初のコンサートに来て、厳しい批評をした。彼らはきちんと批評する必要があったのだ。ほかの三つのコンサートではうまく演奏したと思う。最初のコンサートでうまくいかなかった理由を私はよくわかっている。

十月から翌年の五月にかけて、ニューヨーク・フィルはソリストとの共演シーズンに入る。何人ものヴァイオリニストがソリストとしてリストアップされていた。有名なヴァイオリニストたちは作品を選ぶことでも、スケジュールを決めることでも優先された。そうなると結局、シベリウスかモーツァルトあたりが私に残されたものになる。パシュクスと私はシベリウスとモーツァルトを選んだが、私たちにとってこれはかなり危険だった。なぜならこうした曲にはたくさんの専門家がいて、演奏のやり方がこうあるべきという基準を自分たちであらかじめ決めていたから。

私はシベリウスを強く勧められた。当時、「ニューヨークタイムズ」の大批評家オリン・ダウンズはまちがいなくシベリウスのプロだった。だからシベリウスが選ばれたのだ。ところが私のコンサートの二週間前、オリン・ダウンズが死んだ。駆け出しの私は自分流のシベリウスを演奏した。批評家たちはセルの指揮が悪かったと言い、その上で質問をした。

――何でイヴリー・ギトリスは「あんなクソみたいな曲」とだれもが思っている協奏曲を選んだりしたんだろう？

偉大なるオリン・ダウンズがいなくなったので、新興勢力の批評家たちが自分を主張しはじめたのだ。歯車がときどきどんなふうに糸にからまってしまうかを語る、いい例だ。

子供時代や青年時代をアメリカで送らなかったことはある意味、残念だった。ほんとうに大きなチャンスのある国だ。ほかの国と同じやり方でここで営業活動しても的外れだ。約束事などほとんどない。一九五六年、ツアーのためにもう一度アメリカを訪れた。そしてアイザック・スターンが手に入れてくれた奨学金のおかげで、ヴァイオリンの仕事で一年間いることができた。

古典的なキャリアではあるけれど、実績を積むことが始まりつつあった。これが私の職業なのだ。

人が仕事に行くように私はコンサートをする。ほかの職業と同じで、これは生きるための源だ。いいこともやなこともある。思い込みや希望もある。しかもこの仕事というやつが私の人生と過剰なまでに混ぜ合わされている。そしてこんなふうにごちゃごちゃになることを望んだのは私だ。私は生きるのと同じように演奏する。私はもう、どこにでもいるだれかではなかった。

残酷さには美しさがある。実績を積む過程における残酷さ。あなたを見る人々の前であなたは裸だ。演奏しているときはすべてが創造、あるいは再創造の過程で白日のもとにさらされてしまう。最近はいつもではないけれど、このころはいつもミスをする権利をほしいと思っていた。この権利はだんだんなくなってきている。現代の傾向なんだろう。

自分の経歴を振り返ってみるといろんなことをやってきたと思う。その一方で普通の人がやるようなことを全然してこなかったとも思う。演奏のときにやらなければいけないことを私はやらないできた。それをするかしないかは損得ではない。するチャンスは何度もあった。

今の時代、実績を積むことイコール妥協だ。きっと昔は自分のなかにある大事なクオリティーと妥協の二つの上に実績が積まれたのだと思う。今ではごくわずかの例外を除いて妥協だけになってしまった。

一九五六年の初め、イタリアでコンサートを行なった。そのあとアテネに行って演奏する予定があった。子供のころドイツ語で書かれたギリシアの写真集を持っていた。この写真といっしょに私は人生を生きてきた。そして、ついにギリシア！　アテネ！

飛行機で行くのが普通だったが、三十年間、想像の世界を育んできた私にとって、――ほらあそこがアクロポリスだよ。

なんていう簡単なのはイヤだった。受け入れられない。私は予約なしで列車に乗った。一晩中立ったままで乗っていた。そのあと船に乗った。これも座る場所がなく、脇の下にヴァイオリンを抱えたままブリッジで眠った。コルフで船が遅れ、アテネに着いたのは土曜の朝だった。第一回目のリハーサルの日だった。

ピレウスで興行主のクラーコスと彼のアシスタントが私を待っていた。熱帯性低気圧が発生したなかをリハーサル会場まで私の荷物とヴァイオリンを運んでくれた。こんな状況で私はアクロポリスを見たくなかったので、目をつぶった。ほかにどうしようもできないとき、私はこういうふうにする。このリハーサルはオーケストラとアテネの観客と私とのこれから起こるであろう長ーい一目惚れ状態の初めの一歩にすぎなかった。私はそれに向けて心の準備ができていた。私はこれまでの人生を私が愛したこの国とこの国民といっしょに生きてきた。戦争のときも平和のときも勇気ある人々だった。

昔からの友だちで有名なイギリスの音楽家ファミリーに生まれた画家のジョン・クラクストンは私にホテルを引き払わせて、彼の女友だちの家に連れていってくれた。

〈コンサートの前なのにがまんしてきちんとしなくちゃいけないのか……〉

そう思って私は最初のうち、そこに行くのを渋った。それがアレッカの家だった。アレッカ・ディアマントプーロスは五十代の画家で王室付きの医者と結婚したあと、未亡人になった人だった。戦争中はレジスタンスで、階級は将校クラスだった。気持ちが一つひとつの身振りに滲み出ている人だった。家の一階分がまるまる私のために用意された。私はコンサートのあともそこで休息することができた。コンサートは拍手喝采だった。アテネの人々との愛のこもった再会。あれからいったい何世紀が過ぎたのだろう?

私はほかにアテネで三つのコンサートをしなければならなかった。そのあと別のコンサートをテッサロニキとパトラで行なう。その場所で私は映画『誰《た》がために鐘は鳴る』のカティーナ・パクシヌーと彼女の夫で国立劇場の演出家アレクシス・ミノティスと知り合った。そのあとマノス・ハジダキスとの素敵な夜のパーティがあった。ハジダキスはジュールス・ダッシン監督メリナ・メルクーリ主演の映画『日曜はダメよ』の音楽「ピレの子供たち」で一躍有名になった偉大な作曲家だった。メルクーリも夜のパーティに来ていたし、映画『その男ゾルバ』のマイケル・カコヤニス監督もいた。でも、なんでこうした時間がいつも手の届くところにないのだろう? そうだな。それはギリシアだからできたんだな。

六週間、私はギリシアにいてイスラエルに戻った。その後、ギリシアに毎年行っては演奏していたけれど、軍事政権が出来、聖地詣でにピリオドが打たれてしまった。

アレッカは一九五九年に死んだ。彼女とともに彼女のユニークなイメージがすべて消えてしまった。みんなにすべてを与え切って、彼女は死んだ。

第14章　ソ連への旅

私はソビエト連邦に招待された初めてのイスラエルの芸術家だ。一九六三年の末のことだった。モスクワに着陸するとき、私は恐ろしいばかりの心の動揺を感じていた。子供のころよく母が話してくれた世界をロシアで少しだけ見つけようとしていた。私だけの民族の物語だった。到着してすぐ、そういうものが何も残っていないことを理解した。母のカーメネツ＝ポドーリスキイはもう存在しなかった。

私はヒトラーの『我が闘争』を決して読まない。読もうとしたことはあるのだが、結局読めなかった。ロシアでの出会いはこの本が読めないことに関しても私にたくさんの説明をしてくれた。

出発前、シャンゼリゼで黒革のスーツを買った。とてもしなやかで着心地がよかった。ロシアにこれを着て行った。

――そういうのを着るのはプロレタリアだけですよ、わがソ連邦では。

ソ連でこの格好でレストランに入ると、こんな感じだった。こうした声を聞くことはマルクス、レーニンの全著作を読むよりもよっぽど回りくどくなく教えてくれる。人は他人とちがったふうになるのをいつも怖れるということを。自分の周りに必ずバリアをつくる。バリアを失うのを怖がる。とても残念なことだ。失うときこそ必ず何かを得るものなのに。

モスクワではホテル・ウクライナに宿を取った。スターリン・ゴシック様式による摩天楼だった。私はスターリンをこよなく愛していた。すべての人のパパだったように、彼は私のパパだった。ほんとうだ。ホテルには大聖堂みたいなタワーがあった。これがノーマルなんだな、ここソ連邦では。スターリンは宗教教育を受けたのだろうか？

空港に着いてすぐ失望を感じた。そのあとは失望ばかりだった。ロシアはどこにあるのだろう？ロシア人はどこだ？　魂はどこにある？　全然魅力のない野蛮さがここにはあった。税関手続き。書類。終わりそうもない入国審査。たぶんツァーリの時代もこんなふうだったのだろう。ゴーゴリその他の人々はどこ……。

私たちが乗ったタクシーはゴーリキー通りで、もう少しで事故にあうところだった。運転手同士がののしり合いを始めた。まるでパリみたいだ。ホテルでは中庭に面した十階の部屋を取ってくれたが、私は抗議した。

——ちがうんだなぁ。私は中庭を見に来たんじゃなくて外が見たいんだ。

——不可能です。芸術家用として確保している部屋ですから。変える手段はありません。明日《みょうにち》でしたら、あるいは可能性があるかもしれません。

もう疲れて死にそうだ。私は眠り、朝六時に目が覚めた。もっとも私の腕時計はパリ時間の四時を指していたけれど。カーテンのない部屋なので、太陽の光が平手打ちのようにモロに入ってきた。眠っているなどできるわけがない。九時にピアニストとのリハーサルに行く。丸一日のリハーサルのあいだ、私には通訳がついた。サバイバル程度のロシア語なら話せるけれど神に感謝、この通訳のおかげでずいぶんと助かった。何しろ何にでも書類が要るところなのだ。オシッコするにも書類が必要なんだ。通訳が一人いるだけでずいぶん助かった。

カーテン付きの別の部屋を頼んだ。この週、十階のカーテンが全部、根こそぎ洗濯に出されていた。私は抗議した。

——眠れないじゃないか。睡眠不足で、これじゃあ仕事だってできやしない！

夕方帰ると部屋に人がいて、グレーで繊維の粗い厚手の毛布を窓に釘で打ちつけている。陸軍のキャンプのベッドにあるような毛布だ。窓が塞がれたおかげで、今度は空気が入ってこないで眠れなかった。それに暖房ときたら〈開〉と〈閉〉しかない。微調整は工具を持っている専門のエンジニアを呼ぶしかないのだ。もう十月だったので今度は寒さで死ぬか息が詰まって死ぬかの二つに一つだった。

毛布は画鋲ではなく太い釘でしっかり釘付けされている。この晩も全然眠れず、不眠が二晩続いた。

三日目にヴィルナに出発した。ヤッシャ・ハイフェッツが生まれたところだ。それ以外にも私の友だちジョルジュ・ブルーデルマスターの両親やベン＝グリオンもここで生まれている。通訳にこう言った。

――ここならきっとゆっくり眠れると思う。

通訳嬢がデラックスアパートを用意してくれたのだ。明らかに私は特権的な芸術家だった。豪勢な住まいにカーテン、それにビロードの赤い毛布。こういうのが第一次世界大戦前の格調高きスタイルだった。しかもディケンズ風の香り付きときてる。香りは少しだけ子供時代を思い出させた。なぜなら家ではこうした香りに包まれて暮らしていたから。母はいつも自分のオリエンタルコーナーを持っていた。

しかし、ここでも朝五時に目が覚めてしまいました。なぜかって？　その時間に下を路面電車が走りはじめるのだ。こんなふうにして毎日毎日、私は疲れで身を削っていった。体も疲れ、頭も、存在全部までもが疲れていった。

この日の夕方、どう演奏したらいいかわからないほどだったので、通訳嬢にこう言った。

――ねえねえ、もしオデッサでまた眠れなかったら、もう演奏しないからね。これ以上は不可能だからね。

――オデッサにはデラックスホテルがありますから。

彼女は約束した。

オデッサ。ほとんど地中海の町と言っていい。ロシアのコート・ダジュールだ。たしかにデラックスなホテルで、バルコニーまでついていた。野外プールで泳いで少し力を取り戻そうと水泳パンツでバルコニーに出た。夕方、眠った。しかしまた、朝六時に目が覚めた！　六時きっかりにだ。私の部屋の三階下でコンプレッサーが作動しはじめたのだ！　これでもデラックスホテルだろうか。

革命前の老朽ホテルだ。もう忘れてしまったけれど、たしかホテル・インペリアルとかいう名前じゃなかったかと思う。そんなことはありえないな。あっちの方ではホテルはだいたいブリストルとかエクセルシオールとかスプレンディドとか、そういう名前がついていた。

　こうしたものはヨーロッパにも同じようなものがある。子供のころ家でバーゼルとかミュンヘン、チューリッヒについてよく話を聞かされた。まるで魔法の世界のようだった。バーデン＝バーデンとかカールスバード。そうしたものは何か普通じゃないものだった。名前が耳に快く響いた。そのなかにオデッサの名もあった。オデッサにはホテル・インペリアルやエクセルシオール、スプレンディドがあるという……。

　私のピアニストは魅力的な少年で、部屋も静かで、とても小さいのをもらっていた。まるでほんものの墓みたいだった。窓もなく昼間の光も入ってこない。地面に空いた黒い穴だった。

　ひきつけが起こりそうなくらいもう疲れ果てていた。一週間以上眠っていなかった。そんな私がその夜コンサートを開かなければならない。私はピアニストに言った。

　――きみの部屋に行って寝る。

　――そんなことできません。あなたは招待された芸術家なんですから、デラックスルームで眠らなきゃダメです。

　でも、最後に彼は譲歩してくれた。私は彼の穴ぐらで休み、彼の方はデラックスルームで休む。おかげでやっと少し眠ることができた。

　マッサージを頼んだ。体のあちこちに痙攣が起きていた。一時間ごとに年老いていく気がした。

――ホテルまで出張するマッサージはおりません。

返事はこうだったが、やっとのことで年取ったユダヤ人が見つかった。昔の移民の波の生き残りだ。静かな大きな二つの目で私を見ながら彼はやさしく筋肉を叩いてくれた。

オデッサはユダヤ人の大きな町だった。オイストラフ、ミルシテイン、エルマン……。たくさんのヴァイオリニストはここの出身だった。ともかくオデッサ＝キエフ＝ヴィルナ地域はヴァイオリニストのゆりかごなのだ。オデッサでは二つ、できる最低限コンサートを開催した。私は通訳に前もって言っておいた。

――キエフできちんとした部屋と腕のいいマッサージ師が用意できなかったら、もうおしまいだからね。

彼女はできるだけ私を安心させてくれた。キエフで静かな部屋を見つけてくれたのだ。それはとても死体置き場に似ていた。うなぎの寝床のように長く、めちゃくちゃ寒く、五十枚もの毛布を重ねてベッドに潜り込んで、やっと快適に過ごせる。何しろ死体置き場なのだ……。

マッサージを頼んだ。そしたら病院に連れて行かれた。階段に赤いじゅうたんが貼ってあり、とてもいい感じだった。列ができていたが、脇から入ってすぐに受け付けてくれた。外国人芸術家の特権だった。とっても体の大きいおばあさんの前に連れて行かれた。やさしかった。彼女は医者だったので、背中が故障していることを私は訴えた。

――脱いで！

――でも、背中一か所だけなんですけど……。

――ハラショー、大丈夫、よくなります。さ、緊張度をチェックしましょう。

そして彼女は私の片耳を触り、首を触り、緊張をほぐしはじめた。

――でも、私は背中が悪いんです。

――よくなります。ハラショー。

彼女は私の膝でハンマーを振るう。

――ハラショー。

抗議したけれども、彼女は続けた。そして最後にやっと処方箋をくれた。

次に一つ下の階に降りて、最初のと寸分ちがわないおばあさんに会った。同じように太っていて同じようにやさしい。そして彼女は寸分ちがわなく前のおばあさんと同じことをした。ちょっとマッサージと頼んだ結果がこれだった。気が狂いそうだった。

続いて今度は一階に行けと言われた。そこにはどうみても学生と思われる若い医者が私の処置をした。麻酔剤の注射をされ、私は空に飛び出しそうになった。注射針が体を突き刺し、逆の方まで通り抜けた気がした。痛さに叫び声をあげた。そうしたら今度はもう一本腕にする注射の用意をしている。抗議した。

――だって今夜、演奏しなきゃならないんだよ！

続いてマッサージ師のところに連れて行かれた。アジアの巨漢と言うべきか、目も微笑みも謎に満ち、仏様みたいだった。湿布をし、もっぱら肩をマッサージしてくれた。そして突然言った。

――はい終了！

——終了？　全身をマッサージしてほしかったのに……。

——処方箋に「肩の故障」って書いてあります。

望みのものを手に入れたことになるわけだろうか、私は。少し気分がよくなり、コンサートツアーはここキエフで、やっとまともに始まった。

観客の記憶というのはすごいものだと思う。私のピアノ伴奏をしてくれた人はこの町に住んでいたホロヴィッツのことを覚えていた。キエフで行なった二つのコンサートを私は思い出す。独特の瞬間だった。かつてダンスホールだったステージが光のなかで浮かび上がる。甘い音のなかで少しずつワルツのように揺れては消えていく光、光、光。この独特の感覚は私のなかに残り、これ以後、ツアーのあいだずっと私といっしょにそのまま旅をした。

ほかのコンサートについてはどんな話をしよう？　まず最初にモスクワの話をしよう。あまりに飾り気のない現代風のチャイコフスキーホールでのリサイタルでのこと、最前列には素敵な丸顔のダヴィッド・オイストラフがいた。ここから列車でレニングラード（現サンクトペテルブルク）に出発し、ホテル・エウロペスキーに到着した。会場のレニングラード・フィルハーモニックの大きな列柱ホールのすぐ近くだった。大帝国時代のこの古いホールには巨大な白い円柱が立ち並び、ステージは観客に向かって斜めに傾いていた。ステージに登場する私の足音がとても印象深く響く。反響はまるで無限の空間に入っていくような感じだった。こういうとき何か普通じゃないことが起きると感じるものだ。このコンサートがまさにそれだった。この日の宣伝はとても簡単なものだった。というより、この時代の広告はみんな簡単だった。張り紙のポスターが数枚。お知らせ。その程度だった。口コミが火をつけた。二回目のコンサートのときには何百人もの人が入場制限にあった。

このツアーの最後の十日を私はうまく使えないまま終わってしまった。なぜかって？　モスクワに帰ったとき、最初に着いたときと同じ部屋が用意されていた。ホテルはサッカーのモスクワ－ミラノ戦で来ているイタリア人でいっぱいだった。彼らがいなくなったあと、どのホテルにも『ジェンテ』などのイタリアの雑誌が山と積まれて捨てられていた。フロア係のボーイがその雑誌を大事そうに、家に持ち帰っていた。

全部で三週間、私はロシアにいた。全体がツアー期間だった。私はあと一週間延長したかった。少しだけウロウロ旅をしたかった。ツアーが終わったあと一週間、追加滞在をしたい、旅したりぶらぶらしたいと初めから頼んでおいた。

――どこに行きたいのですか？

――まだわからない。たぶんコーカサスかムルマンスクかほかの場所か……。そのうちわかると思う。

――それはダメです、ギトリスさん。いつどこに行くか、あらかじめ決めてもらわなくちゃダメなんです。

そんなことできっこない。どこに行くかなんてわかりっこないもの。いつどこに行くかを前もって言っておかないとダメと言われて食欲がなくなった。これは批判で言ってるんじゃない。ただ事実を言ってるだけ。ツアーが終わりに近づくと結局、私は急ぐ以外、何もできなくなってしまった。急いで発つしかないのだ。

なにがどうなろうと、それでも民族の物語は私のなかで生き続けた。宇宙飛行士が月の上を歩こうが、月はいつものように美しい。数日間、旅行できることを願って私は月に望みをかけた。そのあと、忘れられた。ある意味、この旅は私にとってとてもよかったのだ。

第15章　アフリカで音楽に出会う

一九六七年のはじめにオートボルタ（現ブルキナファソ）、コートジボワールに四週間滞在した。呪術師と太鼓が忘れられない。ここにはばい菌を持った人たちがいた。病人もいた。彼らは何百年にもわたって病原菌を子孫たちに伝えていく。どういう病原菌かというと伝説や彼らの歴史がそれだ。それと民族の物語。レヴィ＝ストロースさんごめんなさい、私は自分の言葉で話しています。

文化や文明をアフリカに持って行こうとして、私はヴァイオリンを持って行ったのではない。神様、私を許しください。また文明を撒き散らす人たちすべてをお許しください。

別に私は人類学考古学博物館に収めるために彼らの姿を記録したいわけではない。西暦三〇七八年に封印が解かれるというワシントン市の地下に埋めたタイムカプセルに保存したいわけでもない。こんないろんなことを考えながら私はアフリカに行き、音楽をする人たちと出会った。私やほかの音楽家たち、それに祖父イツハク＝メイルと同じレベルのプロの音楽家だ。イツハク＝メイルはユダヤ教会堂で先唱者をしていたけれど、それは彼の職業ではなかった。ここの人たちにとってもそれと同じで、音楽は彼らの職業ではない。

オートボルタのボボディウラッソで初めて彼らに会った。五人いた。そして突然、彼らのなかの山羊のようなヒゲを生やした人が即興で演奏を始めた。ストラヴィンスキーが聞いてもこの曲をバカにしないだろう。部族の指導者だと思われる別の人が木琴みたいなものを叩いた。山羊ヒゲの人が私に言った。

――あれが私の父です。

――どうも初めまして。

――あっちも私の父です。

バカにしてるんじゃないかと思った。

――で、お母さんは何人いるんですか？

――一人です。

――それなのにお父さんがたくさんいるの？

なんだかよくわからなかった。パリに戻ってから民族学者の友だちに聞いたら、

――バカにしてなんかいないよ。生物学的には一人しか父親がいない。あたりまえだ。でも父親の兄弟がみんな父親たちなんだ。そういうふうになっているんだ。

そんな文化があると知って驚いた。

こういうところに来ると「何それ、変なんじゃない？」と自分の色メガネで決めつけはじめる。そうなりがちだ。白人が黒人にこう言う、

――植民地なんだからもっと恥を知れ。

――しつけがなってない。

彼らはバカで、何も知らないと思って説教する。なんだって？　彼らが劣っているだって？　こっちがへたな説明をする以上に彼らは理解している。私は彼らと演奏がしたい。即興演奏がしたい。どこから始めたらいいのだろう？　私は弾いた。お互い探りあった。そしてまるでずっといっしょにいたかのように音が一つになった。私は説明しようと思った。でも説明してくれたのは彼らの方だった。

――われわれは同じだ。

そうだ。ピアノの鍵盤にも黒鍵と白鍵があるじゃないか。


私はこういう出会いが好きで、ずっと探していた。もっと昔のこと一九五八年、私は南アフリカにいた。一人の医者といっしょにズールーランドに三日いたことがある。シュヴァイツァーという名前じゃないことだけはたしかだったけれど、この医者は小さな診療所で九万人のズールー人の診察をしなくてはならなかった。私はこうつぶやきながらヴァイオリンを持って行く準備をした。

――さて、何が起こるかな？　彼らはヴァイオリンなど見たことがないだろうしね。

ローデシアの村に行った。ちょっぴり芸術的なアイルランド人の司祭がいて、八歳から二十歳までのいろんな年の孤児を受け入れていた。子供たちは彫刻をしたり絵を描いたりしている。そのときから私は女と男を彫《ほ》った彫刻をいつも身につけていた。その彫刻は私といっしょに世界中を回った。いつもいっしょだった。パパとママンだった。

お守りの銅のコインも持っていたことがあるけれど、残念ながらそれはなくしてしまった。このなくした銅のコインの代わりには何とか別のを見つけて自分の気持ちを落ち着けた。だけれども、この彫刻を失くしたときはショックが大きかった。代わりのもので埋め合わせするのは絶対よそうと自分に誓った。ものに頼っていると思わないようにしようとした。私のヴァイオリンケースを開けてみてごらんなさい。いろんなものが入っている。ガチョウがいるかと思えば、ちびっこアヒルも入ってる。みんな子供たちがくれたものだ。

孤児たちのためにこの村にヴァイオリンを持って行こうと思った。教壇の上から見せびらかすっていうんじゃなく、コンサートを開くのだ。コンサートといってもいっしょに並んで座り、遊びながらやる。彼らにとってこれはきっと大きな出来事にちがいない。でも、納屋のような建物に連れて行かれ、やっぱり教壇に立たされてしまった。私が考えていたのとはちがってしまったのだ。これは私の思っていたのとは別のセレモニーだ。しかし、まぁ、しょうがない。ピアノもない、ピアニストもいない。私は一人でそこにいた。黒い観客の前にいた。こんなことは初めての経験だった。今までは演奏するといっても白人か混血の人の前だった。完全に真っ黒な観客というのはいままでになかった。人種差別で言っているのではない。ただぎょっとするイメージとして私の記憶に焼きつけられているのだ。

バッハの《シャコンヌ》を弾きはじめた。最初の和音を出したあと、つぶやきのようなものが聞こえてきた。それがだんだんと笑いになっていき、大爆笑に変わっていった。私は自分自身にこう言いながら演奏するのを途中でやめた。

――まったくもって今日は日が悪い。

そしてステージを降りた。

――どうしたんです？　なんでやめるんですか？

――あなたも聞いたでしょ？　笑ってるじゃないですか！

――何もわかってないんですね。笑うってことは何かを感じたってことなんですよ。お腹の底から動かされたっていうことなんです。

そこで私はステージに戻った。演奏し、そのあと彼らと話し合った。背の低い青年が私の方にやってきてこう尋ねた。

――どうやってヴァイオリンを弾くんですか？

私はヴァイオリンを彼の顎の下に入れて、一本一本彼の指を弦の上に置いた。これはたしかなこと、絶対たしかなことなのだが、私は半年もしないうちに一人のヴァイオリニストをつくってしまった。ハイフェッツやクライスラーではないけれど、ともかくも一人のヴァイオリニストをつくったのだ。彼の年齢は知らない。たぶん二十歳か十八か十五か……年齢はよくわからない。

パリやニューヨークやテルアビブの子供だったら確実に遅すぎる年齢だ。でもこの青年には遅くなかった。まったくのバージン。未感光フィルムのことをバージンフィルムと言うけれど、それと同じ意味でバージン。私たちの五歳、六歳と同じだったのだ。八歳ではほとんど遅すぎる。でもこの新しい大地では何でもが可能だ。十歳のとき習ったことを今の私が習うとしたら、きっと恐ろしく練習しなければならないだろう。私にはまだ少しバカなところが残ってるから、同じ年齢のほかの人よりは音楽に向いているし、いつまでもオープンマインドでいられる。いつも私を救ってくれるのは私の愚かさだ。

この夜、私はバルトークを彼らの前で弾いた。いつも聞いてくれている観客より彼らはもっとよく理解してくれたと思う。シュトックハウゼンを弾いたとしても、同じように彼らは理解してくれただろう。彼らにはバッハもバルトークもすべて同じように新しい。

南アフリカのときは日曜日にヨハネスブルクに行った。その日は黒人炭鉱夫たちがキャンプ、つまり彼らの穴であり留置所である場所から出てきて一日だけ自分を発散し、ステージでウップンを吐き出す日なのだ。まるで爆発させないための安全弁だ。観客もいた。この観客のなかに入れたら彼らに会える。プロではなく、ダンサーでもミュージシャンでもない彼らに会える。それがまた素晴らしいのだ。

——本当にすごいの？

——ロマみたいなの？

きっといろんなふうに言われるだろうけどね。彼らはロマのヴァイオリニストと比べられるような特別優れたヴァイオリニストというわけでもない。きっと彼らはバッハやベートーヴェンも決まったスタイルで演奏することはしないだろう。それとは全然ちがって体を使った表現、セックス表現、体の各部分全部を使った表現をする。ここのダンサーやミュージシャンたちはこれでいいのだ。

だから彼らはヌレエフやバリシニコフになろうなんて思わない。この炭鉱ではじつに多くの天才が埋もれている。

一九六七年に私はどうやってアフリカの土を踏んだのだったのだろう？　その前の年の一九六六年、ラジオで「フランスミュージックへようこそ」という番組があった。そのインタビューコーナーで私はこんなことを言った。

――もしできるならやりたいことですって？　そうですね、私のやりたいことはシャンゼリゼ劇場を二十四時間借り切って休みなしにずっと演奏したいですね。観客もステージに上がり、ミュージシャンのほうが客席に降りていく。そんなのがやりたいんですよ。人が出たり入ったりしてドアはいつもあけっぱなし。

こういう気持ちが私のなかにあった。一九六八年の前にはたしかにあった。放送から数年経って、この願いをかなえることができた。われわれ音楽家はこっちの方、あなた方観客はあっちの方というふうにバリアがあるのはやめたほうがいい。

この放送のあと批評家のモーリス・フレルが私にコンタクトしてきた。彼は私の考えを気に入ってくれたのだ。そして彼がまとめ役をしている「出会いの場」にいっしょに行かないか？　と誘ってきた。そこで私たちは青年ハウスや労働者エリアに行って、演奏しはじめた。言うなればレクチャーコンサートだった。観客と話し合うのだ。フレルはアフリカに行った話もしてくれた。とても面白かった。私たちは交渉するために海外協力省に出向いた。海外協力省の人たちはとても好意的で、私とフレルが何をしたいのか、詳しく聞きもしないでアフリカに行く手続きをしてくれた。それから私はアメリカに行った。離婚からまだ二か月しか経っていないころで、とても惨めな状態だった。

アメリカから直接オートボルタへ行って、フレルと行動を共にする予定だった。ところがフレルが病気にかかり急に本国に帰らなければならなくなった。そこで結局、私は一人でアフリカに残ることになった。その日の夜、カルチャーセンターでコンサートをしなくてはならなかった。フレルの心配をずいぶんしたので、私はとても疲れていた。でもレクチャーコンサートをやり、うまくいったと思う。こういうやり方でコンサートをするのが私はとても好きだということがわかった。

こうした出会いのあるコンサートをやりたいと私はいつも思っていて、一九五六年、しばらくイスラエルにいたときには週末のあいだずっと私はキブツにヴァイオリンを持って出かけていった。キブツの農民たちは図書館にニーチェの著作をそろえ、自分たちの部屋の壁にはシャガールやピカソの複製画をかけ、レコード棚にはバルトークやベートーヴェンの四重奏曲を並べていた。

私はこの週末を王や貴族のように楽しむことができた。観客は五十人もいなかったけれど、それなりの人数が集まって、みな楽しんでいた。でもどうしてなんだろう、なぜ音楽家はコンサートを楽しむことができないんだろう？

この南アフリカで私は奇妙な経験をした。黒人とも彼らの音楽とも関係ないことだが、ブルームフォンテーン、花咲く泉という名前の町に私はいた。南ア共和国のちょうど真ん中にあり、オランダ改革派教会が治めていて人々の気持ちは冷たく殺伐としていた。

一九五八年七月のある日、ピアニストと私はケープタウンから長旅をしてこの町に着いた。二人とも疲れていて、演奏などしたくなかった。そしてそのときそれが起こった。ステージの上で私は弾きはじめたが、まるで機械だった。演奏の間中ずっと私のなかで機械が動いていた。たとえきみの気持ちがそこになく、空《から》でも機械が稼働する。曲は《クロイツェル・ソナタ》だった。だれかが私を動かしているか、機械が勝手に動いている。この機械はとてもしっかり演奏していた。観客がみんな気づくほどきちんと作動していた。うまいのだ。音符一つもミスしない。この日の演奏はミスゼロだった。

観客は礼儀正しく退屈していた。私もそうだった。彼らはきっと新聞がほしかったことだろう。新聞さえあれば時間がつぶせる。ソナタが終わり、私はピアニストと退場した。ピアニストと私はお互いに顔を見合わせた。私はもう一度ステージに戻らなければならなかった。

二曲目はパガニーニの協奏曲の第一楽章だった。私は弾きはじめたが、例の連続する二度重音のパッセージで指がもつれてしまった。ショックだった。神経的に参ってしまった。立ち直りはしたものの、自分にこう言った。

――イヴリー、おまえ、何しちまったんだ？　おまえが退屈したら観客はどうなる。全然楽しめないだろうが。わかるだろ？　観客は音楽のためだけに来てるんじゃない。いろんな人と会うために、人に見てもらうために来ている。これはこの地域で催されるめったにないコンサートなんだ。イヴリー、おまえ、もう少し自分で楽しんだほうがいいぞ。

パガニーニの協奏曲では少し楽しんでもらえた。

私は演奏に変化をつけはじめた。まるでイタリアオペラみたいに大げさな身振りをつけて演奏した。ピアニストはどうテンポをとったらいいかわからないで、目を白黒させて私を見る。でも客席の化学反応が変わってきているのが感じられた。さっきまで死の谷に横たわる死体だった観客が目覚めたのだ。突然何かが起こり、このコンサートは私の人生最良のコンサートの一つになった。まるで観客の耳のそばでブンブン音がしているようだった。

——何だ何だ！　どうしたんだこれは？

自由に演奏されたパガニーニがわれわれ全員の目を覚まさせたのだ。客席の全部が参加し、私はほんとうの意味で楽しんで演奏していた。

コンサート前に必ず神経質になる。神様、ほかのたくさんの人や音楽家たち全部にそうするように私にもご慈悲をください。自分からうまく吐き出すことができるだろうか？　きちんとメッセージを伝えることができるだろうか？　こういうナーバスな気持ちを無理に抑え込もうとしてもできるものではない。ある程度神経質でもいいのだろうけど、恐れはプラスではないし、あなたを麻痺させかねない。走る前の競馬馬も神経過敏になる。ゲートが開かれる前に緊張がためられる。

きみがもし疲れてしまったらしょうがない、そのときは休むんだ。もしきみがあるがままのきみでいようとするなら、疲れもきみのあるがままの姿だ。きみがきみであるすべては、それが嘘じゃないかぎり、だれかがどこかで必ず理解してくれる。無理はしないのがいい。疲れているなら疲れを見せればいい。きみの瞬間をありのままに演じるのが大切だ。自分の姿を偽ったりつくろったりすることはできない。きみが音楽家なら私の言ってることがわかるはずだ。みんなそれぞれ自分なりに私が言ってることを理解するにちがいない。

カラヤンもメニューインも私もヨガをやる。こんなトリオも面白いかな？　ヨガに連れてってくれたのはヘルベルト・リヒテンタールだった。ヨガをやるとより高い精神と肉体のコントロールができると彼は言い、ヨガの練習パターンがいくつかの載ってる本を二冊くれた。哲学的な言葉も書いてあるハウツー本だった。いい本なのかどうかはわからない。

面倒だったので、最初はあまり熱心にやらなかった。あるとき、ヨガの先生の講演会に行った。ロンドン郊外独特の家の雰囲気だった。革命の話や神智学の話、レーニン・マルクスの言葉の重要性、ラスキンについてなどの話をするために集まっていた。とてもイギリスらしい集まりで、ロンドン郊外は土地が広いので、こうした小さなサークルをつくるのにぴったりだった。

ヨガの練習の一つは、たとえば太陽の動きを想像する。バード・ガスタインの山並みを私はイメージした。太陽は昇り、いつものコースをたどって天を移動する。みなそれぞれに足を組んで座った。この座り方が私にはとても自然で楽だった。

一九六二年にイスラエルに行ったとき、私はとても疲れていた。それなのに三、四日のうちに最初のコンサートが予定されていた。いとこが私を休ませてくれようとして芸術家村へ連れていってくれた。私はマッサージ師がいるかどうか聞いた。

——いないわ。ちょっと頭のおかしいのならいるけど。その娘《こ》はね……。

いとこの話によるとダンサーだったという。でも足が麻痺してしまい、リハビリ専門の医師からも見放されていた。それでもあきらめず自分でリハビリを始めた。そしてヨガを始め、歩くことができるようになった。それから彼女はサイコセラピーを一生懸命勉強した。

彼女のこの訓練法のおかげで私は三、四日、とても素晴らしく快適な状態でいることができた。この快適さのめぐみのなかで私はコンサートで演奏し、観客もそれを感じた。奇跡などではない。いい状態のときはうまく弾け、だれもがそれに気づき、音楽家であるきみにもそれがわかる！ 観客が涙を流したのは私が泣いたからではない。私が感動したのではなく、ほかの人を感動させることができた。こういうふうになるのが理想だ。そういうふうに観客と向かい合うべきだ。ヴァイオリンを弾くのはコントロールされた精神分裂症だ。自分自身を分裂させる。両手とあなたを分裂させる。あなたは両手のあいだにいるけれど、自分を超えた別のものが上の方にいる。この別の存在が飛び回り、あなたを操縦し監督する。コントロールされているが、そこにたまたまあるといった感じ。この状態になるには体も心も長い準備期間が必要だ。

ヨガをすることが目的ではない。私自身が音楽のための器になることが大事だ。ヨガを人にたとえるとしたら、楽器演奏者だ。彼は演奏者として楽器の私を弾く。心の問題や神経質になること、心配症などをヨガは自己管理できるよう手助けしてくれる。コントロールという言葉が好きではないので、私は自己管理と言いたい。気持ちを高め、和らげ、世界の原理を受け入れる手助けをしてくれる。人にとってのたった一つの自由はこうした内的な原理だ。残念なことに、それはたびたび忘れられてしまう。

第16章　六日戦争

またひとつ戦争があり、いつもいくつも戦争だ。今度は六日間の戦争だ。プラハ音楽祭で演奏しベニスに寄ってから、パリに戻った。このときはもうとても緊張し、頭のなかでイスラエルへ出発することがずっと渦巻いていた。心配しなくていい、戦争をしようというわけではない。イスラエルにいるかいないかそれが肝心だ、などと考えているわけでもない。イスラエルで何か恐ろしいことが起こっていると考えるとそわそわしてしまう。ユダヤ人虐殺のようなものがまた起こってるんじゃないだろうか。二十世紀に起こったいろんなことを考え合わせると、イスラエルという国が消えてなくなることだってありうる。いつまでもこんな世界のままだったら、これ以上生き残ろうなんて思いもしない。素晴らしいピアニスト、アルトゥール・ルービンシュタインもまったく同じことを言っていた。

パリにいるとあたりまえだが、みんながみんな私を説得しようとする。

――パリを離れたって無意味でしょうが。

パシュクスもそのなかの一人として私を説得しようとした。彼は私とレッスンするためパリにいた。ときどき朝から晩までレッスンした。

——そうだな、なんで私は行こうとしてるんだ？　行っても何も変えることはできない。ヴァイオリンといっしょにここにいて、しなければならないことをする。それがほんとうになすべきことだ。

こう考えるならよい判断だとみな賛成してくれる。これがあたりまえの分別というものだ。パシュクス以外にもこの時期妻だったフランスも私が行くことを望まなかった。でも私の気持ちなど少しもわかってくれない！　向こうで何もすることがないことぐらい私にもよくわかっている。

ある日、飛行機のチケットを買いに行った。六月五日の朝一番の便だった。私はずっとニュースを聞いていた。耳はラジオに釘づけだった。イスラエルにいたときからの習慣でいつもニュースを聞き逃さないようにしている。その夜、パシュクスとフランスと三人でいっしょに夕ご飯を食べた。二人が私に言う。

——行っちゃダメ。

——行くな。

ラジオではアナウンサーがチェ・ゲバラの死を伝えている。それさえ彼らの興味をひかないようだった。

この瞬間、私はがまんができなくなって彼らに言った。

——私を思いとどまらせようなんてそんなことをする必要はもうない。私は行く！

五日の朝、エル・アル・イスラエル航空に電話して、いつもどおり便が出ているか聞いた。戦争が始まったので緊急便以外は出発を見合わせているという返事だった。やっぱりこれだ。ヴァイオリンの練習より問題が多い。二日経ったあとイスラエル航空の事務所から電話があった。

――一時間後にオルリー空港にいらっしゃられるなら席が一つだけあります。

走った。空港に着いたら今度は何時間も待たされた。やっと飛び立ったのは夜の十時半だった。新聞の見出しは恐ろしい、驚くようなことばかり伝えていた。

「テルアビブ爆撃」

「ハイファ製油所炎上」

「反撃するエジプト」

すべてのことが起こってしまった。

飛行機のなかはいろんな人がたくさんいた。乗客同士が何人か友だちになっていた。若者もいた、老人も自由業もいた。イスラエルに帰る若い学生やユダヤ人じゃない人もいた。テルアビブのベン＝グリオン空港はもちろん完全に灯火管制されていた。荷物を探すのも真っ暗ななか、ろうそくを使ったり、小さな懐中電灯で照らしたりして手探りだった。やっとのことで何かと相乗りしてタクシーを拾った。ヒルトンホテルへ直行。だれもどこへ行ったらいいかわからなかった。ヒルトンホテルなら町の中心だし海にもすぐ近かった。町のなかは人が少ない。男も女も若い人たちはほとんど動員されていた。何人もがホールにいて朝が来るのを待っていた。その日のうちにもきっとどこかに派遣されることになるだろうとみな思っていた。いや正確に言うと、そう望んでいた。待った。

でも待ってるあいだ、何もすることがない。大きなホールでヴァイオリンを出して弾いた。

禅のたとえ話にこういうのがある。

虎に追いかけられて断崖絶壁に綱でぶら下がっている一人の男がいる。綱は岩に結わえつけられ、ネズミが綱をかじっている。断崖の下には綱が切れるのを獅子が待っている。目の前の岩壁にさくらんぼがなっているのを見て、男はそれを取って食べる。

そう。そういうこと。私はヴァイオリンを弾いた。ヴァイオリンを弾きながらホールの大きなガラス窓の向こう、海の遠くを私は見た。私が何を見たと思う？

――イスラエルが炎に包まれている。

パリではきっとそう話しているにちがいない。ところが私が見たのは、年取った漁師だった。彼は防波堤に腰掛けて魚釣りをしていた。

やっとのことで十階の部屋に入ることができた。ほかの階は空襲があるかもしれないので閉鎖されていた。朝になってバルコニーに出た。太陽がちょうど登ってきたところだった。まだ青みがかったあけぼのの光だった。ガチャガチャ言わせながら牛乳配達が牛乳瓶を運んできた。

その日、軍用機でジェベル・リブニのキャンプに連れて行かれた。エジプト人から奪い取ったばかりの場所だった。

そのキャンプには恐ろしいほどの緊張があった。このときちょうどエジプトが戦車千台、飛行機千機、兵士十万を集めて国境に集結させていた。祖国が包囲されていた。北の国境ではシリア、レバノン、イラク、ヨルダンと向かい合っていた。周りの国の軍隊全部がイスラエルを囲んでいる。

最後の時を告げていると思った。何年ものあいだ彼らはずっとがまんして軍備を増強していた。しかもお互いに戦うことで戦術を覚えていた。だからこれが最後かもしれない。こうした考えは受け入れがたかった。盲目的な愛国心とかナショナリズムの問題ではない。ただこんな世界だったら私は生きていたくない。それだけだ。いつも同じ考えでいる。

今だって状況は同じだ。アフガニスタンで、カンボジアで、戦争が起こっている。一つの場所で戦争が終わると、別のところでまた始まる。あなたのすぐ近くの人々にそれが起こる。家族だったり友だちだったり同じ故郷の人だったりする。そうなって初めて人は起こったことを自分の身近に感じる。アルジェリア戦争のときのアルジェリア人も、レバノン内戦のときのレバノン人も私は身近に感じた。何の抵抗もなく感情移入した。そしてこのとき、私はイスラエルを身近に感じた。

六月だった。鉛のような太陽が昇っている昼間。そして夜になると時々氷点下になる。静けさ。砂漠の静けさ。バン、バン――時々、句読点のように銃の発射音がする。すぐ近くではエジプト人の食料泥棒が頻発していた。イスラエル軍のスピードがあまりに早かったので本隊に置いていかれ、喉の渇きで死にそうになった何千もの兵隊が備蓄してあった水を横取りしようと車を襲うのだ。しかも、その車はたまにしか通らないときている。

砂漠で初めて迎えるその日の夜、私はとても眠れなかった。私は砂漠が好きだ。砂漠の夜には独特の光がある。そして砂漠の音と言ったら、とてもピュアだ。

明け方の光が差してきたとき、ジープが一台ものすごい勢いでキャンプに入ってきた。乗っていた一人は結構な年配で、もう一人はとても若かった。二人の男が降りてきた。

――俺は人殺しだ！　五人殺してきた！　でも殺さなかったら殺されてた！

絶望の叫びを私にぶつけてきた。素直そうな青年なのに動揺していた。数日前まで彼はエルサレム大学にいたそうだ。その日はたまたまジープの運転をおおせつかったのだった。

たいへんな困難に直面しているイスラエルの人たちは人の数が少ないので、一人が一つのことだけしていればいいなどと贅沢を言っていられない。どんな状況に立たされてもそれぞれがさまざまに対応し、しかも上手にこなさなくてはいけない。こうしたことは人生の学校でしか学ぶことができない。このような一種の即興能力は想像力を実践で活かすことだ。何百年ものあいだ打ち捨てられていた砂漠や沼地は、こういう想像力を使って花開かせてきた。だから私たちは何人もの巨人《ゴリアテ》と戦うことができるのだ。これがほんとうの意味での人民の軍隊だった。兵隊も士官も将軍もファーストネームで呼び合う。

このキャンプ地に一日二日いて、そのあと赤い湖のほとりにあるシャルム・エル・シェイクに出発した。そこにいる部隊のために演奏するのだ。

ヨーロッパやアメリカのようなありがちな軍隊と同じ調子でイスラエルの軍隊について語られることが多いけれど、イスラエルの軍隊は全然ちがう。ナショナリズムから言っているのではなく、ありのまま言っているだけだ。だれもがちゃんと発言権を持っている。士官でも一兵卒でも同じだ。イスラエルの部隊の美徳についてよく言われるけれど、その要因の一つはこの平等さにある。戦闘が終わって負傷した人や死んだ人を数えると兵士と士官が同じくらいいる。イスラエルでは士官は「俺についてこい！」と言う。「進め！」とは言わない。

スエズ運河に面したエジプト軍の司令部の跡を訪ねたことがあるが、コントラストにショックを受けた。片方はこっちが恥ずかしくなるほど豪華な士官エリア。赤いビロードの椅子に壁掛けなど。もう一つは殺伐とした兵隊エリア。砂漠で生き残るのに必要な半分の水もここにはない。

そしてベツレヘムでコンサートがあった。ベツレヘムとはパンの家という意味だ。イエスが生まれ、預言者イザヤが生き、ダビデ王が聖なる者とされた町。素晴らしい実績を残した三人にゆかりがある。二十年間、この町はヨルダン人に占領され、ユダヤ人はラケルの墓の上で瞑想することさえ許されなかった。ところが突然、大砲が沈黙し、ベツレヘムで初めてのコンサートが開かれた。観客はお偉方もいたけれど、長衣《ジェラバ》を着たアラブ人の農民《ファッラーヒーン》たちもいた。イスラエル軍の兵士や士官もいた。演奏はエルサレムのコル・イスラエル交響楽団だった。みなさんよく知っているように私たちはリハーサルをしない。これから何を演奏するかも知らない。楽譜の束のなかにメンデルスゾーンの協奏曲があったので、それを演奏した。私のコンサートのなかで必ずしもよい方だったわけではないけれども、ベツレヘムの町と一体になって演奏した。

ほとんどがアラブ人ばかりの参加者のなかで老人が一人立ち上がったとき、私は背中に震えが走った。子供のころ知っていたエルサレムのアラブ人ヴァイオリニストだった。二十年間、彼はほかの音楽家と出会うことがなかった。そしてその夜、彼は古い友だちを見つけた。

第17章　一九六八年五月

一九六八年の五月といってもすぐにはピンと来ないかもしれない。南北戦争のことだろうか？　それとも普仏戦争？　でもパリコミューンじゃないだろう。最初のうち、いろいろなことが起こった。そのときいったい何人がパリ五月革命のまっただなかに自分たちがいると思っただろう。私はといえば全然自覚がなかった。

あの、二十二日の学生運動からあまり日が経ってない三月の終わりに、私はパリ・ナンテール校に招かれてアフリカ体験について講演をした。私の隣に住んでいる女友だちが最近そのことを思い出させてくれた。なんと偶然にも彼女は私の講演を聞いてくれた学生の一人だったのだ。

正確な日付は覚えていない。日付はそれほど重要なことではないと思う。周りがもうすでに騒がしかった。テレビは少し前から街中である実験を私と計画していた。はたして通りすがりの人たちは私だとわかるだろうか？　それともどっかのヴァイオリン弾きだと思うだろうか？　わずかの人しか興味を持たないかな？　この企画はかなり前から準備されていた。それがたまたま時期的に五月革命と重なった。想像してみてほしい、ヴァイオリニスト（私）が朝の八時半に人が行き来するメトロのコンコースでヴァイオリンを演奏するのだ。演奏するときのいつもの服を着ていた。無視されても構わない。実際そこに立ってみると、自分がぞっとするような身なりをしてるんじゃないかと心配した。ともかくも私は弾きはじめた。周囲が気にならないよう、頭を下げて周りを見ないようにした。永遠の感覚があった。人がロボットのように右から左、左から右へと歩いて過ぎていく。チャリン、チャリン。私の足下に一フラン。少し離れたところにまた一フラン。一人の人が足を止めて私を見る。またもう一人が立ち止まって、その人は私を見てる人を見る。しばらくすると周りに四十人もの人がいた。年取った女の人が私に近寄って来た。

——ねぇあなた、ミレイユ・マチューのラスト・ワルツ知ってるかしら？

——くっついて弾くから、歌ってくれませんか？

私は知らなかったので、そう頼んだ。これが張り詰めていた氷を一気に割った。なんだか不思議な一九六八年五月、朝の八時半だった。

ふと群衆のなかになんとなく知っている若い女の人の顔が見えた。向こうの方もどうやら私だと気付いたけれど、なんで私がそこにいるのかよくわからないふうだった。彼女は私に質問したくてしょうがない様子だった。これはテレビの撮影なんだから小銭はくれなくていいと彼女にわかってもらおうとした。そしたら彼女は消えていった。数週間か何か月か経ったころ、友だちとサン＝ジェルマン＝デ＝プレのブラッスリー・リップに行ったとき、そこにいた一人の女性が私に言った。

——ねぇ、あなたったらメトロで弾いていたそうね？

――弾いてたさ。あれ、テレビだったんだよ。ちょっとした実験だったんだ。

――あなたは覚えてないかもしれないけど、イザベルが泣きながら電話してきたの。「ねえ、あなた覚えてるでしょ、イヴリーのこと。奇跡の少年ヴァイオリニストだったイヴリーが今、何してると思う？　彼ったら、メトロで弾いてるの！」

一九六八年の五月。こんなふうだった。メトロで弾くだけではなくパリ十六区やパッシーのどっかの中庭でも弾いた。あそこではごていねいにも変わった歓迎のされ方をした。このお屋敷町では下種なヴァイオリン弾きにもうちょっとで鍋が投げつけられるところだった。

撮影予定地の一つはルノーの工場前だった。それはあらかじめ予想していたことではあったが、工場の前に着いたとき最近よく顔を見かけるようになった労働総同盟の指導者たちが演説していて、たくさんの人たちが取り囲んでいた。この労働総同盟の指導者たちはわれわれに関わりを持ちたくないようだった。われわれはテレビカメラを持ってそこにいたので、スパイに来たと思ったようだ。あるいは、ほかの理由でいかがわしく思ったのか。警察の回し者だと思ったのかもしれない。われわれはカフェに引っ込んでカメラを隠すしかなかった。どうにも手も足も出なかった。真っ正面から現実にぶつかってしまったのだ。

それから数日してコンセルヴァトワールへ行った。二十年以上足を踏み入れていなかった。行きたいとも思わなかった。

そっとしまっておいた私の子供時代など二度と見たいと思わなかった。私にとって忌まわしい場所。悲しみ。真っ黒な画面。墓場よりひどい。なぜって墓場なら、少なくとも守られてはいる。

そこで見たのはゼネストのパロディだった。ここはコンセルヴァトワールだというのになんということだろう、教授たちがすべて被告席に着いていた。そのなかには子供時代に知っていた先生もいた。被告は全員出席していた。自分たちの後ろにギロチン台とギロチンへの迎えの二輪馬車が待っているかのように、罠が待ち構えているかのように彼らは答えていた。これは歴史的瞬間なのだろうか？　たしかにそうなのだろう。でも少しグロテスクで、少し物悲しい。教授側にも生徒側にも、みんなにその場しのぎの雰囲気があった。だれも事態がどう進んでいくのかよくわからなかった。なんだかよくわからないから、みんなといっしょにやるしかない。そんなふうだった。

道で昔の室内楽の先生に会った。ジョセフ・カルヴェはとても好きな先生だった。近づいていくと、

――どうだね、元気かね？

私の方は大きくなったけれど、彼はちっとも変わらなかった。どこか父に似た印象のある人だったが、今見るとなんだか息子のように思えた。そのときジョセフ・カルヴェはとても機嫌が悪かった。

――小さいころからよく知っているのに、おまえは私に口ごたえする気か？

のちに再会したときはハグし合い、誤解はすべて解けた。これはぜひ言っておかなくてはいけないが、五月革命はまだ終わっていない。ほんとうの意味での一九六八年五月をやるのに私はその日を待ちはしなかった。すでに語ったアフリカやキブツでの出会いのことを言っているのだ。

ゼネラルストライキの最中、コンセルヴァトワールの生徒が私のところに来た。

――結局、あなたはぼくらといっしょにやらないんですか？　でも何かやんなさいよ。

新しいことを始めるために何かしようとは全然思わなかった。だれかが何かのトップになり、何かを支配する。みんなしてそういうことを決めようとしていた。そういう時期だった。そんなことは私には何の興味もなかった。何度も彼らから説得されたが、最後に私はこう言った。

――わかった、いっしょにやろう。だけど一つだけ条件がある。一つだけ、これだけはしなくてはいけないものがある。音楽だ。きみたちは音楽家だろ。だったらこんなふうにいつも話し合ってばかりいるんじゃなくて、楽器を持ちたまえ。そして行くんだ。工場へ。大学へ！

そしたら彼らは始めた。ほかの所ではあまり見たことも聞いたこともない二週間を私のためにおっぱじめたのだ。それについて語ろう。もし今それをもう一度やれと言われても、私は最終的にどうなったかを知っているから、やるかどうかわからない。でもそのときは素晴らしいものに思えた。きちんとコミュニケーションもあった。生きる喜びもあった。コミュニケーションの爆発だった。考えてもみてほしい、こんなことがコンセルヴァトワールで起こったんだ。何年ものあいだ完全隔離状態にあったこの学校で起こったのだ。ヴァイオリニストとフルート奏者のあいだに全然接触がない学校。フルート奏者はヴァイオリニストなど見たこともない。潜水艦のぴったりした仕切り壁のようなものがある。水が漏れないようにしっかり目張りされている。

小型のトライアンフTR4にこのころ乗っていて、それで工場や大学に行ったり来たりしていた。サン＝ペール通りの医学部や理学部にも時々行って、徹夜した。私たちの委員会は職業紹介所みたいだった。楽器を持った若者たちが何人か私たちに合流した。

みんなそこに参加したがった。五十人六十人もの人たちがやってきて、なかにはここから一本立ちして行く人たちもいた。こうした人たちがいたので、夜のこの討論会をより深く考えるきっかけにもなった。

一度、法学部でこういうことがあった。夜の六時から朝六時まで夜の討論会を開いたのだ。俳優や音楽家もいた。詩人や映画人もいた。決められたプログラムがないままにすべてが進んでいった。ステージに登るのに何人もが列をつくっていた。ルナール男爵と呼ばれていた女性ヴァイオリニストがいた。彼女は講堂の端の方でヴァイオリンを弾いていたのだが、私にこんなことを聞いた。

――いったいいつになったらステージに上がれるのかしら？

――そうだねぇ、みんなが終わってからだから、待つしかないよね。

彼女の演奏を聴いた。美しい音だった。ルナール男爵はみんなから褒められ、人気者になった。

――だれにでもそれぞれのシャコンヌがあるのさ。

ジャック・ティボーはいつもそう言って笑っていた。

ソルボンヌ大学の校庭にも行った。多くの人が、私がそこでやったことを疑問に思っているのは知っている。

――ギトリスのような芸術家がなんであんなバカ騒ぎと関わってるんだろう？

でも、私は後悔していない。自分の本来のジャンルの外で起こっていることをあえて見ようとしたことを後悔してなどいない。あなたがもし自分以外のことにまったく触れようとしないなら、自分以外のものはあなたに触れようとして来ない。さあ、急ぎたまえ。急がないと、だれにも触わることができなくなってしまう。若者や街との、この共闘はずいぶんと高くついた。そのあと何年間にもわたって、その代償を私は支払うことになった。一九六八年のあと、たくさんの音楽家が私をタブー視した。その人たちのなかにはこの共同作業に参加した者たちもいた。でも彼らはその後、うまいこと変節したってわけだ。

——イヴリー、お会いできてよかった！

ずいぶんあとになってから、彼らの一人からこんなふうに声をかけられたことがあった。

——ザルツブルクでごいっしょでしたね。

とか、

——カラヤン夫人とでしたっけ？

——カラヤンが指揮することになっているんでしたね。

などとか、言わなくちゃいけない。

共通の友だちのところでたまたま会ったときなんか、私に対して扉を閉ざしたグループにいたくせに、今度は熱心に私の肩を持ったりする。なんともおかしな話だ。

あの一九六八年五月の不思議なカオス状態にみんながそれぞれのやり方で参加したのはそれぞれ個人的理由があってだった。私にだって私の理由があった。

こうしたすべてから私はたくさんのことを学んだ。何より最初に学んだのは、ある状況のなかに入ったとき、人はどんなふうに振る舞うかということだった。

特殊な状況のもとでは、それぞれの個性がよりはっきり出てくるということ。それを知った。自分が新しい存在になろうとしたり、奇跡の人になると信じ込んだり、そうなろうとお互い勇気づけ合う人たちもいた。もっと単純にはただ騒がしいだけの人もいた。どんな状況になっているかをその人たちはただ探りに来ているだけだった。パリが燃えていても彼らはヴァイオリンを弾かないで議論ばかりしているだろう。だれがだれの上にいるのか、それぱかり知ろうと躍起になっている。情勢が一変するとすぐに今までやってきたことを全部放り出してしまう者や、小さな裏切りをする者たちを見せつけられることになる。大きな裏切りではないが、ほんとうに小さな小さな裏切りだ。

私たちが結成した音楽行動委員会に参加した人たちの多くは、その後の人生のあり方に決定的な影響を受けた。彼らにとってタイミングもよかったし、今まで思ってもみなかったチャンスだった。お互いに与え合うチャンスだった。今までになかった瞬間をつくり上げるチャンス。信じられない人間関係を一瞬にしてつくり上げるチャンス。ここでは観客席とステージがお互いに競争しあって、一つのことしかしないのだ。

私はといえば、ヴァンス音楽祭を創設したあとは、ほかにするべきことが何もなくなった。ほかのことは何もできなかったし、ほかにやりようもなかった。音楽祭が私のメインテーマだった。

一つ例をあげよう。イスパノ・スイサの工場でとくに私にシンパシーを感じてくれた労働者のグループと出会った。われわれはそこに二回か三回行った。ある日、一人の労働者が私のところにやって来てこう言った。

——シャンゼリゼ劇場のコンサートに行ったら会ってくれるかい？　どんな格好してったらい

い？

——わかった。今度シャンゼリゼ劇場に連れてってやる。でもいいかい、そのとき自分の周りを見てみるといい。やってくる人たちを見てコンプレックスを抱くに決まってる。どうしようもなくイヤになっちまうに決まってる。

私が一九七一年からまずオペード・ル・ヴューで創設し、続いてヴァンス、今はマントンで開催することになった音楽祭やサン＝タンドレ＝ド＝キュザックで別に創設した音楽祭はこういうことへの一つの答えだ。そこでは音楽を特別なものとして演奏したりしない。様式もとくに変わったものはしない。ただ一番素晴らしい芸術家たちといっしょにやる。そのなかの何人かは有名だが、何人かはあまり有名ではないけれど、有名な人と同じくらい偉大な人たちだ。それまでフランスではステージに上がったこともなかったたくさんの芸術家もこの音楽祭でデビューする。

第18章　出会い、いくつか

私は観光旅行が嫌いだ。観光に行って、その土地の人たちを上から下までジロジロ見るなんて、まるで動物園みたいで、嫌だ。檻のなかの動物を見たりするのは一種の覗き趣味だ。どこかの国に行って何かをプレゼントして来るのは好きだ。こちらからのプレゼントがうまくできれば、向こうから何かプレゼントしてもらってももう心は痛まない。

出会いいねぇ。出会いと言ってもいろんな出会いがある。大臣やスターと会見することもあれば、簡単にちょっと手に口づけするのもある。

——ご機嫌いかがですか？

という程度のお手軽な出会いだってある。あなたの心のなかのミュージアムに分類のラベルを貼られ、一番貴重なものとして収められている記憶もある。

納屋との出会い

一九六八年八月の終わりごろ、五年間教えていたストラスブールのモーツァルテウム国際アカデミーで音楽解釈のマスタークラスが終わって、パリに戻った。そのとき私は娘のラファエルに会いにいった。離婚訴訟のゴタゴタがあり、九か月ものあいだ娘に会うのを弁護士から禁じられていたのだ。まったくどうにもこうにもこの世ならではのバカバカしさがまず子供たちを犠牲にしてしまう。ラファエルがそばにいなくて、私は病気になりそうだった。三歳のラファエルは私のことをわかってくれるだろうか？　それとも、

——この人だれ？

と言われてしまうだろうか？

パリまで二五〇キロの標識が見えてきたあたりで雨が降ってきて、高速道路でヒッチハイクしている三人の若い女の子たちに出会った。私の車は二人乗りだったので、一人だけ乗せることができた。だれかと話していなければ、とてもやっていられない状態だった。助手席の彼女に娘のことを話した。

——お嬢ちゃんといっしょに私たちの家に来たらどう？　うちのおばあちゃんも喜ぶわ。南仏のルピアンなの。

父親は自動車の修理工場を経営していると言う。

私はラファエルと会った。私だとしっかりわかってくれた。私たちはまるで小さな恋人たちのよ

うにのんびりのんびりフランス国内を旅し、最後にルピアンに着いた。一軒の納屋があった。今まで見たどの納屋よりもきれいだった。そこに泊まるのが決まっていた巡礼のように、私はここまで来た。二週間住んだ。いたいと思ったら一年もいられたかもしれない。

ルピアンの人たちは単純で素朴だった。トゥールーズの北、カオールからもう少し北に行ったカラマーヌ村のようなところだった。私とラファエルを家族として受け入れてくれた。まるで奇跡だった。こういう出会いもある。

去年のこと、サントロペのとあるディスコでエレガントな少女が私に挨拶してきた。それがヒッチハイカーの一人だった。納屋はペシネー株式会社に壊されてしまったと話してくれた。

農民のヒッチハイカー

もうひとつ別の出会い。数年前のこと、スペインへ車で演奏旅行をしたとき、農民のヒッチハイカーを拾った。きれいな顔をした男だった。私は試しに彼の子供のころのことを聞いてみた。彼は子供のころ、ちょうどスペイン内戦の真っただなかだったという。雰囲気といい年齢といい、きっとスペイン内戦の話をすると思った。向こうも突然、話が通じる相手を見つけたと思ったようだった。こういうのがほんとうの出会いというのだ。

クセナキス

三番目の妻フランスと別れ、その後の吐き気をもよおすような法的争いから四、五年間というもの、私はひどい自閉症のようになっていた。できるだけパリには行かないようにしていた。このころだと思う、ほんとうの友人とそうじゃない人との区別が前よりはっきりつくようになったのは。非難するつもりで言うんじゃないけれど、友だちだと思っていたのに離婚したらどっちの側についたらいいのかはっきりしない人たちがいた。法律上の筋は妻の方に通っていたし、ヌイイ県の中産階級だったし、たしかに条件的に向こうが有利だった。でも、そんなものは何の関係もない。すべてレベルの低いところの議論だった。

あまり外に出なくなっていた。ある日、クセナキスといっしょの楽屋だったとき、とても偉ぶって見え、遠く感じた。きっと彼も仮面をかぶっていたのだ。あまりに強すぎる感受性の持ち主だったのだろう。

最初の出会いのとき、雷に打たれたような瞬間があるときと、そうでないときがある。クセナキスを嫌な奴と思ったのはおそらく私のコンプレックスのせいだろう。私の名前を聞いた途端、立ち上がって彼が掃除するのを期待したのだ。小さなブラシを使って私にホコリがかからないよう注意しながら床の掃除をはじめる。ちょっとオーバーな想像かもしれないけれど、私はそんなイメージを持った。

二、三年のあいだ、招待状がしょっちゅう来た。私はほとんど封を切らなかった。音楽出版をしていたサラベール夫人の自宅でのプライベートコンサートへの誘いだった。何度目かの誘いで私は行った。しばらく私は砂漠のようなところにいて、自分のことを忘れてほしいと思っていた。そして今度はみんなが私のことを忘れたんじゃないかと心配して、いろんな人と会おうとしはじめた。

私のことをよく知っていると思っている音楽家とも会おうとした。彼らといっしょでも少しも嫌じゃないと思うようになっていた。

そういう場所に行くと、だれかが微笑んでくれたりする。その夜はクセナキスが私に微笑んだ。そこにはいろんな人がいた。私が自分自身のなかに引っ込んでいたあいだ、彼らはしっかり生きて生活していたようだ。サラベール夫人に捧げられた《ミッカ》というクセナキスの作品を音楽家が演奏した。雑談が少しあり、私はクセナキスに言った。

——私はミッカがとても好きだ。

出会いではなかった最初の出会いのあと、彼の音楽に対してずっと心を閉じていた。そして突然、私はクセナキスの人と音楽に出会った。ヴァンス音楽祭での出会いのような、それはほんとうの出会いだった。私たちはよい友だちになった。《ミッカ》を観客の前で初めて弾いたのは私だ。

クセナキスも私もきっとどこかちょっとおかしいのかもしれない。孤独への恐れがどんどん私たちを追い詰めていく。そして大した用事もないのに、だれかと会ったりする。私のような人間はいつも自然な関係でほかの人といることができない。ほかの人に知っていてもらいたいことはもらいたいのだ。でも、いったん知ってもらうと今度はそれが苦痛になる。ちょっと見ただけでは苦痛を感じているとはわからない。だれも知っていてくれないと、もっとひどいことになる。

パリ

私はパリに愛着を持っている。子供のころからパリをベースに出たり入ったりしたせいかもしれない。出たり入ったりするのも私の職業のせいだ。昔よくこんな実験をした。自分が初めてパリに来た人だとイメージしてこの町を散歩するのだ。よく知っていて愛しているこの町を一度も見たことのない人の目で見ようとしてみる。

ラフマニノフ

あのセルゲイ・ラフマニノフを初めて、そしてそれが最後だったけれども聴いたのは十二、三歳のときだった。出会いのなかでも奇妙な出会いに数えられる。ずっと心に残っている。ラフマニノフはとても大きく、背中が丸く、まるでクエスチョンマークのように見えた。彼がピアノに向かって歩いてきただけで、まるでベルリオーズの《幻想交響曲》の「死刑台への行進」を思わせた。ピアノの前に座り、最初の音を弾くまでの何とも言いようのない間《ま》が私の背筋に震えを走らせた。

まちがった出会い

そばを通り過ぎただけなのに出会ったと思ってしまう。そういうまちがった出会いもある。これを見分けるには自分が開かれていて、押さえつけられていないことが必要だ。

では、どうしたらいいのだろう？　結婚や仕事や社会、こういうものでみんなバリアをつくる。なぜかと言えば、出会いが怖いからだ。私はときどき不幸になる。どういうとき不幸かというと何かに押さえつけられているときだ。音楽と出会うためにも心が押さえつけられていないことが必要だ。なぜなら、音楽とだって、時々まちがった出会いがあるからだ。たしか中国の諺にこんなのがあった。

「満たされた杯に注ぐことはできない」

あふれさせるには一滴で足りることさえある。だからまず空《から》にすることが大切だ。空白。空。マイナス。

テープに録音するにはまず消去しなければならない。生きることと死ぬこともそうだ。似ている。

コーネリア

私はほかの人といっしょに演奏するのが好きだ。若い人でも自分をしっかり持ってる音楽家といっしょに演奏するのがいい。

数年前のことだが、フランスのテレビが私の半自伝的な番組をつくろうとしていた。撮影には十日ほどかかる予定だった。時期的にちょうどティボー・コンクールと重なった。私はこのコンクールの古き強者《つわもの》だったので、コンクールの参加者と私とでエピソードを一つつくろうということになった。

コンクールに出向いていく気持ちなど、これっぽっちもなかった。ちょうどヴィエニャフスキのヴァイオリン協奏曲のレコードを準備していて、練習時間さえほとんどない状態だった。いつものことだが、私は壁際まで追い詰められていた。まあそれにしても、今日か明日にはコンクールに行くことになるだろう。

あまり興味を感じない候補者何人かのあと突然、丸まる太った大きなボールが登場した。太って背が低く、金髪をおかっぱにした女の子だった。バッハの《シャコンヌ》とモーツァルトのイ長調の協奏曲の一楽章だけ弾いた。十八歳か十九歳で、ジュリエッタ・マシーナとエラ・フィッツジェラルドとウィンストン・チャーチルを混ぜ合わせたような外見だった。コーネリアという名前だった。《シャコンヌ》は欠点がないわけではなかった。でも何かを感じさせた。続いてパガニーニの《奇想曲》を弾いた。この《奇想曲》は文句なしだった。素晴らしかった。

一次予選でその子が入らないなど、予想もできなかった。でも、そうなった。コーネリアは落選し、私はコーヒーを飲みに彼女を連れ出した。危ないところで彼女は窓から身を投げないで済んだってわけだ。ルーマニア人だった。コンクールの参加者にはほかにもルーマニア人が二人いて、二人とも予選を通過していた。それがきっと彼女が落ちた理由だ。外見的に好感が持てなかったからだろうか？

私は自分にこう言った。

「この子にしてやることが何かないだろうか？」

そして思いついた。テレビに彼女を引っ張り出せば十二人の審査員の代わりに千二百万人の審査員が彼女を評価する。私はコーネリアにこう言った。

——しばらくこの町にいなさい。必ず何か起こる。

——私、ルーマニアに帰らなければ……。

中央ヨーロッパのアクセントと喉の奥から出るR音でコーネリアはそう言い続けた。

友だちに手伝ってもらって、ともかく彼女の部屋を探した。コーネリアはテレビに出ることが決まった。放送のため、みんなで私の部屋に集まった。夕食のあと彼女を部屋に連れて行った。青白い顔したずる賢いチビまる子。

――部屋がどこだか思い出せない……。

――そんなバカな！

――メトロのドセ駅の近くの学生寮なの……。

二時間、ドセなんてメトロの出口がどこにあるか、右へ行ったり左行ったり探し続けた。彼女も左に行ったり右に行ったり。最後にやっとカフェで学生寮を教えてもらった。

次の日、私はたくさん練習しなければならなかった。でも大勢の前で彼女にオーディションを受けさせるだけの時間はあった。コーネリアにも承知させた。ルーマニア大使館に電話して、彼女の滞在を延期してもらった。

講義をするため私はザルツブルクに発たなければならなかったので、コーネリアが三週間ザルツブルクに来られるかどうか、一人でよく考えてみた。ザルツブルクに来て集中的に練習すれば彼女のためにほんとうに何ができるか、それがわかるにちがいない。

このコーネリアという少女はいろんなものが妙に入り混じっている存在だった。子供っぽいというより子供らしい変わった性格で、東欧の人にありがちな帽子の下からこっちをうかがってるような目つきをする。そしていつもこう言う。

――ルーマニアに帰らなければ……。卒業証書をもらわなければ……。

もし東ヨーロッパの教育システムに取り柄があるとしたら、国家があなたのことを引き取って世話してくれるから、どう転んでもあなたは国家に所属することになる点だ。彼女はコンクールで賞を獲るために送られてきた。でも失敗した。それですべておしまい。何もお土産を持たないで帰ってほしくないと思った。少なくとも手土産程度は持って帰ってほしい。思いつくかぎりの全部のコンクールで賞を獲った芸術家をたくさん知っているが、賞を獲ったからといって何も変わりはしなかった。コンクール向けにいつでも調整されている機械と芸術家はちがう。

ある日、夜の電話で彼女がこう言った。

――マエストロ、私、帰らなければいけないんです。

――わかった。ブカレスト行きの切符を買ってあげよう。明日の朝八時半のフライトだ。ちゃんと決心がついたら、朝七時に電話してきなさい。私はきみのお父さんじゃない。イエスかノーか、そのとき言いなさい。自分の好きなようにすればいい。

翌朝、残る決心をしたようには見えなかった。雨が滝のように降っている日だった。彼女が出発するのを止《と》めることはしないようにしようと私は決めていた。彼女の方からこう言ってくるべきだと思っていた。

――卒業証書など大事ではないのです。練習のためここに残ります。

空港に到着した。彼女は無言で、閉じた表情をしていた。税関を通り抜けていった。私はさよならを言った。でも空港の係官に私はこう言った。

――ちょっと待たせてくれないか。

すべてがうまくいくまで少しのあいだここで待っていたいと思った。そしたら十分後にコーネリアは戻ってきた。飛行機に乗りそこなったのだ。さあ、こういうときはどうしたらいい？　彼女は私がイスラエルを離れるとき持っていたのと同じようなボール紙でできた小さなカバンを持っていたが、この東ヨーロッパの小さなカバンはブカレストへ送られてしまった。

二人して空港を出た。どこへ行けばいいのか、私にはわからなかった。しわくちゃになった一九二五年ものの古い黒いドレスを何着か彼女のためにくれるというルーマニアの女性を見つけた。かかとが少しつぶれた靴もおまけに付いていた。私は講義のためにザルツブルクに発たければならなかった。二日後、彼女は私に合流した。

コーネリアはザルツブルクに到着し、もう一つ別の小さなカバンを持ってモーツァルテウムにやってきた。この少女は世界中のすべての革命がこの世界に残した最後の残りかすの集積だった。講義の途中で私はアシスタントに頼み、ほとんど金を持っていない彼女のために部屋を探してもらった。私はお金を少し渡し、講義時間もコーネリアが参加できるよう夜まで延長した。彼女が弾くのを聞いて、ほかの女子学生たちはあっけにとられていた。この娘《こ》にとって練習がいかに大切かということ、練習によってクラスのなかに仲間意識がつくられるということをみんなにわかってもらうことができた。ねたみやいやしいライバル意識はよくない。仲間意識は感動的だし、満足感を与えるものだ。

夜九時に私の授業が終わったとき、彼女に尋ねた。

——部屋は気に入ったかい？

——まだ全然わかりません！

さらに聞くと、例のひどいアクセントで、

――町の外なんです。Dのバスに乗らなくちゃいけないんです。

私だけだったら、このまま帰りたかった。でも彼女のことを考えると放っておけない。この娘《こ》はひと言もドイツ語が話せないのだ。

――それじゃあ、Dのバスを追っかけよう！

小さなスポーツカーで先生とプチ旅行ができて、彼女はとてもうれしそうだった。バスにくっ着いて走り、バスストップごとに止まった。バスの運転手は変な目で私たちを見る。終点は駅だった。私たちの状況をバスの運転手にわかってもらおうとやってみた。でもダメだった。この男は私たちに繰り返し、こう質問するだけだった。

――だから何なんだよ、あんたたち。どっち行くの？　東京？　モスクワ？　ニューヨークかよ？

この状況でコーネリアはやっとのことで思い出した。もう一つ道を向こうまで行かなくちゃいけない。このもう一つの道ってのが六キロも先なんだ。

――コーネリア、よく見るんだ。そして思い出してごらん。

私たちはやっとカラヤンが住んでいるところの近くに出た。夜の十一時でだれも歩いていなかった。今来た道を戻りながらこう言った。

――思い出そうとするんだ、コーネリア。

――通りの名前にゲオルクがついてたと思います。

細い道を抜けるとゲオルクがついた通りが出てきた。でも部屋はどの番地だったかコーネリアにはわからず、何も見覚えがなかった。

――たしか……十二番地？

ついに彼女はこう言った。突然の天才的ひらめき。

――鍵穴に私のキーが入ったら、そこが部屋だわ！

やっとのことで部屋にたどり着いたとき、夜の十二時が鳴った。


ずいぶん彼女と練習した。彼女の同級生たちとも練習をした。教授のなかには三十五人も生徒をとる人がいる。そうすれば収入も増えるけれども、私は十人以上は受け入れない。彼らに注意を向けつづけるにはせいぜい十人がいいところだ。私たちは一日中、練習した。夜遅くにならないと終わらないこともたびたびだった。

講義のあいだは教室の窓を開けたままにした。いろんな人が立ち止まるので教室のなかに招き入れる。歌手もいたし、ほかのクラスのピアニストやヴァイオリニストがいっしょに練習したこともある。ズービン・メータ、ブルーノ・マデルナ、クラウディオ・アバドも来た。一流のヴァイオリンの先生のクラウディオ・アバドのお父さんや、クラウディオ・アバドのお兄さんでミラノのジュゼッペ・ヴェルディ・コンセルヴァトワールの院長、ウィーンのトップクラスのヴァイオリニストたちもやってきて、いっしょに議論した。ほかのクラスの生徒まで自分たちの授業を抜けてこっそりやってきた。コーネリアは驚くほど成長していった。彼女は開きはじめたのだ。コーネリアが進歩することは周りにもメリットがあった。私は深いところで、彼女と練習したいと思った。楽譜はただの音符の集まりではない。音符の集まりを超えて作品が何を目指し、どこへ行こうとしているのか、それを読み解かなければならない。

ザルツブルクで私たちはいっしょに夕食をすることが多かった。アバド、マデルナ、私の友だち、生徒、コーネリアなどだった。ミュージシャンは普通たくさん食べたあとは演奏できない。ステーキ三枚、ケーキ五つ、コーヒーを何杯も飲んだコーネリアにだれかがこう言う。

――ちょっと弾いてみようよ、コーネリア。

コーネリアはヴァイオリンを取り出し、パガニーニの《奇想曲》を何曲か弾く。まるでトランプをひっくり返すみたいに簡単に。

コーネリアは頭がおかしいわけでもないし、バカでもない。ちょっとずるくて詩心に満ちているだけだ。テクニックのまずいところはたくさんあった。同時に天才的なヴァイオリンの感性も持っていた。

コーネリアの欠点について私はとやかく言わなかった。それよりも、なくしかけたよいところをもう一度取り戻す必要があった。テクニックなどは時間が経てば解決する。まず開く。自分をほんとうに見つめ、開く。

毎年、モーツァルテウム・アカデミーでは小さなコンクールが催されていた。すぐれた生徒の何人かがファイナルコンサートに出場するのだ。審査員のなかにはサヴァリッシュやマデルナのような人もいた。コーネリアのために私はラロの《スペイン交響曲》を選んだ。ベートーヴェンやモーツァルトはもっとあとになってからやればいい。

彼女がラロを弾くのを聞いて、みんなぶったまげ、ブルーノ・マデルナなどは、

――どこでこのミラクルを見つけてきたんだい。

と私に聞いてきた。

私は答えた。

――ティボー・コンクールの排水溝からさ。

あまりにもうまくいったので、その晩、彼女にはまだアンコールの時間があることをみんなが思い出した。この小さな百姓娘は美しいと言うには醜く、醜いと言うには美しかった。田舎っぽいエレガンスで彼女はもう一度、パガニーニの《奇想曲》を五曲弾いた。それを聴いた観客は気狂いのように喜んでいた。

彼女は一度ステージから退場し、また一曲弾くために戻ってきた。もう一度退場し、また一曲弾くために戻る。私は彼女のところに走って行き、こう言った。

――ちょっと待って。観客は心の底から切望を感じる必要がある。

次の日、私はニースに演奏のため出発しなければならなかったので、遅い時間に車でコーネリアとザルツブルクを出発した。ニースではオペラの演出家ジャン＝ピエール・ポネルが奥さんと子供と来ていた。「ウィーン日刊新聞」と「南ドイツ新聞」の音楽評論家もいっしょだった。この小さな驚嘆すべき怪物を聴いたあと、二人の評論家はそれぞれの新聞にこう書いた。

「コーネリアの勝利！」

「ザルツブルクで起こった信じられない出来事。だれも話題にしなかった小さな女性ヴァイオリニスト！」

この記事に続いて大きなレコード会社が二つ、コーネリアにコンタクトしてきた。一つの会社のエージェントはコーネリアをお茶とケーキに誘い、あんまりたくさん食べたので彼女はこの会社と契約した。若い演奏家シリーズの一つとしてで、五年契約だった。私はこう叫びたかった。

——先生も両親もわかってますか？　あなたたちの手のなかにあるものがいったい何だか？　いのちなんですよ、それは。あなたたちがつくったわけじゃないでしょ、それを。いのちのことを知らないなんて罪ですよ。いのちのことをわかってあげないと、子供たちは肉体的には死なないでも、ただ死体としてそこにいるだけになりますよ！

新聞にはよく幼児虐待事件が載っている。思うのだが、発見が間に合えば虐待と言ってもそれほどたいした問題ではない。こそこそした陰謀、下種根性、両親の離婚。そんなものの埋め合わせを子供がしなくちゃいけないなんて、なんてひどいことだろう。

レコード会社と契約したコーネリアはじつはコートがほしかったから契約したのだった。私は友だちに任せて彼女を放っておいた。コーネリアは引っ越しをして、

——マエストロが私を捨てた。

と言いふらす一方で、

——でも、マエストロには何も言わないでね。だってもう私のことなんかかまってくれないんだもん。

と言っていたという。

マルタ・アルゲリッチやエッシェンバッハのようなアーティストがデビュー時にレコーディングしたのと同じシリーズの一枚としてレコーディングし、いくらかのお金を手に入れた。そしてレコード会社の本社があったハンブルクに移り住んだ。

コーネリアはバナナがとても好きだった。何本も何本も房ごと食べてしまう。そして朝の四時まで練習するので管理人がこう言いに来る。

――マドモアゼル、申しわけございませんが、みんな眠りたがってるんです。

――どっかほか行けばいいじゃない！

バナナの皮を全部、窓から外にぶちまけながらコーネリアはそう言う。私は想像してしまう。毎朝バナナの皮で滑って転んだ人たちが救急車で運ばれて行くのを。

――彼女はきみを愛してるんだぜ。

私の友だちがそう言うのはその通りなのだが、精神分析によると生徒は先生に愛情を転移しやすい。というより、必ずする。子供のころから私はいろんな関係のなかで父親の役をやってきた。で、今度はほんとうの父親としてコーネリアと離れ、娘のラファエルに会いに行かなければならない。

〈すべては彼女にとってうまくいく〉

そう思いはしたものの、少し心配になってきた。レコード会社と何かが起こったらしい。私は南フランスから電話をかけた。演奏する必要があるのだ。しかも練習してから演奏する。これが私のやり方だ。でも、だれもそのことについて私に聞いてこようとしないのだ。

新聞記者やカメラマンに囲まれてコーネリアはとても幸せだった。彼女のレコードジャケットに私は文章を書いた。

「コーネリアはシェリングとミルシテインをいっしょにしたものを持っている」

これは私の言葉ではなく、人の言葉の引用だった。レコード会社は私がパリにいるあいだはコーネリアが私のレッスンを受けられるよう取り計らった。

十月、私は優雅な洋服を何ともみっともなく着こなしたコーネリアがパリに到着するのを出迎えた。いかにもハンブルクの店にあるようなドレスと帽子だった。まるでかの偉大なる女性、マリア・カラスみたいだった。彼女に対する情熱が冷めていくのを感じた。私は一生懸命コーネリアに教えたが、お金を要求することはしなかった。その結果が今ここ目の前にいるこのコッコちゃんなのだ！　いったいいまた一人でどうやって何をしていたんだろう？

――満足してないからね、私は。

私はそう言い、レコード会社の下では働かないと宣言した。ヴァイオリンで何かをするとき必ず何かが犠牲になる。人間と人間の関係とはまたちがったものがある。ところがコーネリアは完全に満足していた。子供だった。彼女はずっと話し続けてやめなかった。

――これはファウストさんがしてくれたんです。これもファウストさんがしてくれたんです。まるでお父さんみたいなんです

――じゃあ私は何なんだね？

――あなたは先生です。

――ちょっと待ってよ。数か月前のときは私のことをお父さんみたいだって言ってたよ。

――でも、あなたは言ったじゃないですか、「よっぽどお金を持ってないと私とは練習できないね」って。ファウストさん億万長者なんです。

コーネリアの答えがあまりにも笑わせてくれたので、私は彼女とレッスンを始めた。でも最初の三日間、彼女はどっかのルーマニア人と消えてしまった。そしてついにハンブルクに戻ってしまった。私は待つしかなくなった。

それからしばらくコーネリアのことは噂を聞くだけになった。彼女は演奏し、成功を味わった。ある日、カフェ・ドゥ・マゴのテラス席にいたとき、ギタリストのナルシソ・イエペスが近づいてきた。

――ドイツから戻って来たばかりなんだけど、フランクフルトの空港でルーマニアに戻ったあんたの生徒の一人と会ったよ。「あなたもミュージシャンですか？」そう言いながら近づいてきたんだ。

コーネリアをレコード会社が探していることも聞いていた。でも彼女はルーマニアに戻ったのだ。コーネリアがいつも言ってた言葉を思い出す。

――私は卒業証書が必要なんです。それがないとダメなんです。卒業証書がなくて何をしろって言うんですか？

卒業証書を獲るためにルーマニアに戻ったのだ。彼女の国ルーマニアを演奏旅行で回ったとき、家族に囲まれたコーネリアを見かけた。彼女の父親が私に感謝の言葉を伝えに来た。きっと彼女は卒業証書をもらったにちがいない。

セジェ

長距離電車のなかでヴァイオリンの練習をするのが私は好きだ。揺れのリズムが関係あると思う。これと同じだが、飛行機のなかで練習することもある。もちろん必要なときだけだけれど。あるとき、オランダに行く電車でヴァイオリンの練習をしようと、だれもいないコンパートメントを見つけたのに、

——あなたヴァイオリニスト？

——はい……。

——私もなの。ここ座っていいかしら？

若い女性だった。一人の方がよかったのだが、どうしよう……。

結局、いっしょに座ることになった。なんだか変だった。この女性が今でも友だちのセジェだ。セジェは話しはじめ、練習したかった私をイラつかせた。しょうがないので私は強力な弱音器をつけて練習を始めた。でも、彼女はずっと質問し続けた。

セジェはユダヤ系のオランダ人で両親を強制収容所で亡くしている。オランダのハーグで正統派ユダヤ人と結婚していた。

——あなたに私の演奏を聞いてもらいたいわ。

とも言った。その上、彼女の持っているヴァイオリンと弓を私に試させようとした。たしかにど

ちらも気に入った。私のヴァイオリンの調子があまりよくなかったのを見て、

——貸してあげるわ、私のヴァイオリン。

と言う。ハーグで彼女の家を訪ねることにした。そこでもまた言う、

——私のヴァイオリンを聞いてほしいの。

自分がヴァイオリニストだということを私に納得させようとしていた。ヴァイオリニストとしての実績を積みたいとも言う。自分の可能性にとても確信を持っていたので、それ以上の何かを求めているとはまだ私にはわからなかった。

私が弾くように言った曲をかろうじて彼女は弾いた。頭のおかしい女に捕まってしまったのか、それともこれは深刻な精神障害のケースなのだろうかと私は悩んだ。なぜって彼女はまったくヴァイオリニストなどではないのだ。ヴァイオリンを使ってジェスチャーするだけの人、と言ったらいいだろうか。こういう場合、どうしたらいいんだろう？　私はとりあえずセジェの演奏を聴き、あとはどうとでもなれと思った。かなり困ってしまった。もっとあとのことだが、友だち同士になったとき、セジェは自分の物語を話してくれた。

人と簡単に知り合いになりすぎると友人たちから説教されるが、でもこういうのが私は好きなのだ。

セジェの話——。
一九三九年、第二次世界大戦の宣戦布告の年、十四歳だったセジェはナタン・ミルシテインのリ

サイタルを観に行き、ヴァイオリンが大好きになってしまった。彼女の両親は自由業だったので、娘にヴァイオリンを習わせた。

――十四歳というのは早すぎる歳ではないね。

かろうじて、それだけ私は指摘した。

それから数か月後の一九四〇年五月、ドイツ軍がオランダに侵攻した。セジェのレッスン時間はなくなってしまった。セジェは数か月しか学ばなかったのだ。最初のひらめきともう一つのひらめきとのあいだに戦争があった。ユダヤ人だったので、彼女の家族は隠れなければならなかった。

それから少し経ってから彼女は弟とともにレジスタンスに加わり、父と母をスイスに逃がそうとしたけれども、結局、両親は強制収容所に送られてしまった。彼女自身も密告され、強制収容所に送られた。そのあとあちこちの収容施設を転々とし、セジェは最後にアウシュヴィッツに来た。

アウシュヴィッツにはオーケストラがあった。収容されていたたくさんの音楽家がそこで演奏をしていた。施設の司令官は音楽を愛していた。洗練された趣味の持ち主だったのだ。これは別の人の話だが、素晴らしいヴァイオリニストだった彼女は目の前で両親が焼かれているのを見ながら演奏を強要されたという。

アウシュヴィッツでの生活は規則正しく、同時に密告情報が飛び交う。セジェも密告され、殴られて怪我を負ったが、意思は固かった。片足が壊疽でひどい熱だったにもかかわらず、気が遠くなりながらも頑張った。一度失神したら死んだとみなされてしまうことを知っていた。強制収容所のスローガン「仕事は自由をつくる」のままに、働いてるかぎりは殺されない。

――で、結局、セジェは何でヴァイオリンを弾くんだい？

パリのベリ通りを散歩しながらセジェに聞いたことがある。

――アウシュヴィッツでは病院に入ることイコール死なの。しかし、ちょうどそのとき、女性ヴァイオリニストが必要だという噂が流れた。

――私は自分でウソの評判を立てたの。セジェはオランダで有名なヴァイオリニストだったという評判よ。私は呼び出されたけれど、あまりにひどい状態だったので、そのまま病院に連れて行かれたわ。私の才能が必要だったので治療してくれたの。回復するまで三日かかり、そのあとでオーディションが待っていたわ。三年も四年もレッスンから遠のいていたから、自分にこう言い聞かせたの。「もう死ぬしかない」って。

ベッドまでヴァイオリンを持ってきてもらい、指を置こうとしたけれど、練習すればするほどわからなくなってしまった。オーディションの日、どうなるかわからなかったけれど、弾いたの。生きるか死ぬかの問題だった。ヴァイオリンを弾き、私はアウシュヴィッツのオーケストラに残れたの。だから、私はヴァイオリニストなの。それ以外の何者でもないの。

生きるか死ぬかの問題として、いつも弾くべきなのだ。その一回しかチャンスがないという気持ちで弾くべきなのだ。残念なことに、みなこれをすぐに忘れる。これを肝に銘じるにはもう一度アウシュヴィッツが必要なのか？　必要は発明の母と言うが、芸術でも同じだ。必要のない美はありえない。セジェは私のところにレッスンにやってきた。断るわけにはいかなかった。だって何て言ったらいいんだ？

——君はヴァイオリニストではない。

そんなことを私が言ってしまったら、私を信じなくなるか、あるいは彼女の存在そのものがつぶされてしまうだろう。自分がヴァイオリニストだという思いは彼女のなかに深く根を下ろしている。アウシュヴィッツで受けた認識番号の入れ墨のように。

でも、〈私はヴァイオリンが弾ける〉と彼女が思うのは、私にはとても信じられないことだった。そこで私はヴァイオリンを学ぶよう彼女を説得した。自分の実力を知るとき、すべてを理解するだろうと期待した。

ところが、なのだ。セジェは進歩し、ほんとうに演奏しはじめた。彼女とレッスンをして私の方がずいぶんと学んだ。彼女は恐ろしい頭の病気を持っていたが、彼女の頭痛を取り除くことができるのは私だけだった。手を使って、私は彼女を癒した。ヴァイオリンのレッスンのために私のところに来なかったら、彼女の頭痛を取り除くことはできなかった。

セジェは音楽をやり続け、同時に絵も描き続けた。彼女は勇気を形にして私に見せてくれた。彼女の勇気をほかの言葉で言うとしたら……静かな愛。粘り強いいのち。生命の力。

そのほかの出会い

ほかの出会い？　ビッグネームとの出会いのことを言ってるのだろうか？　家一軒分の長いリストをお望みならそれも可能だが、でも、そんなものちっともおもしろいと思えない。

ルーズベルト夫人エレノアがニューヨークのマディソン街で買い物しているのに出くわしたことがある。あなたはどんな人を思い描くだろうか？　偉大なるご婦人はとくに特徴がない普通の女性だった。

こんな出会いもあった。ある夜、私は一人でサンジェルマン大通りを道に迷いながらぶらぶらしていた。そこにタクシーが止まり、一人の男が降りてくる。どうやら彼もちょっと迷っているらしい。それがポール・ムニだった。『暗黒街の顔役』などといった素晴らしい映画にたくさん出ている俳優だ。ロンドンでアーサー・ミラーの『セールスマンの死』の舞台を観たこともある。二人で近くのビストロでいっしょに食事した。ムニは自分の人生を語ってくれた。私は私で自分の話をした。コンコルド広場まで歩いて行き、朝になって別れた。

ほかにもいくらでも芸術家たちとの出会いをあげることができる。

レオ・フェレとはジャック・シャンセルのテレビ番組「大勝負！」のスタジオで会った。二週間後に彼は約束どおりヴァンスに来て、イ・ソリスティ・ヴェネティといっしょに歌ってくれた。人間であり、芸術家だ。

画家のサルバトーレ・ダリとはしばらくのあいだ隣同士だった。翼のついたヴァイオリンを私のためにつくってくれると言っていた。それは「ケツの穴」という名前で、演奏することもできるはずだった。

二か月後、ダリはヴァイオリンをつくってくれたが、ブロンズ製だった。ネックに子牛の頭蓋骨がついていて、下の方はお尻だった。美しかったけれど、弾くことができなかった。二万ドル出せばそれは私のものになったはずだった。でも、もしそんなお金があったら私はストラディヴァリウスの頭金にする方がよかった。説明はしたけれど、彼はこうした私の気持ちをきちんと理解したわけではないようだった。

キャサリン・ヘップバーンとはハリウッドの彼女の家で過ごしたこともあった。賢く理知的な女性だった。そしてうまく言葉にできないが確実に魅力のある女《ひと》だった。

安定していた時期のマリリン・モンローは私がレコーディングしたアルバン・ベルクの協奏曲《天使の思い出に捧げる曲》を聴いてくれた。

音楽関係の人との出会いが特別ほかの人と比べておもしろいとはかぎらない。音楽の世界以外の人で友だちをあげるとしたら、私はヴィエイユ＝デュ＝タンプル通りの、私の部屋の管理人をあげたい。これは誇張で言ってるわけでは全然ない。

彼はとても教養のある人で、私が知っているなかでもとくにやさしく、溢れる心の持ち主だ。私たちがおじいちゃんと呼んでいたこの人は、九十歳を過ぎてニーチェをもう一度読み直したり、シェイクスピアに至っては読むのが二十回目だと言っていた。

私には愛する人たちがいる。そして向こうも私のことを少し愛してくれている。だいたいが音楽家の友だちで、なかにはヴァイオリニストもいる。

ナタン・ミルシテインと過ごした時間を思い出す。ヴァイオリンを弾く上で何千もの発見を彼はし、尽きることなく探求し、発見し、変革し、自分を発見し、また再発見するという道を歩んだ。熱意も友情も他人任せにすることはしない。驚くべきヴァイオリニスト。同時に謙虚なヴァイオリニストでもある。あなた方をいつも現実に引き戻してくれる。でも、それは何という現実なのだろう！

アイザック・スターンのおかげで私は一年間、ニューヨークで奨学金をもらうことができた。彼の家族は私の家族でもある。

ブダペスト四重奏団のアレクサンドル・シュナイダーとミッシャ・シュナイダーが加わった四重奏の夜は忘れられない。

ズービン・メータとは一九六二年にチューリッヒのチャイコフスキーの協奏曲で初めて出会って以来、兄弟のように感じている。彼のためなら私は火のなかだろうと水のなか、どこでも入っていける自信がある。

ヤッシャ・ハイフェッツのことも語ろう。孤独な惑星。彼方で光る星。人間だと証明するために一度でいいからまちがった音を出してほしい、とバーナード・ショーに言わせた人。人間ハイフェッツとの出会いは感動的だ。そして私にとって何よりも貴重だ。四重奏と三重奏で彼と共演したことがある。ほかのメンバーはピアティゴルスキーとプリムローズだった。ほかの人たちとも四重奏三重奏をやったことがあるけれど、ハイフェッツとやると、さらに気持ちのいい体験になる。

ハイフェッツがピアノの前に座る。ピアニスト・ハイフェッツなのだ！　ハイフェッツの友人シャブローのビバリーヒルズの家で、一時間半にもわたって私の伴奏をしてくれた。彼との会話は彼をとても特徴づける。もし一九六六年に私がピエール・アモイヤルのような存在をハイフェッツに聞かせに行ったとしたならば、それは私が昔いたコンセルヴァトワールにとって、とてもいいお土産になったことだろう。なぜかといえば、ハイフェッツというこの精神の飛び地といつまでもいることは、同時に個の終わりを意味することになっていただろうから。ちがうだろうか？　出る必要があった。そこを出発点とする必要があった。

マルセル・セルダンが偉大なボクサーでヒーローだったということはよく知っている。でも一九四九年十月末の晩にアゾレス諸島で飛行機事故があったとき、私にとってはセルダンよりも五百五十人の乗客名簿のなかに火山でありヴァイオリンの戦士、ジネット・ヌヴーの名があったことが大きい。カール・フレッシュのところで彼女といっしょだった。フランス解放のとき彼女が初めてのリサイタルをロンドンで開いたとき、私は興奮して一週間、眠れなかった。

ジーノ・フランチェスカッティという南フランスの汚れのない太陽のことも語ろう。一九五六年、戦争だったにもかかわらず、彼はイスラエルに行った。イスラエル人はこのことを忘れない。現在、彼はマルセイユ近くの自宅で夫人といっしょに花を植えて過ごしている。一つひとつの音符、一つひとつのフレーズに彼が与え続けてきたのと同じ愛を、同じ気配りでもって花に与えている。

そうなのだ、出会いというのは花と蜂のようなものだ。花は消えるが、蜜は残る。食べられてしまうまで残る。

第19章 われわれはみな音楽家である

何で音楽祭などやるんだろう？　まず音楽祭《フェスティバル》という言葉が嫌いだ。アニメーションという言葉が嫌いなのと似ている。蘇生《レアニメ》させるという医学用語を思い出させる。死んでいるものを生き返らせる必要がある、と言ってるような気がする。フェスティバルというとその場かぎりのお祭りのようだが、音楽祭は長く続けることが大切だ。決して道楽でやったりしてはいけない。レヴィ゠ストロースは原始的と言われている文明の祭りや儀式の重要性をきちんと分析した。だから彼ら原始的な人たちをよく見て、そこから学ぼうではないか。野生に何かを学ぶのは恥ずかしいって？　おやおや。

でもまあ、音楽祭《フェスティバル》は使いやすいことばだからとりあえず使おうと思う。「正午の食事」なんて回りくどい言い方はだれもしないで、「昼ご飯」っていうものね。それと同じだ。フェスティバル……お好きなようにどうぞ。

音楽祭というやり方で行動を起こした音楽家は私が初めてではない。でも、だれでも受け入れるほかとちがったヴァンス音楽祭のようなイベントをつくったのは、フランスでは私が初めてだ。そしてたぶんヨーロッパでも初めてにちがいない。芸術家と観客がグループになり、一つになって創造するミラクルな夏がすでに五回行なわれた。われわれは普段町に住んでいる。私たちがいない町も、町がない私たちも、そんなものがこの世に存在できるとしたら、それは死だ。蘇生係《アニメーター》が必要になってくる。怖い話だ。さて、これは何を言いたいかというと、私は町を出会いの場にしたいのだ。

機が熟した。芸術家が自分の責任でダイレクトにやるのだ。私たちの時代芸術はとても個人から離れてしまった。だれが何をどうするのか、そんなことにまで頭を悩ませなければならなくなってきた。音楽をつくるのはマネージャーなのか、それとも芸術家なのか？　戦争するのは政治家なのか、それとも兵隊なのか？　前線で人を殺すのはだれなのか？　どれも同じ質問だ。実行するのはいつもわれわれだ。前線で人を殺すのも神を賛美するのもステージで演奏するのも、みんなわれわれだ。百年前や百五十年前ぐらいまでは芸術家がコンサートをつくり出していた。私たちの時代はすべてが細分化してしまった。あっちこっちに社会主義者がいるというわけだ。

だから私はやらなくちゃいけないと思い、こういうコンサートをやろうと決めた。つまり必要だったのだ。ほかの芸術家たちにとっても観客との出会いと交流の場を見つける必要があるのを私は感じていた。音楽祭がこういう形になるまで私を支えてくれた人たちは契約がどうのとゴタゴタ言う人たちではなかった。――レオ・フェレ、ジャン＝ピエール・ランパル、マリア・ジョアン・ピリス、ジョルジュ・シフラ、マルタ・アルゲリッチ、アレクサンドル・ラゴヤ……。

音楽家も詩人もコメディアンも、自分を表現する新しい可能性をこの音楽祭で見つけた。場所は最初はヴァンス。あとになってからマントンに移った。私はヴァンスの観客を観客＝芸術家と呼んでいる。ヴァンスの芸術家は芸術家＝観客だ。みんなが参加し、家族全員でやってくる。おばあちゃんも赤ちゃんもやってくる。こういうのが昔からのコンサートとして普通なんじゃないだろうか？

ベートーヴェンの夕べに八千五百人の人たちが音楽した。みんなしてベートーヴェンさんと顔を合わせた。

私がベートーヴェンを好きなのは彼の音楽が好きなだけではなくて、ベートーヴェンという人を愛するからだ。ベートーヴェンの夕べをヴァンスの峠やマントンでやろうとしたのは、今までどっかで聞いたことのある四重奏曲や交響曲を聞くためではない。まるまる一夜、ルートヴィヒ・ヴァン・ベートーヴェンと過ごす。それだけだ。ベートーヴェンと言っても、一人の人間だ。

とはいっても、このアドベンチャーをやろうと思った理由を私がすべて把握していたかというと、そうではない。前もってすべてを知っていることなんてできるわけない！

氷山の頭の部分を見て、全体の大きさを知る。

そうだな。とくに自分の頭を氷山にぶつけて痛い思いをしたら、とてもよく理解できる。だからこういう音楽祭をやろうというのは自分自身に対するお返し、今まであったいろんなことに対するリベンジなのかもしれない。私はいろんなことを知りたいのだ。

私にとって話すことイコール考えることだ。私は考え、希望を持つ。そしてどこかしっかりしたところに自分を位置づけようとする。自分がだれで、どこにいるのかを知るために私は自分の周りに何かをつくらなければいけない。なぜなら私という存在は言うなればどこにもいないからだ。目が覚めたとき自分がほんとうに生きてるかどうか確かめようとして、自分をつねってみる人と同じだ。私は自分をつねって刺激してくれるものをつくらなければならない。

音楽だけでは足りない。それに音楽って、いったい何だ？　私は観念的な人間ではなく創造する人、あるいは再創造する人、つまり芸術家で、芸術家にとって音楽は自己表現の手段だ。同時に自分をもう一度発見するための手段だ。さらに言えば、存在そのものを探る手段だ。でも音楽がそのためのたった一つの方法というわけではない。ベートーヴェンにとってもバッハにとってもそうだった。バッハには二十二人子供がいた。彼だって音楽ばっかりやっていたわけではない。みんなバッハを神聖化しようとするけれど、そうじゃないことを私はよく知っている。バッハは俗っぽくて、楽しいことが好きな人だ。

音楽は世界中のすべてのものと比べて最高というわけではない。最高という言葉では音楽のすべてを語ったことにならない。どんな言葉を使っても表現しきれない。少しのことしか知らないと、やることも狭くなる。プリズムの原理とこれは似ていて、入ってきた光は屈折によって広がっていく。のぞけば遠くが見え、別の風景を見ることもできるけれど、遠くへ行くこととはちがう。遠くなどというものは、ないのだ。地球はボールのように丸く、人はいつも同じ場所に戻ってくる。終わりもなければ、始まりもない。どこでも、というのがあるだけだ。それなのにわれわれは、これしかない、と思いたがる。バカバカしいかぎりだ。

音楽でもそうだ。解釈が一つしかない。これが決定版です。参照すべきエディションは一つだけ。

そんなことを言うけれど、何ともおかしな話だ。バッハやベートーヴェンのような豊かな大きさに対してはじつに失礼な話だ！

最近知ったのだが、私たちの脳のなかでは毎日二千もの細胞が死んでいるそうだ。私たち一人ひとりの生命体のなかでは毎日三万の細胞が死んでいると言った人もいる。そうなると死というのは細胞が一つもなくなってしまうことなんだろうか？　単純な人はこう言うかもしれない。

――いのちあるかぎり希望あり。

でも、それってどんな希望なんだろう？　それにどんないのちなんだろう？　音楽なしのいのちなんて意味があるのだろうか？　そうなのだ、私たちは音楽をするために生きなければならない。

美味しいものを食べる目的でレストランに行く人たちがいる。よい店に行くために彼らは何百キロも車を走らせたりする。ある日のことだった、私はとてもいいレストランに行った。不快ではない。かといって居心地がいいわけでもないレストランだった。周りに座っている人たちは確実にグルメが目的で来ていた。食事をする人たちを私は観察してしまった。そんなもの見なければよかった。崖の岩に一人座って食事をした方がきっともっと楽しかっただろう。うまく言えないけれど、ここはそんな感じだった。このレストランには知ってる人がずいぶんお客さんで来ていた。向こうがこっちを知っているという人もいた。そのほかの人たちは私を知らなかった。それはそれでどちらもめんどくさかった。このレストランは儀礼的な挨拶ばかりの社交の場だった。大多数の人たちにとってはこうしたものがまさにフェスティバル？　お祭りなんだろう。

私はヴァンス音楽祭をつくった。私自身が必要だったからそうしたのだ。ほかの人から孤立しているとき、何かをすることは私にとってむずかしい。孤立していることに私はあまり意味を感じない。これと逆に、主張したいことがあるとき、何かをするのはいい。自分にとって好きなこととか、それがあると何かができるようなものをするならいい。ある日のこと、私は山のなかで一人の老人に出会った。シュヴァイツァー博士をちょっと崩した感じの人だった。老人がこう言った。

――私は芸術家になりたかった。なれたかどうかわからないが、なりたかった。芸術家が好きなんだ。

まったくそのとおりだ。私がこういうことを始めようと思ったのは芸術が好きだからだ。それとも私はインプレサリオになるべきだったのだろうか？　興行主なら何人も知っている。興行主のことをインプレサリオと言うけれど、きれいな言葉だと思う。かつては芸術家といっしょに何かをする人のことをインプレサリオと言った。たとえば、ディアギレフがそうだ。今ではもうインプレサリオはいなくなってしまい、みんなエージェントになってしまった！　契約書にはこんなことが書いてある。

「エージェントとして責任を負うことなく、正しくかつシンプルに活動する」

何しろ彼らは責任を取らない。しかし芸術家は何でエージェントに管理されるままにしておくのだろう？　芸術家と観客が心の底から出会えば必ず何かが起こり、エージェントは本来あるべき姿に戻り、幸せになり、インプレサリオとして返り咲く。責任感があり、考えが深く、芸術家でもあるインプレサリオと働くのは、まだへその緒が切れていない中途半端なエージェントと付き合うよりよっぽどありがたい。

ヴァンスの音楽祭を私はインプレサリオの仕事と思ったわけでもなく、会場を予約したり、芸術家のアポをとったり、ポスターを印刷したりすることだとも思っていなかった。こういう仕事は私の考えているものとはまったく別物で、言ってみれば宇宙の構成要素みたいなものだ。十万を超える観客を動員しようと思っていた。この規模で観客を集めようと思ったら、もちろん財政面や設備面のことも同時に考えなくてはならない。参加をオッケーしてくれた芸術家がある程度のギャラを要求するのも当然だ。

——彼らも契約書をほしがってるんですが……。

そう言ってきた地方の偉い人もいた。たしかに芸術家は芸術家で食べなければいけない！

私にとって芸術家というのは暗闇のなかで目隠しをして綱渡りする人だ。しかも王様のように堂々として決して落ちることがない。マリア・カラスはそんな人だった。一つでも音を外したりミスなどできない世界に生きている。批評家は来て、批評する。でも、いったいだれが批評などできる？　唯一の完全なものは死しかない。死は、いのちが目標として目指すものではない。

完璧であることについてよく話題になる。いったいどんな完璧さのことを言ってるんだろう？私はいろんなヴァイオリニストのいわゆる完全であることより、クライスラーのまちがった音の方が好きだ。決定版というディスクや楽譜があるけれど、私にはそんなものは恐ろしいだけだ。よいと思ってやってるのだろうが、演奏者が作品を明らかに壊してしまっている。現代の指揮者の完璧なレコーディングとトスカニーニの不完全な演奏だとしたら、私はトスカニーニの方が好きだ。な

ぜならトスカニーニは人間だから。ムッソリーニに、

――くそったれッ！

と言った人だから。

私たちが今住んでいるのはノーマンズランド、無人の土地だ。友だちも敵もいない。砂漠だ！ここは砂漠なんだ！

どんな奇跡のようなことでも必ず実現できると私に信じさせてくれるのは、私のなかのユダヤ＝メシア的な考えゆえだと思う。たとえば、ある批評が個人的思いにとらわれているとき、私はその批評家をそこ（監獄）から救い出すことができる。そういうことを私はヴァンスでやってみた。檻のなかに閉じ込められた人を救い出す力がだれにでも備わっていると思う。最後の時まで私はそう信じ続ける。毎日だれかとぶつかり、だれかを敵に回すことがあっても、私は自分たちの固定観念のなかで生ぬるく生きている人たちをやめさせようとする。同時に自分自身の固定観念とも戦う。

ソール・ベローがユダヤ人の歴史について書いた本のなかで、こんなことを語っている。三人のユダヤ人がそれぞれ自分の尊敬するラビを自慢する話だ。

――私のラビはすごいんだ。神を恐れるあまり夜、ベッドの上の方に神を置くとき、それが落ちないようにとひどく震える。

――それはすごい。

――私のラビはすごいんだ。神が彼を恐れる。

――何というラビ！

——私のラビはすごいんだ。神を恐れて震える段階は過ぎ、賢さが増して神が彼を恐れるようになった。ある日、神の方に向き直って、彼は言った。「ずっとこんなことしてていいんでしょうか？」

どの世代も感情というものが耐えられず感情と距離を置きたいと思って逃げていたのだが、これはたぶんもう終わりだろう。もう一度やり直すことになる。ヴァンス音楽祭はその一つの証明だ。感情を受け入れ、直接つながる。

自分が選んだ作品を練習するために部屋にこもる。作品は自分ではないだれかほかの人のものなので、粗末に扱ってはいけない。コンサートを目標にしてその期間を生きるだけでは私にとって動機として十分ではない。ほかの動機が必要だ。たとえば、お金を得るとかいうのは多くのアーティストが考えることだ。それはとてもその通りで、お金というのは大事なモチベーションの一つだ。お金は何かをもたらしてくれる。でも残念ながら私にとってはそうしたモチベーションはもうまったくない。これだけでは十分とは言えない。ほかのものが必要だ。

私が音楽をやるのは、だれかと素敵な時間をいっしょに過ごすためだ。観客といっしょに過ごす。作曲家とも過ごす。作曲家をあとから付け加えたのは、私がいなくても作曲家は存在するからだ。作曲家の代わりになって語るというタイプの音楽家もいる。でもバッハをこのやり方で演奏しなければいけないとか、ベートーヴェンはこんなふうにやれとか、だれも私にそんなことを言わない。そんなこと言ったらバッハやベートーヴェンに失礼というものだ。私とかほかの音楽家がいず、解釈者もいなければ、作曲家たちは印刷されたただの紙切れにすぎない。曲にいのちを吹き込むのはわれわれだ。

これと同じことだが、私の手について「神聖」だとか、楽器が高価なストラディヴァリウスだとか、楽器に注意を払わなければいけないとか、そんなこと言いはじめたらどうやって演奏ができると言うんだろう？　ある日、ヴァンスでのリハーサルのとき、私のヴァイオリンにアクシデントが起こった。鳩のフンが落ちてきたのだ。驚いてしまった。

音楽祭では裸でステージに上がる勇気が必要だ。あなたのあるがままを見せるのだ。

戦争は大きな中断だ。私たちを麻酔にかけて動かなくさせる。今の情報メディアの発達によって私たちは強制収容所の死体に自分たちの顔を向けることができるようになった。死体はこんなことをぼやいているにちがいない。

――きみは好きなことをやればいい。でも触れないでほしい、私に。これ以上ほっといてほしいんだ。

現実から顔を背けさせるにはレコードが役に立つ。レコードが完璧につくられているとコンサートに来る前にそれを聞いた人は耳がそれに慣れてしまい、こんなことを言う。

――レコードと演奏がちがう。

ちがってあたりまえだ。神よ、ご慈悲を！

私はある意味で感情を動かしやすい人間だ。なぜなら私の動機は感情だからだ。演奏しようとするとき、私は雷のようにパッとその作品が光るように感じる。パッと光るものは愛でも音楽でも人生のなかで大事なものだ。愛していないものをどうやって演奏したらいい。少しも魅力を感じない人をどう愛したらいい？

二十年前にメニューインがバルトークの《無伴奏ヴァイオリンのためのソナタ》を演奏するのを聴いたとき、心に直接衝撃が伝わってきた。その衝撃を三週間持ち続けてロンドンのステージで弾いた。その曲をしっかり生き、練習したので、自分の一部になってしまった。だからもう一度演奏するときでもリサイタルの前に数時間、さらうだけで足りる。

感覚的に嫌いなものは演奏できない。そういうときは自分のなかに愛をつくり上げるしかない。フィリップス・レコードがある日、サン゠サーンスの作品でレコードをつくらないかと持ちかけてきた。一度もレコーディングされたことがないヴァイオリン協奏曲第二番だ。楽譜を見て、ぼーっと目がかすんできた。ダメだ、こんなの演奏できない！　フィリップスと妥協してサン゠サーンスのなかでも好きなものをいくつか演奏し、最後にこの協奏曲を持ってきた。練習の終わりになってやっとこの作品が何の興味も感じさせないことがわかった。

自分から好きになる場合もあれば、努力して愛を手にすることもある。今使っているヴァイオリンにはひらめきではなく、困難な愛の物語があった。困難の結果、今はそのヴァイオリンを愛している。かなり苦労した。一番私に合ってるヴァイオリンとは言えない。いっしょにずいぶん戦ってきたけれど、ヴァイオリンともずいぶん戦った。

人から聞いた話だけど、パブロ・カザルスにこんなエピソードがあるという。ある日、カザルスはチェロの弦を一本切ってしまった。けれども、切れた弦を取り替える代わりにカザルスは小さな結び目をつくって弦を結んだ。そのときだれかがこう言った。

――何で結ぶんだパブロ？　そっちの方がむずかしいだろう。

――たしかにちょっとむずかしい。

時としてこんな小さなことが小さな何かを付け加えてくれることがある。

私がヴァイオリンとオーケストラのためのベートーヴェンの交響曲の海へと初めて航海に出たのはエネスコとフレッシュという二人を船長にしてだった。その後、長いこと演奏しなかったが、曲は好きだった。でも、この溢れるばかりの私の愛を曲にうまく伝えることができないんじゃないかとも思っている。

ヴァイオリン演奏については、固定観念とか伝統的解釈などというものがあまりに多くありすぎる。ベートーヴェン自身さえきっと知らなかったにちがいない事実（？）をあなた以上によく知っている音楽学者という人たちもたくさんいる。その結果、そうしたことすべてを勉強する勇気が私にはなくなってしまう。深く見る勇気と言ったらいいのだろうか、自分のなかのものと作品のなかのものの両方に光を探す気がなくなってしまう。そしてある日、すべてに対して、

――くそったれ！

と叫ぶ。そして、いいか悪いかはわからないが、それを演奏する。

ベートーヴェンが手書きで書いた最初の楽譜を見たことがある。そこには作品の本質的な爆発の元となる思いが表われていた。

バッハやベートーヴェンの手書きの楽譜のコピーを見ると、すべてがそこにある。デッサンさえ

も参考になる。そしてそれまで見たことも聞いたこともないつもりで勉強を始める。あるがままにゼロの状態から始める。

そうすると伝統的解釈っていうのはどこから来るんだろう？　たいていは初めて演奏した人からそれは始まっている。その人が演奏できる範囲内でなされた妥協というものがある。たとえばこのベートーヴェンのヴァイオリンのための協奏曲は作曲されたときにはほとんど初見で演奏されている。ためらいのあるあぶなっかしい箇所もある、だんだんゆるやかになったり、次第に早くなったり……。とても扱いにくい子どものようで、難産をした結果だと思う。作曲者自身はきっと自分の作品の演奏を聴いてとても幸せなのだ。感動してしまう。「ありがとう、感謝です」このようなつもりで楽譜を眺めたとき、習慣的にできあがってしまった伝統というのが伝わってくる。

スペインでのこと、リサイタルが終わってすぐ、偉大なるジャック・ティボーは一人の男の人から声をかけられた。その人はちょっと見たところ、うぬぼれが強く、激しやすいタイプの人だった。

――マエストロ。何という響き、何という芸術。ブラボー、ブラボー。でも一つだけ教えてください。何で《クロイツェル・ソナタ》を弾くのに二十七分以内だったのでしょう。あなたは二十七分半か二十八分で演奏できるはずなのに。二十七分以内なんて今まで一度もなかった。

さすがティボーは愛想のいい立派な紳士だ。

――そのご指摘、とても興味深いです。どうぞお座りになってください。

――あなたは素晴らしい偉大な芸術家です。でもなんでどうして……？

プライドを満足させられた男の人は続けた。

――いや、どうもありがとうございます。ところで、どうか教えていただきたいのですが、あなたにそう言ったのはベートーヴェンその人ですか?

――マエストロ、そんなおふざけになっちゃいけません。

――お出口は右です。

マエストロは立ち上がってドアを指差した。

ベートーヴェンが死んでしまったからといって、彼の代わりに決めつけをする権利などだれにもないはずだ。必要なのは音楽への愛だけだ。彼の音楽を愛すれば、ベートーヴェンは死んではいない。そしてどうやって愛すべきかは、だれもだれにも言えないはずだ。


普通、リサイタルは時間を超過しないようにとか、観客は多ければ多いほどいいとか言われるけれど、いったいだれがそんなことを言うんだろう? そんなこと言うのはたぶん音楽の商売人だ。私には信じがたい。ピアニストと共演するリサイタルやコンサートが私は好きだ。いっしょにリハーサルしていて悪くないし、お互いにほんとうの意味で、出会いの時間が持てる。そういう人といっしょに演奏するのが私は好きだ。十年間、私はジョルジュ・プルーデルマッハーと共演してきた。リハーサルなど私たちには必要ないくらいだった。

二重奏だったらベートーヴェンかブラームスのソナタを演奏する方がクライスラーの小品を演奏するよりも簡単だ。曲のつくり方がはっきりしていて、あなたを決まった流れに導き、道を見せてくれる。けれどもヴィルトゥオーゾの作品やサロン向けの作品では溢れるファンタジーについていきながら、いっしょに流れる覚悟をしなくてはならない。私たちの時代ではほとんどなくなってしまったのがこうした技術だ。

　私はヴィルトゥオーゾの作品をとても愛している。現代ではそういう作品があまり重く見られていないのが残念だ。こうした作品は音楽生活のなかに楽器がきちんとした位置を持っていた時代に書かれた。なんで今、軽蔑されているのか私にはわからない。

　ウィーンやブダペストに昔あったような、素敵な小さなオーケストラを聴きにカフェに行くのが私は好きだ。こうしたカフェでカザルスやピアティゴルスキーのような人たちが演奏していたことを忘れてはいけない。カラヤンはオペレッタをやる劇場のオーケストラボックスで人生の二十年を過ごしている。

　若くて才能ある指揮者とこんな体験をしたことがある。彼はたくさん現代音楽の指揮をしている人だ。ある日、私がブラームスのヴァイオリンとチェロのための協奏曲イ短調をチェロと共演したときの指揮者が彼だった。三、四週間のあいだに彼はブラームスのこの協奏曲と、その日のプログラムにある交響曲と序曲、それからアンコール曲を準備してきた。どの曲もきちんとしっかりよく理解していた。すべて暗譜していたが、音楽そのものについては何も考えを持っていなかった。ブラームスのような人はしばらくのあいだいっしょに生活しなければならない。学ぶだけでは不十分だ。

　ベルクの協奏曲を私は二週間で習得した。嘘ではない。これが私の初めてのレコードだった。コンサートの日が来るまで長いことずっと作品と向き合い、病気にかかっているのでないかぎり、プログラムに予定されている作品を長いあいださらい続けるということはよくあることだ。

一九五四年に二週間にわたってこの協奏曲と私はいっしょに生きた。レストランにもメトロにもベッドにも持っていった。いっしょにいる人にもよく話したし、ヴァイオリンで練習もした。朝六時からヨガをするときもいっしょだった。少ししか眠らず私はこの協奏曲と共に生きた。いっしょに泣き、笑い。おしっこに行き、愛を語り合った。あまりにいっしょにいたので、ついに私の存在の一部になった。そうは言っても操縦をするのは結局、私だった。

あまりお金がかかっていないレコーディングだった。経済的な理由からオーケストラの指揮者はベルクの協奏曲を何も知らない人だった。レコードを聴くと、だれか私の体を使って操ってる人がいて、その人の動きを私がなぞっていることに気づくだろう。どこかドタバタしているように聞こえると思う。

私の勉強の仕方は全身全霊で吸収する。しかもこれを短い時間で行なう。本質が現われてくる瞬間に自分を重ね合わせるというやり方をする。これはまるで鏡に向かい合うのと同じだ。自分を恐れさせる自分を、私は呼び寄せようとしている。

オーケストラの指揮者は三十歳だった。三十歳って言ったら、まだ子供じゃないか。ヴァイオリニストやピアニストだったら、長いあいだの練習を経てきているのでもう年取っていると言われる年齢だが。レベルの高い演奏者になるには早い年齢で始めなければならない。

トスカニーニはお手本を見せるためにオーケストラのどのパートのだれとも代わって演奏してみせた。チェリストのトスカニーニもいたわけだ。何を弾いてもトスカニーニ。

それでこのレコーディングの話に戻るが、この指揮者を私は家に呼んで、テンポが遅すぎることを理解させるため、ほかの人の録音を何枚か聞かせた。そうすると彼はまったく視点を変えた。それまではこの作品に対するしっかりした考えがまったくなかったし、ソリストに合わせることもなかった。こういうことには時間が必要なのだ。

ハイファからテルアビブに通じる道を三十キロほど行った道沿いにカルメル山があり、そのふもと近くに人類の最も古い時代の証人、先史時代のカルメル原人が見られる場所がある。何千年もの歳月によってつくられた岩石のなかに、太陽や干ばつや雨を受けてじっといる。私はいつでもこの岩が好きだ。

人生には時間が必要だ。時々人は自分を集中させる。レンズを通ってフォーカスを結ぶ光のように集中する。それが芸術家なのだ。何千年も生きるわけではなく、せいぜい三十年四十年六十年がいいところだ。そして生きているあいだに、われわれは虫眼鏡になる。虫眼鏡によって熱が集中し、作品をつくらせる。

でも、今の時代、音楽家にとって、とっても大事な仕事がある。アメリカにはたくさんのオーケストラがある。オランダには二十ほどある。フランスは少し悲しい数字になる。まだ数が少ない。オーケストラの指揮者をつくる工場というビジネスも確かにある。形はいろいろある。歌手の製造工場もある。歌手はひょっとしたらヒット曲を歌うかもしれないが、レコード一枚つくっておしまいかもしれない。このやり方でつくられた少年少女たちを私は知っている。彼らは一音一音、そばにつききっきりで教えられる。こうして生まれた悲劇がいくつもある。クラシック音楽の芸術家を製造することはたしかにできる。でも、このやり方でやるものではない。楽器を演奏できるようになるには数年かかる。最低、音符を読めなければならないし。

ヴァンス音楽祭に関してこう言われたことがある。

——あなたは新しいものをつくったんですね。

そんなことは全然ない。かつてやっていたけれど、少し忘れられてしまったことをもう一度やっただけだ。つまり過去といっしょに生きてみた《アンサンブルした》だけだ。いっしょに生きるというのを集団のなかで親密さをつくることと私は呼んでいる。いつも成功するとはかぎらないし、簡単ではない。でも、同時に考え方がしっかりしていれば、とても簡単にできる。ただむずかしい問題に直面したときは逃げてはいけない。

作品を演奏するときは百五十回、それまでに弾いていようといつも初見演奏をするつもりでやらなければいけない。バルトークの協奏曲を毎回、同じやり方であなたが演奏するとしよう。ひとりでに動く機械になったとしたら、いったいあなたは何をする人ですか？　何もしないし、だれも聞かない。そしてみんなは満足する。なぜなら、それはみんなが、みんな安心するやり方だからだ。期待していたものが与えられればいい。それ以上でもそれ以下でもない。客席にはお金が払われている。芸術家はたいして苦しさを感じないし、だれにも不都合がない。これがほとんどのコンサートで起こることだ。

十九世紀の銅版画、たとえばドーミエなどが描いた劇場の観客の絵を見ればよくわかる。ポカンとした顔をしている。こちらまでポカンとしてしまいそうだ。口もポカンとしている。西部劇を見ている子供みたいだ。シェイクスピアのグローブ座の観客なのかもしれない。周り全部がギャラリーで、観客がステージというのがほんとうに参加しているということだ。

もう何年も前のことだが、パリのレ・アルで上演したアリオストの『狂えるオルランド』を芝居にしたもののなかで実際に観客が危険にさらされたことがある。あわてて後ろに下がらなければ観客が馬車に轢かれてしまうところだった。これこそお芝居でなくてなんだろう！　昔はこんなふうにして見世物興行が行なわれていたにちがいない。エルサレムでは、宗教音楽を演奏するのにギリシア神殿が使われていた。家の客間より少し大きめのプチホールでパガニーニやリストやショパンが演奏されるとき、演奏家と観客とのあいだにどんな仕切りがつけられるというのだ？

第一回目のヴァンス音楽祭でいったい何が証明できたのだろう？　簡単に言うと何かをしたいと思ったら、数週間でやることができるということを証明した。そしてもう一つ、私と同じことを感じ、同じ要求を持っている人たちがいるということもわかった。実現させるにはきっかけが一つありさえすれば十分だ。なぜ、こういうのをやろうと思う人たちがたくさんいないのだろう？　成功によってもみくちゃにされ、みんながあなたに言う。

——続けなければいけませんね。

そして、これが習慣的になり、あたりまえのことになるまで続ける。なぜなら、愛は習慣的でなければならないから。気が向いたときに火がつく、人工的な炎であってはいけないのだ。

ヴァンスでの出会いはみなどれも愛の行為だった。私はたくさんの愛を与え、たくさん受け取った。もっともっと愛は必要だろうか？

みんながみんなこの大事なものをしっかり思うことが大切だ。自分のなかに持っているはずなのに、持っていることに確信が持てない。せっかく価値あるものなのに。

みんなが私に友情を感じ、友情を保証してくれたりすると私はびっくりしてしまう。マクシム・ゴーリキーの言葉にこんなのがある。

――だれかに意地悪をされたら、私は反応しないことにしている。でも、だれかが手を差し伸べてくれたら涙を浮かべて、それを握り返す。

私はよく自分に言い聞かせる。

――私は何でこういうことをやったんだろう？　何もしていないのだろうか？　多分そうなのだ。愛のやり取りでわれわれはいったい何をしたんだろう？

自分のなかに自分しか持っていないものがあり、それは同時にだれもが持っているもので、そこに鎖の輪の繋がりのようなものがあることを私ははっきりと気づいている。そのことを考えると誕生日にいつも感じるアンビバレントな気持ちを思い出す。

あなたが自分の誕生日を祝わないとしたら、それは自分を愛していないからだろうか？　それでは逆に祝うときには自分を愛しているということになるんだろうか？

私は与えなければいけない。与える元はどこから来ているのだろう？　私の子供時代からだろうか？　あるいは、生まれる前からだろうか？　わからない。たぶんユダヤ人虐殺のとき、母がカーメネツ＝ポドーリスキイで窓から飛び出して逃げなければならなかったその日からだろうか？　窓から逃げなかった人たちがみんな死んだその日からだろうか？　そのときコサック兵はトルコ橋にさしかかり、母は彼らが歌う歌を聞いた。

——死ぬことなんて何ともない。

そう母につぶやかせたほど、その歌は見事で美しかった。

ヴァンスで私を最も驚かせたのは、たくさんのことができるということだった。

——イヴリー、なんだよ、できるじゃないか！

——男も女も子供もみんなできるじゃないか！

——何でもできるじゃないか。

——差別なんかなく、だれとでも出会うことができる。

「小さな愛と友情……僕は歌いたい」

と歌ったのはジルベール・ベコーだった。愛と友情に付け加えるものがあるとしたら、ほんの少しの現実的想像力。

愛なしで、何ができる？

ナチは医療施設をつくり、性交によって純粋アーリア人を増やそうとした。第三帝国の栄光に向けて強制された性的労働で生まれたほとんどの子供は、白痴で無気力で不幸な人間だということが後に明らかになった。

小さくてもいい、やっぱり少しの愛が必要なのだ。ほんとうにちょっとだけ何かが必要なのだ。

できるならば、私は世界中に音楽祭の輪を広げたい。それが可能な状況をつくり、魂の状態もつくり、一度始めたら戻らない。参加する観客も芸術家も似た者同士である必要はなく、バラバラでいい。講義をしていたザルツブルクで私は生徒たちに言ったことがある。

――われわれに与えられているのは三週間だ。三週間で奇跡は起こらない。奇跡のために必要な時間は、ある時は一瞬。でも、時にはとても長い。この三週間の始まりの今日、きみたちも私も決して似た者ではない。一人ひとりがみなユニークだ。

私がした音楽祭も、状況を変えて行くことも、だれにでもできる。でも、それを心から望むことが大事で、全身全霊、それを生きることが必要だ。

個人主義者だと叩かれることが私は多い。ジプシーと言われたこともある。何を自分たちが言ってるのか、その人たちはほんとうにわかっているのだろうか？　かつてジプシーと呼ばれていたロマは世界中のどのヴァイオリニストより本物の人たちだ。彼らは手に楽器を持って生まれてくると言われている。

――ほんとうにありがとうございます。お褒めの言葉うれしゅうございます。

やりたいこともできることも四分の一もやっていない。ほかの人がやる以上のこと、できる以上のことをやりたい。

私は自分の年齢よりも若く自分のことを感じている。そのせいか自分の年齢を自覚するのに苦労する。ヴァイオリンを見事に演奏するには練習をするだけでは不十分だ。神は私にいくつかの才能を与えてくださった。同時にそれは問題も含んでいる。簡単にできることには問題がつきまとうものだ。簡単にできるからといってアテにしすぎてはいけない。これは心構えの問題であると同時に何よりも大切なことだ。私は手の状態を読むことができ、自分がどんな精神状態にあるのかすぐにわかる。戦いたい気分のときヴァイオリンの稽古をすると、いい結果になる。いい結果といっても十時間も練習するわけではない。私はヴァイオリン練習で十時間も閉じこもりっきりになれるような人間ではない。そんなことは意味がない。クリアな一時間の練習は、同じ部分を何回も何回も繰り返す朦朧とした十時間よりずっと価値がある。

よく知られているヴァルター・ギーゼキングの話をしよう。ギーゼキングはピアノの練習をしなかった。楽譜を読んで頭のなかに吸収した。これがパガニーニなると、考えながら身振り手振りを加えてヴァイオリンの練習をしたと言われている。ほんとうかどうか私にはわからないけれど、あり得ることだとは思う。両手っていったい何なんだろう？　精神を操縦するハンドルか何かだろうか？　精神・魂・感情といったもののハンドルだろうか？

ヴァンス音楽祭が成功し、それについての人々の評価がはっきりしてきたころから、音楽学者だとか音楽批評家などがまるで虫のようにたくさん現われてきた。この時から私は何もできなくなってしまった！　みなさんがご自分の意見をどんどん言ってくださる。自分たちを疑うことなどしない。たくさんの意見が出てきた。

ザルツブルクでカラヤンが独裁者になったのは正しいと思う。どんな素晴らしいオーケストラにも指揮者は必要だ。私は民主的であることを望み、どの人も自己表現ができるのがいいと思っている。けれども時には止まらない下痢は強い薬を使って止める必要もある。

ある日、ガラスのテーブルを囲んで地方の名士たちといっしょだったとき、私はこう言った。

――ヌレエフを見に行く。

音楽祭にヌレエフを呼ぼうと思ったのだ。

――何ですか、それ？

――ダンサーじゃないの？

ものを知らない人たちに私は何も望まない。不幸なことだが、無知とうぬぼれは必ずいつも双子の兄弟だ。図々しさと見栄がいっしょになってどんどん膨れ上がり、それを二つの車輪にして向かってくる戦車と戦ったとして、いったいどんなメリットがこっちにあるというのだろう？

ジェシー・ノーマンやストコフスキーのような芸術家が一九七七年のヴァンス音楽祭に来る準備ができていた。世界中がものすごくお金をかけて引っ張りだこにしている人たちだが、ほぼノーギャラで音楽祭を救うために来てくれるという。カラヤンやバーンスタインなどの指揮者と共演するソリストたちも来る。それにニューヨーク・フィルやベルリン・フィルのような最高のオーケストラも来る。これはストコフスキー伝説の最後のステージになるかもしれない。

夜、ヴァンス峠近くのサン・バルナベに向かって、たくさんの車が山を登ってくる。幻想的な光景だった。でも登ってくるだれもまだ思ってもみなかったことだが、私は観客やアーティストから舞台裏で起こっているすべてのことを覆い隠すパーティションでなければいけなかった。私と何人かの友だちがその役目をしていた。

ルーマニア放送オーケストラの一一〇人の音楽家たちがその日到着し、部屋も楽器の運搬もすべて準備は整っていると私は思っていたのだが、雨が降り始め、やがて洪水になった。指揮者イオシフ・コンタの揺らぐことのない友情と楽団員たちのやさしさがありがたかった。音楽祭が終わったらすぐブカレストへ戻らなければならない。それはしょうがないことだったが、素晴らしいコンサートを六公演もしてくれた。そのなかの一つは、雨のなかの市庁舎広場で傘を差しながらだった。しかも予定していなかった結婚式の鐘の響きわたるなかで演奏してくれた。彼らのことをどうして忘れることなどできるだろう！

マルタ・アルゲリッチは最高に美しく、最高にファンタスティックで風変わり《ファンタスク》なピアニストだ。ヴァンス峠で朝一時、夢と音楽が彼女の肉体に降りてきた。芸術家＝観客のなかには分厚い大きめのセーターを着ている者もいたし、寝袋持参で来たのもいる。子供たちは母親やおばあちゃんに抱かれて寝ている。彼らはアマデウス四重奏団の演奏するベートーヴェンを聴き、ベルネード四重奏団が演じるドビュッシーを鑑賞した。

なんでこうしたことすべてが終わってしまったのだろう？

約束は交わされていたはずなのに、すべてにストップがかかった。お互いの了解がなければ、音楽祭に関するどんな決定もできない。これはあたりまえのことだ。それなのに私に前もって何も言わず、コンクリートで周りを囲まれた駐車場に市役所がコンサートを勝手に移動してしまった。風景がすばらしいこの場所で、なんでわざわざ駐車場なんだろう？　土地の有効利用でもしたいというのだろうか？　その結果、観客は駐車場にはだれも行かず、峠のコンサートにみんな行き、一晩で九千人が集まった！

翌年の一九七七年七月はキャロライン・カールソン、ジェシー・ノーマン、ストコフスキーのような芸術家やそのほかの人たちが参加し、通常の日程に戻った。そして人々の心のなかに巣を張るライバル意識から市当局は音楽祭を一年間延期する決定をした。でも……、でも……、この子たちに一年間ずっと息をしないでいろなんて、とても言うことはできない。最後の瞬間まで私は努力した。友だち何人かといっしょにできるだけ妥協してもみた。でも、新任議員の一人か二人が強く主張して、彼らが勝ってしまった。毎年この音楽祭に参加している三千人から四千人の幅広い年齢層の子供たちの喜びより議員の意見の方が大切だったのだ。

私は初めて長い夏のバカンスに入った。でも、会場の機械系統もスタンバイできていたし、芸術家たちもその場に来ているというのに、どうして止めることなどできる。

ある人の不幸は別の人の幸せになる。運命の決定から数日後、マントンの町から市長自ら訪ねてくれ、マントンの小さな楽園にわれわれを受け入れることを提案してくれた。そしてたった数日のあいだでとても真似できないほどの素晴らしいポスターがマントンからサントロペまで貼られた。それはジャン＝ミッシェル・フォロンがわれわれにお祝いとしてくれたヴァイオリンを頭みたいにデザインしたものだった。そして小型プロペラ機にバナーをつけて新ギトリス音楽祭を宣伝してくれた。やったーッ！　意志と必要があれば、長い準備期間がなくても、人はことを成すことができる。

私はユニークな子供だった。子供はみんなユニークだ。

私は歳をとってから初めて子供を持つことができた。それまではずっと他人の子供が私の子供だった。

だから私は一九七七年、ブール＝カン＝ブレスに子供の音楽祭を創設した。夢のようなブル修道院。そこに五日間、五千人の子供たちを招待するのだ。同じようにダクス近くの古い僧院でも行なわれた。このジャンルで、しかもこの規模でフランスで開かれたのはこれが初めてだと言われた。そして、たぶんヨーロッパでも初めてのことだった。とてもよかった。それではこれで終わりにしてはいけない！　夏のイベントで終わらせないためにシャンゼリゼ劇場でもこれにリンクしたイベントが催された。クラウディオ・シモーネ率いるイ・ソリスティ・ヴェネティ、それともちろんレオ・フェレ。レオはイ・ソリスティ・ヴェネティといっしょに歌ってくれた。

ほかにもいろんな人たちが加わり、延々と六時間にわたってコンサートは行なわれた。これが二晩にわたって続いた。夜中になったので、私は観客に言わなくてはならなかった。

――このままだと午前零時を過ぎてしまうので、約束の借り賃の倍支払うことになってしまうのだが、現状ではそれができない。観客＝芸術家の方々には必要な金額を負担してもらいたい。

そうは言ったものの、その必要がないことがわかった。なぜなら劇場の技術者も案内嬢もそのほかの人々もこうしたすべてをとても愛してくれたので、そのまま残ってくれたのだ。とてもうれしかった。そしてソワレは朝の二時ごろ終わった。私たち演奏家が立っていられないほど疲れてしまうまでだった。

マントンの私の音楽祭は一九七九年七月、オリーブ公園で第三回を祝ったばかりだ。いつものようにアンドレ・ボロスの好意的なバックアップがあったおかげだ。

このマントンでの音楽祭では思ってもみないことが起こった。そのおかげで翌年も来年もまた始める勇気を私は与えられた。

一九七七年の私の音楽祭の最後を飾ったスヴャトスラフ・リヒテルがこの年もラストコンサートに参加を約束してくれた。しかし健康上の理由でギリギリになってすべての予定をキャンセルせざるを得なくなってしまった。だからその晩、ピアンで予定されていたピアノリサイタルも土壇場でキャンセルせざるを得なかった。

マリア・セレナの別荘で何人かの友だちと私がいたときのこと、ダニエル・ワイエンベルクが知らせにやってきた。

——オリーブ公園の劇場でたくさんの観客が待っている！

キャンセルの連絡がきちんと伝わっていなかったのだ。友人たちとダニエルと私はすぐピアンに向かった。たしかにそこには何百人もの観客が辛抱強く待っていた。マイクも音響も照明もない。だれかが懐中電灯を貸してくれた。若い女性が一人、われわれがピアノの近くで位置につけるように二本のろうそくを探しに行ってくれた。熱気がムンムンとしていた。ダラスの若いアメリカ黒人カール・ブレイク。素晴らしいミュージシャンのカールが観客として来ていた。ピアノはカール、ダニエルがキーボード、私は自分のヴァイオリン……。ピアンで輝いた星のようなきらめきの夜。ドビュッシー、クライスラー……。この日、一九七九年七月三十日、観客と演奏家がほんとうに出会った。何も決して終わらない。われわれがそこにいなくなっても、ほかの人たちがいる。私はそう期待している。

エピローグ

で、今はどうなっているだろう？

　人生のいろいろな部分で、これまで歩いて来た道の一つひとつは必ずいつかは終わる。過ぎ去ったものに対する乾きの気持ちもある。あなたを苦しめた道は振り返って見ないでいい。今はもう死んでいるがある時期生きられたもの、あなただけが知っている心のなかの美術館で、それらはいつまでも生きている。一九四〇年五月。一九四五年五月。一九五八年五月。一九六八年五月。二十八年間にわたる昏睡状態。酸素吸入や刺激性のガスで正気を取り戻させられた昏睡。オルリー空港からパリへと高速運転してるとき、こういう考えが私のなかに浮かんで住みついた。イスラエルフィルとの演奏会の帰りだった。いつも自分との戦いだ。周りとの戦いだ。その日は寒かった。人々の顔はグレーだった。ラジオはいつもと同じようにお遊びやご質問コーナーの繰り返しだ。私は自分に問いかける。

　――ずっと先の未来でもいい、すぐ目の前の未来でもいい、ここにいても、別の土地にいても構わない。お前は、この私は、何をしようとしているのだ？

こうした疑問が私のなかに浮かんでくるのはこれがはじめてでもないし、最後でもない。私を苦しめ、目を開いたままで悪夢を見させる。

私はヴァイオリンを弾く。何で弾くのだ？　それが仕事だからだろうか？　ほかのもっと快適なことだってできるはずだ。今より要求が少ない仕事だってできるはずだ。私の人生、そして二十世紀という終わろうとしている老成した一つの時代。二十世紀の最後の段階でもっとゆとりのある時間を残しておいてもいいと思う。二十世紀はシェーンベルク、ストラヴィンスキー、シベリウス、ラフマニノフ、ラヴェル、ドビュッシーで始まった。指揮者で言えばトスカニーニ、ブルーノ・ワルター。演奏家でいえばイザーイ、ハイフェッツ、フーベルマン、シュナーベル、ギーゼキング、ホロヴィッツ、カザルス、クライスラー、ティボー、カルーソとシャリアピン、フォイアマン、ルビルシュタイン、そして、だれで終わるだろう？

あなた方は、救いがたいノスタルジーという病気にかかったやつだと私のことを思うかもしれない。部分的にしか知らない時代を懐かしんでいる私は、たしかにそうにちがいない。さらにこう言うかもしれない。

——この時代は同時にヒトラーやスターリン、フランコやムッソリーニのような人たちを生み落とした。同時にまたレジスタンスやチトー大統領、チャーチルやド・ゴールを生み出した。

で、われわれは何だ？　優柔不断に反応する勇気のない大衆による小さなヒトラー、小さなスターリン、そんなものにすぎない。もっとちっぽけな、ビフテキと数リットルのガソリンの値段だけを計算する現代人だ。

テレビの前でステーキとフライドポテトを食べる。それからカマンベールチーズを口に運んでカンボジアかどこかの、死んでいこうとしている子供たちの出す音・声・叫びをテレビを通して聞いている。こうした状況はベトナムやビアフラ、バングラデシュ、エチオピアなど、ずっと続いている。だからといって、われわれ芸術家はこうしたことのなかでいったい何をする？　この世の中で私たちがいる席と言ったら、せいぜいチャリティーコンサートの演奏者席ぐらいか。亡命者救済委員会で提案されたチャリティーコンサートは大統領や閣僚、上流社会の貴婦人たちの前で演奏される。

アルキメデスはこんなことを言っていた。

――我に支点を与えよ。されば地球を動かしてみせよう。

まったくアルキメデスの言うとおりだ。私たちにはフィールドがある。しかもこのフィールド、芸術家のフィールドはこの世界で何かに値するたった一つのものだ。なぜなら、世界中の子供たちはすべて芸術家だからだ。芸術家として生まれた芸術家そのものだからだ。

――世界の子供たちよ団結せよ！

という日がいつか来る。彼らが世界の労働者になるよりも前に、必ず来る。最高の報酬を受け取るのはこの子たちでなければならない。私たち大人が子供のためにつくったこの世界に彼らは生まれることを望みはしなかった。そもそも大人と言っても、いったいどこが成長しているんだろう。両親が産み、育ててくれた私たちの幼年期からすると、ただ年を取っただけではないか。

トラコーマを絶滅してくれた。昏睡状態を終わらせてくれた。人生は短い。聖書の第一章より美しいものを私は知らない。六日間にわたる天地創造。いくつもの夜を費やし、あちらこちらに創造のきらめきがあり、そして世界がそこにある。神はフランス人かイギリス人かアフリカ人だろうか？　どれであろうと、われわれはみな、汚れなき者。

——世界の芸術家よ、団結せよ！

——遅すぎてはいけない！

死や生を考えすぎ、生真面目になりすぎる前に、登録されて番号やバーコードだけの存在になってしまう前に、ロボットになる前に、ただぐるぐる回るだけの人工衛星になってしまう前に、自分を守るのは自分だ。だれにも任せてはいけない。そうあれば、きみたちは攻撃されることはない。少しだけ食べ、イマジネーションを自由に働かせる。イマジネーションは自分の生みの親のあなたを養ってくれる。

あなたの子供には手綱の付いた馬になってやれ。

ヴァイオリニストのノート

記憶

自分の人生について、子供時代について話すように言われた。たまたまこの男ヴァイオリニストだ。野心について?　希望ねぇ……?　子供のころ持ってた夢?　来世について?　人生についてだって?　死ぬに決まってる者の頭にどんなことが浮かんだかって?　割礼の必要性について?　私がアーヤトッラー《アッラーのみ徴し》・ホメイニについて考えてること?　半日以上にわたってインタビューに答えて話し、そのあと少し眠って目が覚め、ラジオでエネスコのヴァイオリン・ソナタ第三番《ルーマニア民謡の特徴による》を聴いた。エネスコ自身とディヌ・リパッティのピアノによる演奏だ。二人とも死んでしまった。

この演奏に付け加えることは何もない。ここに、本を書きはじめる方法がある。墓の向こうへの覚え書きという方法だ。え?　墓のどっち側《ウィッチ・サイド》だって?　まだこっち側に私はいて、だんだん墓のほうに傾いていってる。少しずつ毎日、掘っている。私のあら捜しをする声が聞こえるが、無視だ。そういうことばはただのこれ見よがしで、ばかていねいな言い方だったりする。感情や思いから出ているだけで、的を定めない矢の先だ。

だれのために何のために書く。自分の子供のためだろうか、それとも他人の子供のためだろうか？　その本はどんな子孫のためにある？　だれをおもしろがらせる？　どんな文法練習の役に立つ？　それとも夢精の代用品？　役立たずのノイズを叩き出すだけ？　名詞でもなく、形容詞でもないものをかき集めただけ？　これがベスト、彼のベスト、彼女のベスト、ベスト・ヒットの三三回転レコードをつくるっていうのだろうか？　どうしたら自己ベストのディスクがつくれる？　だれに向けて？　割れた鏡に映った自分のどんな姿を見せればいい？　どんなスパイを雇えば、このつかまえきれない私という存在を縛り上げることができる？　どう説明しよう？　だれに説明しよう？　こうしたことすべてが無意味に思えてしかたがない。もうすでに長すぎる、あやまちのうちに過ぎた人生なのだ。対話形式で書こうか、それともひとり語りで書こうか。父親と出会うシーンをどう描こう？　父親というのは私自身で、父親になってからもうずいぶんと長い。私は何も見ていない。

ダイヤの自分に気づかず、盲目
バカな騾馬で、耳を閉じてる
ホーホー鳴くフクロウ、しかもソプラノ
ゾウの鈍さ、カモシカの素早さ
ウサギで、ウシ

いや、ヴァイオリニストは少しもバカなんかではない。ねらった地点にきちんと着地しているのだから、少しもバカげてなんかいない。

希望を希望しつづけた人たちはバカげてなんかいない。希望する必要などないのに、まだ求めつづけるのが人なのだ。

ほかの人たちのためにこれ以上バカげていないよう努力するのは、少しもバカげてなんかいない。アインシュタインやモーゼ、フロイト、預言者エゼキエルのようなユダヤ人をつくり、同時にヒトラーやエステルハージー伯やドーデのような反ユダヤ主義者をもつくったこの世界にはいったいどんな希望、どんな野心があったのだろう？

どれだけことばを使ったら、人は黙るのだろう。

私はイスラエルで生まれた。安心しなさい、三十一歳より上だからイスラエル共和国で生まれたわけではなく、一九四八年以前のイギリス委任統治下のイスラエルで生まれた。少し嘘が混じってしまった。でも、たとえば一九四八年以前にプラハで生まれたアントン・クワッチ氏はどこの国の人ということになるのだろう？　オーストリア＝ハンガリー帝国人ということになるのだろうか？

私の両親はロシア人でユダヤ人でウクライナ人。

さ、もう一度はじめから――私はパレスチナのカルメル山の近く、イギリス委任統治のハイファで生まれた。両親はポーランドの歴史のなかで重要な町、ウクライナのカーメネツ＝ポドーリスキイ生まれのロシア人だった。どう、シンプル、かな？

カルメル山は預言者エリヤが天に昇っていったところ――ヒューーン！

先史時代のカルメル原人が見つかった場所。

ハイファ湾の片方の端はナポレオンがモスクワ以外でめずらしく敗北したアッコ（サン＝ジャン＝ダークル）につながっている。町の城壁の根元には、ナポレオンのころからそのままだと言われている大砲の弾がいくつも転がっていて、そこに行って子供の私は弾の周りで遊んだ。

最初の思い出――？

私の割礼。生まれて八日目だった。どの顔もみな思い出す、ひげが生えた顔、生えていない顔。ゆがんだ鏡に映った姿のように、いくつもの顔が私の上にかがみ込んでいる。お世辞、へつらい、愛想笑い。私は恥ずかしくて何も言えない。そりゃそうでしょ、だって生まれて八日目ですよ。言えたとして、何を言えばよかったのでしょうか？

だれもこの記憶を信じてくれない。ともかく、それ以来私は「帽子」をかぶっていない。奇妙な風習だが、すべての赤ん坊が割礼を強いられるわけではない。たぶん私も「帽子」を一つ持っていたらしいのだが、これ以上はもう思い出せない。

言い伝えで、縞模様のパジャマを着て生まれる子供というのがあるが、生まれてはじめて気づいたとき、私がそれを着ていたかどうかわからない。人並みはずれた運命の子供が縞のパジャマを着て生まれることを信じるなら、縞の囚人服を着たアウシュヴィッツ万歳だ。われわれはみな今、アウシュヴィッツにいる。

なぜ眠っている。市民諸君目覚めるのだ！

人が歩みを止めたら、すべてが止まる。

すばらしき誕生日

三十七回目の我がすばらしき誕生日に、私は血のしたたるビフテキだった。魚のオイルグラタンみたいにチャイブソースで煮込もうとしても、私は血を流し続けた。

すべてが突然変わってしまい、私は孤独なオオカミになり、いろんなものがグルグル回りはじめた。

その翌日、妻が去った。自分の運命に呼ばれて、ふつうの家庭でちゃんと生きたいと言う。私はマロン入りアイスクリームと同じ緑色をしたインゲン豆になる。

一九二〇年のクリスマスもそうだった。

その翌年《よくとし》、最初のヴァイオリンを買ってもらい、私はサイレント映画を観て、ピアニストになった。それがマロン入りアイスクリームと同じ緑色をしたインゲン豆の最後だった。

瓶の酒じゃ足りない。バーごと買って私は海岸カフェの店主になり、海が私をさらっていった。

これが第一章の終わり。

チビ娘（ラファエル）がごたごたを起こした。

なぜ、知性はこうも孤独なのだ？

娘が訪ねてきた日、タイヤの空気が抜けた私のフィアンセの自転車を引いて、娘といっしょに外に出た。家にいるのとは気分が変わる。中庭はフィガロの結婚、オルレアン公暗殺の時代から少しも変わっていない。上の方の階に住んでいるちびっ子アンナは、いつもの空気の抜けたしゃべり方で目の前のネコに向かって叫び、ネコの方は何もかもわかっていて柘植《つげ》に噛みつき、司令官殿の銘を削り取る。

Wはいつも好きな字だった。Mと完全に形で韻を踏んでるから。

十八世紀のちょうつがいを付けた窓が張り出している私の中庭の閉じた世界には、私と空しか存在しない。あとは静けさがあるだけ。

島のなかの島、静けさのなかの静けさ。食器だけがひそやかに洗われ、聞こえないくらいの鈍いC#の音でアクセントをつける。

そして戦争があった。

レオナルド・ダ・ヴィンチと同じ運命が自分にもあると知ったのはこのときだった。

もう何も食べなくていい。集団のなかで眠っても、少しも満足しない。始めるのはとても簡単だが、絶対に避けなければいけないのは、終わり（死）だ。

私は愛する人の上腕二頭筋を眺めはじめ、彼女はネコを見ている。ネコは束になった新聞の山から管理人が火を点《つ》けてくれた暖房機へ飛び移ろうとしている。スズランをプレゼントする五月一日だというのに、まだ暖房を点けている。地平線上の点のようにすべてが輝き、雲が流れ、過ぎていく。雲は消えかかった太陽のわずかな光を反射して、四方を囲まれたこの中庭めがけて光をそそぐ。

哀しいってどういうこと？　細いフレームの小さい自転車がバドワイザーとコーラの空き瓶を中途半端に隠している。ブルーの箱のクリネックスがわがもの顔で幅をきかせているテーブルの下だ。このクリネックスは青い車の窓を拭くのにしか使わない。世俗に埋もれるのは現実的な考えをなくすからヤだ。

なぜしゃべる？　メス猫ジェニファーは何も言わない。濡れていたキッチンの布巾は先週のサンドウィッチみたいにカチンカチンに乾いている。暖房のせいかもしれない。何も動かず、すべてが黙ったままだ。バスティーユ広場でメーデー行進があるので、ヘリコプターが上空を飛んでいる。私の家にヘリコプターは、来ない。

考える時間がまだある。オルタンスは自分の荷物を取りにあした来る。そうしたら、これから先の私の人生には目の前の壁と同じようにぽっかりと穴があく。証券取引所の株価と同じようにWの上がり下がりは神秘的だ。専門家でないとよくわからない。複雑なものを理解するほど単純なことはない。単純な人間にはね、とくにね。

こうして人生はたとえ話で動いていく。そして弁護士は自分の取り分をいただくという寸法だ。その朝、何の前触れもなく急などしゃ降りがやって来て、外国人（私）が半分外国人の娘のところに行って頼みごとをした。娘は人形を持っていなかったので、ウサギを差し出した。

こうしたことすべてが私の物語を終わらせなければならない。しかし、まだ始まっていない話をどうやって終わらせる？　この話にはまだあいまいな色しかなく、終わりが決まっていない回顧録の遠い香りしかしない。ぽかんと口を開けてしまうくらい何もかもよくわからず、わからないのだから、前もって決めておこうなんてナンセンスだ。

しかし、これはみんなあのジョセフ・クリックが現われてからのことなのだ。

彼とは第一次世界大戦後の一九二〇年ごろ出会った。レジスタンスで仕事をしていたという話だった。その時代特有のひげを生やし、未婚だった。彼の猫もどこかへ行ってしまっていた。

とても忙しい人のようだったが、クリックが働いているところを見たことがない。みな彼のことをヴァイオリニストと言っていたが、オーケストラの指揮者の愛人だったと私は思っている。そう考えると、かなり謎が解ける。

彼を紹介してくれたのは妻だった。安心感を与える人物と、妻は彼のことを思っていた。彼女はいつも退屈をまぎらわせてくれるものを探していた。半日だけの秘書として、私は彼を雇った。そしてすぐ彼の働きぶりに目をつぶり、関わるのをやめた。雇う前同様、手紙類には苔が生えるままになった。私の自由は前よりもっと泥沼にはまり込んだ。そして、これから起こることに対して私は準備ができていなかった。なにしろその結婚は私の最初の結婚にすぎなかった。

結婚した女性が愛する人にならないことがあるなどと思ってもみなかった。子供が生まれなかったことがこの結婚の終わりを意味した。ジョセフは橋渡しをしたにすぎない。その意味で彼はとても役に立ってくれた。

三年間、ジョセフはわれわれといっしょだった。三年間、会話がなく、お互いにほぼ完全にいない者のようだった。この期間のことを考えると、私の記憶には青っぽい靄《もや》がかかり、今とその時のあいだを繋ぐ時間が少しもなく、まるですべてが昨日《きのう》のことのように思える。何が起こったのかほんとうに私は知らないのだ。何かが起こったとしての話だが。ジョセフはイメージの糸口にすぎず、現実として現われてくるのはもっとあとになってからだ。そのことを私はわからず、そのときわからなかっただけでなく、この期間ずっとわからずじまいだった。

ともかく私は結婚していて、なぜこういうことが起こったかは、フロイト先生に任せておきたい。妻はきれいだった。それに付け加えるものは何もない。バカではなく料理が下手だったが、別れてから私はひどく痩せた。彼女のおしゃべりは完璧で、私には何不足なかった。従順で反抗的なブルジョワで、彼女にとってはヌイイ県が疑うことのない、口癖にもなるくらいの自慢の種だった。彼女があまりに退屈そうだったので、管理人はうらやましがっていた。

まわりにいる取り巻きに命令することしか妻はできなかった。少しでもそれに邪魔が入ると耐えられなかった。自分の性欲にも階級にも何も付け加えようとしなかった。階級があるのは人を窒息させるお金というものがあるからだというのに。大変な結婚生活一年目のあと、彼女はベッドで目立った進歩を遂げ、自分をアヴァンチュールができる女だと考えるようになった。

ジョセフ・クリックの助けを必要としていたのは私ではなかった。彼はつねに存在を消すという点で際立っていた。妻は一見そう見えるという程度だったけれど、ひどい憂鬱に沈んでいた。私の方は生きるための理由を妻の子守をすることに見出したと信じた。しかしそれは堕落だった。私にはお仕着せが全然似合わないし、こうした妻の存在は力のない夫をうんざりさせ、弱めさえする。

私は自分の状態について意識を変えた。少しずつ私は帽子を目深にかぶるようになった。妻は自分を護衛する兵士だと私のことを考えていた。二人にはもう遅すぎた。私はクリックを連れコルシカ島へ出発した。

一年が過ぎ、クリックはクレックと名前を少しだけ変えた。どのコンサートに行っても彼を見かけるようになった。私はまた十八世紀の中庭に閉じこもり、よほど急ぎの招待でもないかぎり外には出なかった。どこかへ行く用事がないときはテレビ相手に独りでしゃべりつづけた。

よくわからないものを前にしてじっと待たされている思いがある。それと同時に物事と私がぶつかり合い、お互いに消し合っている接点に大事なものが隠されているという思いもある。こうした思いはすべて母に始まっている。一九三六〜三七年ごろアカシア通りのホテルの小さな部屋で人民戦線が盛んだったころ、十二歳になったばかりの私は何時間にもわたって母と愚痴を言い合った。母はベッドのなかにいて、私は床に寝ている。テナントモールに向いて開かれた八階の窓からはかすかな日差しが入り込んでいた。今でもそうだが、そのときも私は何時間もずっと、下のモールを眺めていた。愚痴を言い合うのはいつもの儀式だった。真実の儀式。母は心とお腹にあるものをすべて吐き出した。私が彼女を知ったときからずっと、母のお腹は言いたいことでいっぱいになっていた。

また私は自分の中庭にいる。ここにいると気分がいい。目の前のピアニストが私をいら立たせ、神経を疲れさせる。秘書はつまらないことばかりしゃべりっぱなしにしゃべる。イメージを固めたいのにうまくいかない。だれも私を助けてくれない。

沈黙が大切で、沈黙というものがどんなに生き生きしているか、私にとって驚くほど大事なこのことを書いておかなくてはならない。沈黙がないと毎日の生活が取り返しがつかなくなる。しゃべってばかりで、しゃべり中毒になってしまう。忘れることを忘れるほど出来事はいつも目の前にある。出来事と忘却の終わりのない競走。人は自分の崩壊を自分のなかで育てていて、同じように育てている予約された自分の死をいつも噛みしめている。

――十年で、そこには中国人しかいなくなるのさ。それなのに何で戦うんだ？　どうせあとでわれわれは友だちになるしかないのに。

――われわれって、だれのことです？

――わからないのか？　残らないのさ、ロシア人もアメリカ人も。四億人が七億人に飲み込まれる。戦争の代わりに途中段階があるかもしれないけど、みんないっしょになるのさ。白人は白いからまだパレットに色がひねり出されてない。われわれは好きな色に染まることができる。ゴッホがじつは軽蔑していたという黄色に染まらないことだってできる。

夜遅くまで私は議論しようと思っていた。

――でも、ベトナム戦争で出された宣言は反アメリカ主義が多かったじゃないですか。どうせ同じだとしたら、何で反ソビエト主義じゃなかったんです？

疲れた、食べ過ぎた、考え過ぎた、話の流れをどこに持っていったらいいかわからない。何もかもぐちゃぐちゃだ。

――宣言はみんな共産主義者が出しているから、反米なのはあたりまえだ。私は反ロシア人じゃないが、彼らがほかの国より強くなってほしくない。最終世界戦争が起こるより、小さな戦争がいくつもある方がましだ。アメリカがベトナムから立ち去ったらロシアが入ってくる。だからどうだって言うんだ？

――だってロシアは遠いですよ。

――いまどき距離なんて！　どっちみち中国が国境に待機してるに決まってる。親愛なる秘書君、ロシアもアメリカもインドシナ半島の隅っこのこの国にいつか中国がやって来るんじゃないかって心配しているのさ。

——米ソは情報の交換をしてるんですかね？

どれもこれもめんどくさい。どこに行くのか、どうなっていくのか、だれに投票するのか、何のためにだれのために、それをする意味があるんだろう？

離婚を自分が判断するのを私は待っていた。法の裁定が下りるのを待っていられる気分じゃなかった。待てないに決まっている。「証明された事実」とか「真実を私は待っている」と私が言い出したら友人たちはこう言うだろう、

——なんできみは自分の人生を複雑にしたがるわけ？　月に二回も娘に会えるんだから、それで満足したらいいじゃないか。

すでに妻を三人、無にした者にとってこの条件は決して悪くはない。しかし、妻たちはほんとうに無になったのだろうか？　私という人間を壊すために彼女たちはみなしめし合わせている？　母もそれに加担している？

憎しみほど愛に似ているものはない。恋人たちはなぜそんなに憎み合うのだろう？　情熱的なまなざしには生命の息吹きと同じだけ、死の影がつきまとう。やさしさと凍った塊は裏表の関係にあり、真実とぺてんも同居する。うれしそうにたわむれ合っている恋人たちがリング上のボクターみたいに、なぜ戦う？　だったらすぐ殺し合えばいいじゃないか。ベッドでの礼節がなくなったら生きていたってしょうがない。みんながみんなカップルや二人連れで映画に行かなくてもいい。妻以

外にも合法的な関係があることを聖書もキリストも教えてくれた。サドや皇帝ネロといった極端もある。大使館や放送局が集まるメトロ駅のクレベール界隈からパリ廃兵院のあたりまでといった地域差もある。

法律用語はもうたくさんだ。ニュアンスも何もないし、ちっとも簡潔じゃない。裁判所では、

「言わせていただく」

「言わせていただくことを望む」

以外はけっして言ってはいけない。D・H・ロレンスもここパリじゃまるでバカ扱いだ。でも何でルーヴル宮殿ではあの記念碑ともいえる公衆トイレを隠そうとするんだろう。ナポレオンがルーヴル宮殿を占拠しようとしたのはもっともなことだ。フランスという国は最近フランス人になったばかりの皇帝がとてもほしかった。その結果、どうなったかというと、みなさんご存知の通りだ。

白い熔岩地帯を走り回る生まれの悪い大勢の子供達に最初の動きが起こったとき、なぜ殺してしまわなかったのだろう。栄養も何もないアスファルトと重油のような、決して満足することのない愛で養われ、育てられた泥まみれのクロッカス。女がいて男がいてママがいてパパがいて、新鮮な空気がなくなってしまい、今度はそれを吸い取った紙を探そうとしている。雲で覆われてしまって見えなくなった自然を探している。そんなものはありっこないのに、頭の上に輝いている愛の光を探している。予感したり予知する能力を探している。

繰り返されるもの。単調な行為が何度も繰り返されるなかで翻訳されコピーされ何千年ものあいだコピーされつづけて、元の新鮮な美しさはどこだ？

長い音符。糸のように長く紡がれる音。弓。
私のヴァイオリン、あなたのヴァイオリン。
どこにも属さない四本の弦。
目に見える火と、目に見えない火によって燃やされる材木。
紙に書かれていない楽譜は煙を出し、
失われ、燃やされてコークスのようになった人類歴史博物館の大理石像、
ミイラ。
母に言われたことがある。
——性器を使わないと脳がダメになる。
——誘惑の香りは脊髄をダメにする。
もう一度、明日、娘に会いに行く。娘は私にこう言う。
——樹が洋服を変えたね。
たしかに、
自然ったら、まるで人と逆。
寒くなると着ているものを脱ぎ、
マントも着ないで冬を迎える。
緑の詩を身にまとうようになると、
夏の巡礼になる。

どうして人は自然と逆のことばかりするんだろう？　映画館から出て、娘といっしょに赤い車に乗った。この車はまるで家をしょってるみたいに何でも揃ってる。私はシャンゼリゼ通りの車のダンスの列に加わる。車たちは目玉をギョロギョロさせてブツブツブツブツ。

――どうだい俺の方が大きいぜ。

この世のオリジナリティとはルノーを持つことでもないし、フィアットの俗物さを手に入れることでもないし、フォルクスワーゲンの実のあるスノビズムを所有することでもない。

銀行はとても私に対して優しい。赤字になってもしょっちゅう許してくれる。葬式の黒は私を疲れさせる。

こういう言葉が聞こえる。

――仕事をすれば食べられる。

（一九七〇年五月）

退屈な夜会

一人の女性を除いてみんな豚の背脂みたいな単純な脳みそをして、バカな毛虫には流れる思考もなく、みんながみんな私の周りでしゃべり続けて沈黙というものがなく、息をつく隙《ひま》もない。放っておいてほしくても一人でいることなどできず、一分間の静けさもここにはなく、奥に行くほど広がっている底なしの墓穴《はかあな》に入ればいいのだが、そこにはドロドロした残留物がたまっている。これが社交界の夜のパーティというものなんだろうか？　ドロドロたまっている残留物って、何の残りかすだろう？　顔のない顔。名前のない名前。貧乏人の財産。どれもこの世にないものばかり。どこにも存在しない人類の忘れ物。パリでは街角で毎朝喧嘩が起こるけれど、現場には警官だけしかいない。喧嘩という見世物はどこかに消え、声《ヴォア》がなくなり、沈黙はだれのもとにも届かない。道《ヴォア》はどこだ？　ルパート・シュランツは体の前の方で金色の警棒をぶらぶらさせながら散歩のようにこっちに歩いてくる。彼のスエーデン製のマッチは火が点かない。私の知らないなんとか大臣が、

——音楽でもどうかね、今夜？

と注文する。管理人のジャンは朝三時にゴミ出しをしながら、こうしたすべてをバカバカしいと思う。なんと空疎なことだろう。一度自分を全部空《から》にすればいいのに、だれも自分のゴミを捨てようとしない。もう一度別のやり方でやってみるしかない。

その晩、昔のような静けさがあった。キッチンの時計の振り子の音まで聞こえた。だれも聞きに来ないコンサートの批評を読むためだけに、私は新聞を買う。私の左側にはイライラとからまってくる神経質な人。右にはアルゼンチンの伯爵夫人がいる。アルゼンチンにもいるのだ、伯爵が。私の前には世界中で一番偉大なヴィオラ奏者。彼はこのなかで一番若く、八十五歳だ。ヴィオラ奏者の左にはとても興奮している別の伯爵夫人がいる。肩書を何より大事にするこの女性は以前、豪華客船でハープの演奏をしていた経歴を持っている。双子の母だとも言っていた。オランダのなかの

海の国とも言うべきゼーラント州の男爵の息子がベネディクト会式結婚式の夜に彼女のお腹にたった一回「注入」した結果だそうだ。この息子は莫大な財産を数えて「毎日忙しく」しているらしいが、ドイツから見るとこれは「にわかに信じがたい」。彼女は最近になって葉巻の口切り器をギロチンと呼ぶことを知った。

——大型のギロチンはフランス製の葉巻を切る専用ですわ。でも軍隊は別で、銃殺刑のとき杭に空いた穴を使って葉巻の先を千切るんですって。

私は好きだ、ほどよく塩《ザルツ》のきいた血のしたたる愛が。

クリーム味のニシンのマリネをタルトに乗せたのも好きだ。

いつでも私は観光地ザルツカンマーグートが好きだ。

——もう行くんだね？

——ゼラチンで固められた一夫多妻主義の公爵様と私は結婚していたのね。あなたって人は鏡のなかからプロジェクターで照らされでもしないかぎり、きちんと自分の顔が見れない人なのよ。

ブティック「フォックス」に勤めていたザンドラ・シェーンプランツェンボーゲンは目と唇がアンバランスで美しい。彼女のブラウスは私をとまどわせる。内側から乳首がピンと上向いて立っているのがはっきり見えても、男たちに冷静でいろと言うんだろうか？　理解に苦しむ。でも会話は平凡だな……。

（一九七一年七月三十日）

ポート・マーレイにて

このノートはまるで時間圧縮機だ。最後に書いてから五年近く過ぎているけれど、まだ黄ばんでいない。何も変わっていないように思える。私は、初等教育をきちんと受けていず、勉強が人よりずっと遅れていたので、自分をしっかり保っていようと自分を教育することに努めてきた。自分を壊しちゃいけないと固定観念のようにずっと思っていた。それがこのノートに凝縮されている。

アーサー・ゴールドとロバート・フィッツデールを二人のピアニストにして、ユージン・オーマンディ指揮フィラデルフィア管弦楽団が演奏する「モーツァルトの」二台のピアノのための協奏曲がラジオから流れてきた。おどろくべき作品だ。ショパンの作品と言ってもいい。モーツァルトという人はまったく何という時間圧縮機なんだろう。私が彼と同じ三十五歳で死んでいたとしたら、一九三九年から一九四五年のあいだ若くして第二次世界大戦を体験したことがちっとも早すぎなかったことになる。45は54と、57は75と韻を踏んでいる。

おっと、今ラジオのアナウンサーが訂正した。

――今の演奏はマオツァルトの協奏曲ではなく、マオエンデルスゾーンの協奏曲でした。

そりゃそうだ。

自分でよくわかっていないことを口に出すとき、私は集中しようと自分を鞭打つ。何千年ものあいだずっと言い方がわからないままじゃべり続けてきたおかげで、頭のなかがぐちゃぐちゃになり、私は混乱している。手で触れることができる具体的なものに手を伸ばそうとするのだが、どうしてもできない。漏斗《じょうご》に詰まらないようにするにはどうしたらいい？

（一九七四年四月八日）

子供を訪問する権利についての弁護士への手紙

親愛なるマダム、

今までに起こりましたありとあらゆる事柄について何度も考えて参りましたが、私の内側からこれだという確信が生まれて来ることはなく、苦しさばかりが心を占めております。みるみる壊れていく自分の心に直面し、これ以上、私の魂と意識は耐えられなくなっております。真実と嘘がごちゃ混ぜになり、この状態が私を完璧に無にしてしまい、無力にするに違いありません。

娘のこと、娘を訪問する権利、精神鑑定書による父権の確認といった問題だけではすでになくなっております。九歳の小さな娘に質問する形で遠回しに、私のことを父権失格者であると決めつけようとしていらっしゃるのはよくわかります。法律上、ラファエル・ギトリスという名の私の娘が私に何と言ったと思われますか？

――あなたの子供だと思うわ。

そう言ったのです。

他にも付け加えることはまだたくさんあるのですが、こうしたこと全てが私にとって生きるか死ぬかの問題にまで発展しております。このような終わりの見えない妥協をいつまでも続けなければならないのでしょうか？　マダム、私は今まで築いてきた全てをあなたに否定されたと思っております。築いたものがもう決して戻っては来ないのです。人生というのは誕生から死に向かって、人生そのものが持つ力で、前へ前へとグイグイ推し進めていくものです。それなのに私の娘の場合、人生の始まりと終わりを自力で繋げていかなければいけないのでしょうか？

私はこう言いたいのです。生きることだけしか望まないのは、息が詰まる生き方です。そうかといって、死ぬに任せるわけにはいかないのです。死ぬ代わりに表現するのです。それが生きるということなのです。人間はそうできているのです。ご安心ください、自殺する気持ちは微塵もありません。自殺による解決の形は一度も私の心に起こりませんでした。自殺が私を捕まえ損なったというわけです。自殺に対して私はシンパシーを感じなかったのです。

生死に関する問題だというのは、こういう意味なのです。

昨日、私が手にすることができた書類は一九七一年五月十八日付けの最高裁判所による判決文です。実のところ私は完全にこの一件を忘れ、弁護士のことも忘れておりました。まるでエジプトの象形文字で書かれているような文書の山をざっと読み流しました。ゆっくり読むと全然理解できないのです。このことは逆に私が馬鹿ではないことを証明していると思います。なぜならこの文書に書かれている精神の空白を理解するには、よほどの馬鹿でなくてはならないからです。ともかくもかろうじて中身を私は理解しました。これから先、生きていく上で私に残されているものは精神の茫然自失状態だけだということを理解いたしました。

　このように書いて参りましたところで、私の中に眠っていたはずの記憶がまた蘇って参りました。どのようなことを私が受け入れなければならないのかがやっと分かって参りました。四年間の弁護士とのやりとりと正義というものに私はほとほと疲れ果てました。それでも自分にこう言って私は気持ちを鎮めておりました。

　――どうってことないさイヴリー、こういったものは全てただの形式にすぎない。そのうち数か月もすれば分かる。全ては忘れ去られ、埋葬され、元の形に必ず戻る。

　その結果というのがこの書類なのですね？

　覚え書きに書かれていた文章を私は何度も読み返しました。こうしたものは自筆で書かれるのが一番良いと伺いました。この覚え書きにはこんなことが書かれております。私達の子供とそのまた子供達が恥知らずの臆病者であること、あまりに取るに足らない者であること、しかもその点において病的でさえあることなどです。まるでブルドーザーのようではありませんか。今死んだばかりの死体の上を無神経に通り過ぎていくブルドーザーです。それから、これは付け加えておかなければなりませんが、ここに来るまでに四年もかかったのです。時間が無いのです。時間が必要な人が世の中にはいるということを知ってください。

　アイヒマンは最終的には誠実な人でした。たとえちっぽけで薄っぺらな人生でも、その収支決算をきちんとつけて生き生きとした真実を付け加えることを知っていました。

チョコレートコーティングされたピルや、赤ん坊を消毒するためのジャベル水の産湯といったいかにもカトリック的な馬鹿気たことに対して、もし五千万人のフランス人全員が満足しているようでしたら、私はこうした考えを撤回しなければならないでしょう。

――贖《あがな》いなさい、全ての罪を。そうすれば歯医者があなたの親知らずを抜くように、司祭があなたの罪を綺麗にしてくれます。日曜の朝、いらっしゃい。十時六分前です。

ダビデ王や巨人ゴリアテと同じ国の出身である私がなぜ、何世紀にもわたってキリスト教によって雨打たれ、歪められ、だんだん大袈裟になっていったものへの償いを残りの人生で支払い続けなければならないのでしょう。全く理解できません。私たちのイエスによってあちこちにばらまかれた言葉や行動のことも思い出されます。私が生まれたのはカルメル山の上のハダッサ病院です。そこからそんなに遠くないところでイエスも生まれました。これは承認されるとはとても思いませんが、簡単に話をすると、彼は他の人と同じようにユダヤ系ドイツ人のような人なのです。あるいは彼の子供であるキリスト教徒をどう扱ったらいいのかという課題が新たに我々に与えられたということなのでしょうか？

最高裁判所の判決文四九八号一九七一年五月十八日付に関して、ローマ教皇宛に私が手紙を書かなければならないとでもお考えになっていらっしゃいますでしょうか？　それともポルタル社を通じてグラーヴ・ド・トゥールーズ精神病院に空き部屋の問い合わせをいたしましょうか？　私の元妻はこの施設の広告が気に入っていたので、もしかすると私の代わりにそこに行くのを承諾するかもしれません。そうした調整をするのはそれほど難しいことではありません。精神鑑定書は大変ためになる優れたものなので、大司教職がいなくて困っている大臣の偽善の漆喰を塗りたくったような表現でも、ジスカール・デスタン大統領の仏頂面でも権威づけとして十分間に合うことでしょう。どのみち全てはしばらくすると書類整理されなくなってしまいます。

こうしたこと全ては私の娘ラファエルには関係のない話です。彼女は九歳でまだ全てのファンタジーに対して権利を持っている年齢であります。たとえ父親に背を向けていようと、日々溜まりつづけ、だんだん耐えられなくなっていく別離という怪物から彼女が一時的であれ解放される糸口は、ファンタジーの中にだけ潜んでいると思われるのであります。もし鑑定書が必要であるならば彼女ではなく、彼女のごく身近を取り巻く者たちこそが狭い櫛の歯の間を通り抜けなければならないでしょう。その人たちは専門家によって厳しく鑑定されるべきです。どうでしょうか、これ以上彼らは何をほじくり出そうというのでしょう？　次なる要求は一体、何になりましょう？

（一九七五年二月二十二日）

ミラノで、休憩時間に

時、時、時を超えた時。
天井を私は見つめる。
一分、そしてまた一分。

秒針がほかの針を食い尽くす。
誰も一度も所有したことが無い時というものを食い尽くす。
時は動かず変わらず、どこにも存在しない。
思考の対象にもならない。
感覚されるのを恐れるもの。
自分自身といつもかくれんぼを繰り返しているもの。
他のものともかくれんぼをしている。
見ないために見て、何も聞かないために耳を傾ける。
過ぎ去っていき、壊して去っていくのが、時。
存在しないものが、時。
塊みたいな、時。
四角い無響空間であるスタジオは外から見ることができる。
私たちはその中の乗客だ。
ピアノが一台あり、もう一台ある。
私に聞こえるのは雑音を発する静寂。
おそろしい静寂のなか足音が過ぎていく。
誰もが一人。
一人のままでここにいる。

ほかのありようとてなく。
人の動きが見え、頭の動きが見え、髪の毛が動くのが見える。
また身を隠さなければならない。

狼も犬もシーツも階段もある。お互いにメロディを交わし、知らせ合い、でも理解することなく、
欲望し、また和音を紡ぐ。

（一九七六年十月、ドビュッシーとフランクのソナタを
マルタ・アルゲリッチとレコーディングしたとき）

サー・トマス・モア

一九四四年の終わりから四五年のはじめごろまで、私はロンドンのベルサイズパークとロスリンヒルのあいだ、ベルサイズアベニューを高台に向かって、よく歩いた。まだ子供時代から抜け切っていない時期だったので、この道がとても遠く感じられた。恵まれていた子供時代、私の体はまだ小さかったので、いろんなものが実際より大きく感じられた。あるヴァイオリニストを見たときなど彼が弾いているヴァイオリンが四分の一かハーフサイズのヴァイオリンじゃないかと思ったくらいだった。

この時期、私はよく街を歩いた。自分の足の重さを感じながら歩いていたかどうかまではわからない。そのとき空襲警報は鳴らなかったか、私の耳に届かなかっただけかもしれない。そのころ警報はほとんどひっきりなしに鳴っていたので、意識しなかったのかもしれない。V2号が爆発する音が聞こえた。爆発音が聞こえたということはまだ生きている証拠だった。

同じころ、私はハムステッド・タウンホールの右にある岬のあたりもよく歩いた。もっとあとのことだが、このタウンホールで雨の朝、私は人類と自分に対する初めての罪を犯すことになる。結婚したのだ。証人として二人の精神科医の友だちを立てた。二人ともユダヤ人で一人はザロメという名前だった。

このころ私は馬鹿馬鹿しい遊びに夢中になっていた。

……V2号にやられる前に、さぁ今考えてることを最後まで考えられるだろうか。言葉の途中で終わってしまうかもしれない。単語の途中で終わってしまうかなぁ？

こうつぶやきながら私は自分が吹き飛ばされる瞬間をイメージする。そうすると口のなかに唾がわいてくる。感覚的であると同時にこれは冷静な快感を伴う唾で、存在することと存在しないことのあいだで今こうして生きている私、今という時間の一瞬の断片を感じる。現実的ではないけれど歩くことは味わい深く、歩き続ける理由にさえなっていく。歩くことは習慣化し、歩いていることは生きていることを意味した。考えることは生きつづけていくことであり、ふつう抱くような疑問はほとんど浮かばず、ただただ呼吸している。

このころ私はたくさんのことを独り、自分に語りかけていた。まだ少ししか生きていない短い過去とこれから先のとても不確かな未来とのあいだの、この人生に私はたくさんのノスタルジーを感じていた。(なんて美しいフレーズだろう。)私の両方の端には過去と未来という二つのものがあり、あいだにあるのは現在という名の危なっかしい吊り橋だ。いのちの本質はこれなんではないか、と思う。常に同じように魅力的で常に同じように不快である二つの可能性から私たちは選んでいる。同じようにアンビバレントな二つか三つの分かれ道だ。そこは光がなく、真っ暗で人が歩いた足跡もない。グル、神、光、電灯の光はほんとうにトンネルの向こうの端にあるのだろうか? それはどんなトンネルで、どんな防空壕だろう。どんな地下道を選んでいけばそこに行き着くのだ。どんな階段だろう。どんな門を通るのだろう。その門は出口だろうか、それとも入り口だろうか。自分が死んでいないというこの瞬間の、どのようにしたら手にすることができるかわからない断片に気づき、感じるようになるには、ほんとうに戦争が必要なのだろうか。いつ終わるともわからない爆撃が必要なのだろうか。終わりもなく見えもせず、音もしない爆弾が必要なのだろうか。

今この文章を私はフレッド・ジンネマン監督の『わが命つきるとも』を観たあと、書いている。トマス・モアの一生を描いた映画だ。主役の素晴らしいポール・スコフィールドやその他の人たちの演技で描かれた大英帝国に反旗を翻したトマス・モアというこの男は、ヘンリーⅧ世やクロムウエル、そして宮廷や議会よりも重要だった。彼らときたら、対立しお互いに疑い合いながらも手を結び、わずかに残った人間的な気持ちや自尊心さえ壊し続けていた。こうした人間的気持ちや自尊心は王の周りにうごめいている楽観主義者のなかにかろうじて残っていた。王は太っていて生きる喜びばかりを追い求める下品な男だった。梅毒の罰からはかろうじて逃れていたが、ロンドン塔からベッドに至るまで殺人者が跳ね回り、這いずり回り、だれもがみんな自分の実力以上に大きくなろうと右往左往していた。そうしたなかでトマス・モアは唯一去勢されていないオス猫で、時代を超越した頑固な男で、形式ばらない先駆者だった。

映画の続きを夢で見た。自分の周りで起こることに対していつも極端なくらい心を動かさない男。でも、同時に人間らしい人間でもある。メス犬が一匹、今夜狩りを口実に野に放たれた。このメス犬には一晩中お尻を舐めてくれる仲間のオス犬がいる。こうした状況のなかで自分の信念を持ち続けることはできるだろうか。しかも石頭すぎてはいけない。この時代の教皇は一体だれだったのだろう？　先代の教皇が村人に殺されたため、代わりに教皇となったマフィア教皇だったろうか？　それとも片目の操り人形の教皇だったのか？　乱交パーティばかりしていた病気の子供の教皇だろうか？　トマスがキリストの降臨と信じていたのはこうした教皇のことだろうか？　青い果実ではなく腐った果実を焼き尽くす火はどこにあるのだろう？　地獄のろうそくが照らすいつもの夜を火は明るくしてくれる。そんな火はどこにある？

――おー、トマス、トマス、あなたはどこにいる？

夜中の二時だ。目の前には二重ガラスがあり、ガラスの外で蛾がバタついている。においのしない赤いろうそくと、ろうそくの上で灯っているランプの光に蛾は照らされる。ランプは五匹の子猫と二匹の母猫が入っているパン籠の後ろにある。母猫の名前はザジとトスカ。母猫たちは交代で乳をやる。それともう一匹別に、哀れっぽい声で啼《な》く可愛い犬。トマスの無意識について書くのにとても適した時間だと思う。しかし時間というのはほんとうに正しく存在しているのだろうか？

何のために、だれのために、時間は正しく存在する？　だれもが過ぎ去っていく時間に恐怖を覚えている。どれだけの時間を生きれば、私の指が枯れ果てて思い通りに動かなくなるのだろう？　ゆっくりとだけれど、私がタイプを打つとしたらどうなるだろう？　一ページでも二ページでも毎日タイプ打ちをすれば、そのうち文集をつくれるくらいの量にはなるだろう。それは遺言のようなものだろうか？　娘たちに宛てたもの、生徒たちに宛てたもの、私の先生たちに宛てたもの。

頭脳というのは血がしたたらないステーキだ。パガニーニの《奇想曲》と蛭のように私の指にくっついて離れないタイプライターのキーのどちらを私は選べばいい？　私はトマス・モアを恐れる。そしてもし、こうしたものすべてが死にすぎず、歴史が形を変えただけだとしたら、どうだろう。現代では歴史はテレビのニュースでしかつくられない。あるいは、どこかの国で日の目を見た学校教科書の新しい版によってつくられる。電報ができ、飛行機が飛び、蓄音機が開発され、無線電信ができるまで、まるでおしっこみたいにチョロチョロとしか流れなかった進歩の期間を考えると、人類の歴史は全部合計しても、今の尺度でやっと五世紀程度にすぎないのではないだろうか。フランスの英雄的飛行機乗りジャン・メルモーズが鉄の十字団ならぬ火の十字団という右翼団体の副総裁になろうと、飛行機乗りリンドバーグの子供が誘拐されようと私は何もできない。なぜなら、時というものがちがい、彼らが生きていた時間より未来の世紀に私はいるからだ。

明日《トゥ・モーロ》はまた別の日でトーマス・モーロなどという人はいないけれど、イタリアの首相アルド・モーロは殺害された。パリ五月革命の二か月のあいだ私に手助けしてくれた人たちが何人かいて、私は工場や大学で過ごした。語ったり、演奏したり、リーダーになったり、リードしてもらったりした。彼らのことはまだ覚えている。みんなどこに行ってしまったのだろう？　ちゃんと給料をもらっているだろうか？　安い月給でテレビ局に再就職した彼らは今どうしているだろう？　どうしているだろう、私の管理人のジャンがマレ地区の古い建物の中庭のはじのほうでかくまった女の子たちは。三番目の離婚のゴタゴタを避けて、その同じ中庭に私も逃げ込んだ。彼女たちは音楽の勉強をしていたり、生化学の勉強をしたり、広告の勉強をしていた学生だった。私の心の大事な部分まで彼女たちには話をした。結婚したかもしれないし、離婚したかもしれない。社会のなかで刻まれてしまったり、あるいは夫を寝取られ者にしたり、マゾ化してみたり、食われてしまったり、十字架にかけられたり、リサイクルされたりしてしまっただろうか。

不満足という途切れることのない熔岩があり、いったん満たされはするけれど、決して本質的に満たされることのない濁った液状の欲望だ。これが天職、これがやりたい表現だという手ごたえを探しつづけ、自分の柱になるもの、大きくて熱い家族といった確証を探しつづける。

トマス、おー！　トマス、こうしたすべては、きみの切られた首に値するだろうか？　あるいはスナップショットのようなその死の瞬間は、きみを夢中にさせる魅力があったのだろうか？

短気がきみに死をもたらした。一九六八年五月は折り返し点だった。歴史上の人物にとって四百年はあっという間だ。きみが五月革命の学生たちから受けることになるインタビューがどんなか思ってみたまえ。きみが自分で書くことができ、印刷に回る記事や死亡広告に思いをはせてみたまえ。(グーテンベルクって知ってる？)　四世紀も眠って待っていたのは、たしかに長すぎた。その一方で、きみの墓石の上に四世紀のあいだに積もった枯れ葉はたいへんな量になった。たしかにきみの言うことはもっともだ。ヘンリーの六人の妻たちのことはそっちのけで、みんなきみのことを話している。

もう寝る。さっきからするとずいぶんと時間が遅くなってしまった。

（一九七八年五月十五日）

ブラームスの協奏曲、ジネット・ヌヴー、二つのエスカルゴ

火、ゆったり、動く。この狭い部屋はいかにもチープだ。ブラームスの協奏曲を聴こうとクラスの生徒全員を連れてミニホール《エスカルゴ》にやってきた。

死んでいるような、あるいはちょっとだけ死んでいるような気がしていた。ヨガのリラクゼーション屍《シャバーサナ》のポーズで体験する感覚がまさにこれだ。手の指と足の指がまず、力が抜けてだらんとしびれてくる。自分という感覚がなく、胃のあたりに重さを感じ、自然にいまあることを受け入れ、遠い過去の時間に身を委ねる。私はN歳からの記憶を持っている。（この調子でいくといつの間にか、だんだん年齢もわからなくなる。）

東洋では愛の源の心臓のことは考えず、丹田の作用を大事にする。これを書きながら私は今ヨガのポーズを取り、ももの内側と腹部のあいだに温かいものを感じる。セックスもしないのに、まるで赤ん坊ができそうな気がする。死の瞬間、アルド・モーロの脳裏に何が浮かんだのだろう？　今

日の午後、混血の子がカフェ・ド・フロールの前で紐と結び目のマジックをしてお金をせびっていた。私はその子に五フランあげた。このあたりではみんな、私が芸術家だと知っている。一フランだったら、どんな顔をしたらよかっただろう。一フランの顔をするか、五フランあげるかのどっちかだった。それに五フランしか小銭がなかったし、すぐどっちかに決めなくてはならなかった。彼を褒めてもあげたかったし。どっちみち、そのあとすぐテラス席を立ち、それが最後のコインだった。今はカフェの前でパフォーマンスするアーティストがたくさんいる。たとえば私はクモを殺さない。刺さないから殺さない。

コンサートに何で行くんだろう？

今、ポーズを取っていた足をほぐしたところだ。右足は完全にしびれてしまった。規則正しい間隔を空けてマスターベーションしなければいけないと思っている。安定するためにはこれが大事だ。別に支障もないのに現代のヴァイオリニストはなぜしないのだろう。ヴァイオリニストとしてのコントロールをするには、これが大切だと思っている。自分の力がこれだけあることを理解するにも、とても興味深いと思うのだけれど。こういうエネルギーがあるから人は生きている。赤い旅団に誘拐されて殺されたイタリアの首相アルド・モーロのおかげで混血の子はいい稼ぎをしたのだろうか？　まぁどっちでもいいけど。

そこには侵略してきた軍隊がいた。でも、おびえることはない。彼らは、私たちを守ってくれている。ブルジョワのそのまた息子のくそブルジョワのなかに、べたーとたまっているのは、ガラスのような冷たさ、凍りついた青、糸のように力ない詩の詞《ことば》。みんなそれぞれ、お抱えの修理工場を持っている。私は完璧な工業革命のなかに生きているというわけだ。行進はどんどん前へ進むので、つまずく前に自分がどのバスに乗るかをしっかり見ておくこと。

弁護士《アヴォカ》との契約書類にサインした。イスラエル産のアボカド《アヴォカ》を食べた。一日中、よいことをした。カフェ・ド・フロールの前で大道芸人に五フランあげた。自分の前からいなくなってほしかったからではない。小銭がなかった。告発者という人種が社会にはいるけれども、こんなふうにしてあなたを告発するのだ、きっと。盗まれ搾取された者に対して、あなたは泥棒で、搾取する者だということにされてしまう。そこに弁護士が登場しても、あなたは搾取者のままだ。相変わらず、そう呼ばれる。でも、時間が解決する。金額は住んでいる地域と階によって決まる。社会主義者の市長と多数派の市長はまるで二人のズールー人のように似た者同士だ。シャム双生児と言ってもいい。そう考えてしまうと、希望はいったいどこにあるんだろう?

科学技術のせいで人は死んでしまった。

（日付ナシ）

夜中随想詩

愛もない

金もない
頼るはただ自分
生きるのは何のため？
私はだれかの手のなかの楽器でしかない
いつもの感慨
娘ネシーと私
二人は今生きている
独創・魅力・リズム
満ちている、生きることへの愛
この子を崇拝
でもいつか私に平手打ち
おまえもかい！
私は何者でもない
セーヌの水のように汚い
ヴィクトル・ユゴーの世界
愛などない？

（一九七九年五月十八日〜十九日の夜）

かなしいピアノ（娘ネシーがしゃべってくれたものがたり）

むかしむかし、かなしいピアノがありました。あるときその子が言いました。

——ぼく、人になでてもらうの大好き。ちっちゃな女の子がひきにきてくれたらもうサイコー！

今日はおおきなおまつりなのに、だれもかなしいピアノをさそってくれません。

つぎの日、そっとかわいい女の子が、ひとりピアノにちかづきました。ピアノはガーガーいびきをかいています。ゆめの中でけんかでもしているのかしら？

ギトリス「ねぇ、ネシー。どういう人のこと、いびきをかくみたいにけんかする人って？」

ネシー「ちっちゃな女の子にあそんでもらうのが好きな人のことよ」

ピアノの目からなみだが出てきたのを見て、女の子がつぶやきます。

——どうしたらいいの？

ピアノはゆっくり目をさまし、女の子が目のまえにすわっているのをじっと見ます。

——おまえ、何してンだ？

——あなたをひくの。新しいテクニックでひいてほしいでしょ？

——もちろんさ！

つぎの日、ピアノのうえでねむっていた女の子は目をさまして、こうピアノに言いました。

——起きなさい！

ピアノが目をさますと、こんどはこう言いました。
——おまつりにつれてってあげる！
どうです、素敵でしょ、ネシーのこの話。
さて友よ、
いざ別れのとき。
幕を閉じよう！
おっと、おやおやピアノくん、まだ言いたいことがあるンだね。
——ひとこと、ひとことだけ言わせてください。
　ヘブライ語で言います。
アハト、シュタイム、シャロシュ。
　1、2、3！
さて今度こそ、友よ、
われわれは幕を閉じることができる——。

（一九八〇年一月十七日）

全人生、あるいはほぼ全人生

アンドレジーの小さな島

『魂と弦』がこの世に出てからどれくらい過ぎたろう。一九八〇年、一九八一年……。一年を三六五日として、私は毎日起床し、毎日床につき、そしてコンサートをする。ミッテランが大統領になった一九八一年の五月には、ある音楽アンサンブルとパリで演奏中の私は、少しの希望と少しの感動を味わった。同じ月の二十九日には末息子ジョナサンが生まれた。私とザビーネはパリ北西の小村アンドレジーで、セーヌ川の中の島で小さな家に暮らしていた。家まで行くのに橋はなく、小舟に乗る必要があった。床が水びたしになったこともある。犬・猫・兎は数匹ずつ、子馬も一頭飼っていた。自然すべてがすばらしかった。不幸ではなく、結婚していなかった。二人はこう言っていた。

——結婚していないんだから離婚することもない。

でも、その言葉もわずかずつ、しかも容赦なく、なぜも、どんなふうにかもわからないままに関係が風化していくのを止めることができなかった。

ここは三五キロパリから離れていて、私はパリに行くことがしょっちゅうだった。サン＝ジェルマン＝デ＝プレの奥、ベルナール＝パリッシー通りに小さな練習スタジオを見つけ、そのあと、もう少し離れたところに空き物件があり、よかったので買った。私はパリに行くことが多くなっていったが、島のその家がとても好きだった。二、三キロの縦長で泳ぐか舟でしか渡れず、数軒しか家がなく、みな互いに知り合いだった。一日中ここで過ごし、朝の三、四時間、パガニーニの《奇想曲》をさらう。少しあとになると、ここからパリのダム通りのフィリップス・スタジオに録音のため毎朝、出かけていった。みな私たちの島を喜んでくれ、マルタ・アルゲリッチも娘のステファニーとよくここに来た。

カップルがいっしょにいる理由と思っているものがなぜはらはらと壊れていくのか、私にはわからない。別れの決意の最初にあったものが何だったかも、私は知らない。ザビーネには多分あったのだろう、理由が。男はしばしば女に仕向けられるがままにする。思ってもみないで、そうすることも、しばしばだ。私たちの危機は最終的に一九八五年から一九八六年ごろやってきた。暴力的で不幸な場面もあった。修羅場に子供たちがいることに私は耐えられなかった。私自身小さいとき、信じていたものが二つに引き裂かれた経験がある。私は母を愛していたし、父を愛していた。それなのに……。私と同じやけどを子供たちに負わせたくなかった。島に行かずパリにいることが多くなっていった。そうでもしなくてはつねにつかみ合いだった。しょっちゅうつかみ合いをしているのはもう生活ではない。別れはどちらも何もしない、いっしょにそこに行かないというかたちで訪れた。

シェークスピアも言っている。

——不在は愛を深くする。

イスラエルは私の生まれた国だ。体が生まれただけでなく、すべての意味で私は「そこで生まれた」。そこにいないときでも、私はイスラエルで生きている。そのイスラエルに家族を連れていった。ザビーネ、三人の子供、ザビーネの母親まで。ずっとイスラエルで暮らしている父は二度目の結婚で戦争未亡人のデボラを妻としていた。ルーマニアのデボラの村にドイツ人が入って来たとき、彼女の夫を含む二百人の男たちを彼らは連れ去り、銃殺した。赤ん坊と二人で残され、何か月にもわたってデボラは森に身を隠した。イスラエルに行き着いて彼女の逃避行は終わり、父と出会った。ザビーネがドイツ人だったので、きちんと顔を合わせることをデボラが学ぶのはむずかしかった。一方、父はザビーネを娘のように受け入れてくれた。

ズービン・メータ指揮でバルトークのヴァイオリン協奏曲を演奏しにニューヨークに行ったのも一九八〇年だった。私はこのコンサートがよいコンサートであってほしいと心から願った。数日前に現地に着き、ピアニストの友人がアップタウンに近い地区に持っていた地下室を貸してくれたおかげで、私は原曲に忠実に滑らかに弾く練習をすることができた。ニューヨークはとても湿度が高く、楽器に悪影響があり、演奏にもそれが響く、とんでもなく危なっかしい町だ。湿気はヴァイオリンをふくらませ、弦を緩めてしまう。私はたくさん練習を重ね、どんな状況でも演奏できるよう準備を重ねた。うまく演奏できたと思う。「ニューヨーク・タイムズ」紙はとてもよい評を載せてくれ、この町に住んでいた私の従姉妹《いとこ》は私のことを誇りに思ってくれた。何人ものヴァイオリニストが私の演奏を聴きにやって来た。古い友だちのアイザック・スターンとヴェラ・スターン、イツアーク・パールマンなどだ。

私は立派な経歴の持ち主ではない。お付き合い程度に演奏し、役に立ってくれそうな人物にはやさしく接する。当然だが、このコンサート一つだけですべてがよい方向に行くはずもなかった。コンサートでうまく演奏し、よい評をもらうだけでは足りないのだ。人々が知ることが大切だ。かかりっきりで、だれか広めてくれる人がいなくてはならない。私にはそういう人がまったくいなかった。ある意味、私はそれを少しも望んでいなかった。無頓着のようなものが私にはある。コンサートはやったが、特別たくさんやったわけでもない。空腹で突然死ぬとか、のたれ死ぬとかでせっぱ詰まっていなかったこともあるが、実績という妄想のなかで私は生きてこなかった。

一九八四年、私はズービンとニューヨークでまた演奏した。彼はラヴェルの《ツィガーヌ》とサン＝サーンスの《序奏とロンド・カプリツィオーソ》、《ハバネラ》を望んでいた。でも《ツィガーヌ》は聴くのは好きだが、愛してはいないことにだんだん気がついた。それまで演奏しなかったこと、練習しなかったことには理由がないわけではなかった。とてもむずかしい曲なのだ！　結局、私はその曲に取りかからず、代わりにショーソンの《詩曲》演奏するとズービンに告げた。このコンサートの録音を今でも持っているが、正直言ってまぁ悪くない程度の出来だ。評はどれも特別よいというほどではなかったのをおぼえている。

たまたまエッシェンバッハ

今ちょうどエッシェンバッハが演奏するモーツァルトのピアノ協奏曲第二十三番を聴いている。ほかの人の演奏とはまったくちがうのは驚くばかりだ。これ以外の協奏曲もとても彼らしく弾いている。

エッシェンバッハの表現の美しさ、レガートで結ばれた音のつながりはほんとうに特別だ。次の音が出る前に、前の音の終わりを切らない。これはじつにまれだ。現代のどのピアニストもこんなふうには弾かない。色調、フレージングに細やかさがある。夜もふけてきたので早く寝たいのに、たまたま私はこの曲にはまってしまった。偶然が物事をよくしてくれるかどうか知らないが、こうしたことは疲れはするけれど、それだけの価値があるというものだ！

音楽といのち

演奏家はたくさんのことを音でしゃべるのを学ばなくてはならない。でも、しゃべりすぎてはいけない。作曲者がいることをけっして忘れてはいけない。音楽を書いたのはその人なのだから。あなたの考えたこと、感じたことを作曲者に言わなければならない。あなたの思ったことを報告し、ほかに伝え方がもうないことを告げる。音楽がどうあなたに感じられたか、いつも彼とあなたはいっしょだと伝えるいい機会なのだ。扱っているのは束の間で同時に永遠だという見方を失ってはいけない。音楽そのものを今、再創造し、今ここで、自分のすべてを引っさげて音楽にいのちを吹き込んでいて、このやり方で同時に自分をも表現している。音楽は人生のようなもので、何百万年もの果実が今、実を結ぼうとしている。あなたであると同時に世界。永遠と束の間の結合。

思ってもみなかった！

物事はほんとうに思ってもみない起こり方をするのだろうか？　いや、私はそうは思わない。物事は待っている。生まれるその日、その瞬間を待っている。

ここ数日、信じられないことが続いて起こった。私はあることを考えていた。あることを話していた。そうしたら少し経ったとき、それが実際に起こった。考えていたまさにその人と出会った！

こういう考えでいるかぎり突然、私が消えることはない。私は生きていて、消える前に自分にこう予言する必要があるからだ。

――ギトリスさん、あなたは消えつつありますよ！

私が消えるには長い時間をかける必要があり、時間をかければもう私がいないという事実がそれほど驚きではなくなる。その時が来たら、いないことが思ってもみないことではなくなる。一つ問題があるとしたら、それを受け入れる私がもうそこにいないだけだ。

――やれやれ、やっと慈悲と悲惨と不幸と幸福の生を離れるのに成功したってわけだ。

そう言って自分を祝福することもできない。

今朝、映画監督ジェラール・ウーリーの娘でやはり映画監督のダニエル・トンプソンが電話してきて、私に会いたいと言う。彼女は今、頭の隅の方に映画のアイデアがあるというのだ。きのう私はマレク・アルターのビロビジアンを取り上げた映画の試写会で彼女の夫アルベール・コスキを見かけたばかりだった。ビロビジアンはソ連によってシベリアの奥の奥につくられたユダヤ自治州の首都の名前だ。ユダヤを追い払うのにもってこいの方法だったというわけだ。それはそうと、イメージしてほしいのだけれど、その前の前の日、私はちょうどジェラール・ウーリーとミッシェル・モルガン夫妻のことを話していた。そのとき、だれだったか、私の前でエジプト人作家のアルベール・コセリとプロデューサーのアルベール・コスキを混同して話していた！

思ってもみないって、正直どういう意味なのだろう？　日本では震災で流れ着いた木でつくったヴァイオリンがある。私の友人で、ヴァイオリン製作者でもあり、販売もする中澤宗幸が津波の瓦礫のなかから見つけ出した木を使ってつくったヴァイオリンだ。中澤は私がそのヴァイオリンの最初の演奏者になることを望んだ。そういうヴァイオリンを弾くことになると私は、

――思ってもみなかった！

音楽家の祖国

ユダヤ人のヴァイオリニストがなぜたくさんいるのだろう？　ピアニストも、オーケストラの指揮者もそうだが、とくに器楽の演奏家にユダヤ人が多い。逃げるとき、ヴァイオリンは片手で持っていくことができ、手で触れられる確かなものだ。演奏家はその土地に根づいているのではなく、つねに亡命中なのだ。

音楽にナショナリズムはない。ブラームスの協奏曲がドイツ国の作品だと言うことはできない。チャイコフスキーの協奏曲にロシア的な部分があるとか、ロシアの踊りを思わせるものがあると言うことはできるかもしれないが、それはたいしたことではない。たとえば完全にフランス的な音楽があって、フランス人しかそれを演奏することができないなどと言うのはばかげた話だ。ユダヤ人は根を絶たれた民だ。イスラエルの地を追い払われてから土地がない。だからユダヤの民は音楽に祖国を見る。だからユダヤ人は音楽を大事にする。

イスラエルという国がある今、音楽はあるのか？　あるとも！　イツァーク・パールマン、ピンカス・ズーカーマン、ギル・シャハム、そしていつもの謙虚さをこめてイヴリー・ギトリスもまたそのなかにいる。奇妙なことだ、イスラエルに属しているかぎり、どこにも属さない。全世界にあなたは属する（この言葉、素敵でしょ?）。ブラームス、ベートーヴェンのすぐれた演奏家がみなユダヤ人だというのはどうしてだろう？　多くがユダヤ系ドイツ人だ。ユダヤ系ハンガリー人ではレオポルド・アウアーがいる。ハイフェッツ、エルマン、ミルシテイン、ジンバリストはユダヤ系ロシア人だ。ユダヤ人、ユダヤ人——嫉妬から反ユダヤ主義にあなたたちをしてしまいそうだ。もちろん、あの国この国、ほかの国々にもユダヤ人ではない偉大な演奏家がいる。まずパガニーニが一番だ。音楽には国籍がない。音楽家にとっての土地や祖国は音楽だ。土地のない民にとっては音楽が祖国なのだ。

誕生日

みんなが私の誕生日のことで盛り上がっている。二晩にわたってパーティがあった。最初のはガボー・ホールで、私は最高の愛をもらった。ここはティボー・コンクールで初めて行ったあまりよくない思い出がある。それはそれとして、とてもきれいなホールで、音響もよく、昔を思わせる雰囲気もある。今のホールのようにきれいすぎず、白っぽすぎず、衛生的すぎない。コンサートをここでしようと私は思わないが、一流の芸術家が来演している。こうしたことは砂漠に暮らしていると思っているわれわれに安心感を与えてくれる。砂漠のあちこちに花が咲いている。でも、マルタ・アルゲリッチを花とは呼ばない。天国の花園なのだ、彼女は。

次の夜はブリュッセルでコンサートがあった。再びマルタが来、マキシム・ヴェンゲーロフとミッシャ・マイスキーも来てくれた。それとスティーヴン・イッサーリス。初めて彼の演奏を聴いたのはテル＝アヴィヴでブロッホの作品だった。私はびっくり仰天し、彼と友だちになった。

私は年齢を隠したことがないが、わざわざ言ったりもしない。自分に向かっても年齢を言わない。そんな私がじつに新鮮な体験を始めようとしている。ダニエル・トンプソンの映画でおじいちゃん役をやるのだ！　私のほんとうの孫たちが映画のなかの孫のように私をただ愛してくれたら、そして私の孫たちがもっと私に会いにきてくれたらいい。孫たちの一人エンマを私は愛していて、希望のひと粒、人生の美しさのひと粒、真実を見つめる目を彼女に感じている。今はもう大きくなってたまにしか会わなくなったが、先日、電話でこう言ってきた。

――会いたいときに、あたしはおじいちゃんに会いに行けるから。

私はひとりで暮らしている。自分で自分を亡命者にしている。私は亡命者なのだ。イスラエルからはるか遠いところにいるのが私の運命だ。家族からも愛からも遠い。愛なのだ、いつも欠けているのは。

逆向き

人生を逆方向に生きてきたといつも思う。年が過ぎていくのも逆向きだ。長女ラファエルの結婚式の日、急ぎすぎて知らない場所で一方通行の細い道を逆走してしまった。警官に捕まり、裁判所まで行かなくちゃならないハメになった。ネシーに男の子の初孫が生まれたときもそうだった。生まれるのと死ぬのは、ある意味同じだ。だれもほんとうのところはわからないが、だれかが死ぬと、だれかが生まれ、だれかが生まれると、だれかが死ぬ。みんな私にこう言う。

——変わりました？　若返ったみたい。

どういう意味だ、それ。時間はカクジツに過ぎているっていうのに。


（以上、二〇一二年一月〜七月）

カフェ・ド・フロールにて、街を眺めて思いつくまま

私の国イスラエルはきちんと認められ、理解されている国ではない。理解されようと努力しているわけでないのも事実だし、愛されても愛されなくてもいいと思っている。アメリカ合衆国、旧ソ連、中国のような大国でもないのに、まるで世界全体の話をするように、だれもがイスラエルのことを話す。この土地に足をつけると国全体が見渡せるような、何とも小さい国だ。

——イル＝ド＝フランスのどこに行くんですか？

だれもそんな聞き方をする人はいない。サンスに行くのだとして、

——サンスはもうイル＝ド＝フランスじゃないんじゃないですか。

そんなふうにだれも言わないのに、イスラエルを語るときは聖書で読んで知っているので細かい地名まで話題にする。

イスラエルにはカフェがあまりない。ただ、テル＝アヴィヴだけは例外で、この町の大通りはシャンゼリゼのようだ。小さなグラスというカフェ《カシット》があって、芸術家や政治家、物書きがよくやってくる。カシットはもうなくなっているかもしれない。

ああ日本人の女の子たちが通っていく。とってもフランスの今って感じの服を着ている。私は日本がとても好きだ。第二の住み家《ホーム》という思いだ。三十回は行っている。最初に行ったのは一九八〇年だった。それ以来、少なくとも年一回は行っている。去年などは三、四回行った。最近何回も行ったのは東日本大震災があったからだ。

――行って、何ができるの？

きっとみんなそう言うだろう。日本は私の国ではないが、そこで起こったことが深く私に関係する。東日本大震災は自然の災害と人災が同時に発生した人類初の出来事だ。これによって一年、二年、十年、百年経っても、元に戻せない状況が生まれた。今、東京に行くのは放射能にさらされることになる。恐ろしいことだ。私は原子力に対抗できる体を持っているわけじゃない。こうした災害が起きるかもしれない可能性を知り、役に立つ防御のし方を準備して原子力を使わなければならない、今さらではあるけれど。

おや、今度は四、五人、宗教服を着たユダヤ人が通っていく。この近くに教会？　二〇〇〇年前に自分のあり方を変えた若者ヨシュアを記念する式典のため、サン＝ジェルマン＝デ＝プレ教会に行くのだろう、おそらく。ヨシュアは実在の人物かどうかよくわからないけれど、それはたいしたことではない。存在するしないは頭のなかの問題だから。

私は信じる者だろうか？　もちろん私は信じる者だ。ただ何を信じるかが問題だ。

神が私を信じているかぎり、私は神を信じる。ほんとうのところ神様とはどちらかというと友だちだ。友好的な敵で非友好的な友人だ。お互い少しだけ、あるいはそれなりに知り合いだ。神はすべてを知っている存在なのだから、私のことをもっと知らなければいけないと思う。私の方はできるだけ神を知りたいと思っているのだから。十五年前、まだピアニストのアンナ＝マリアといっしょだったころ、パリから四〇キロほどのところに家を見つけた。私はこう思った。

――遠いなぁ。もし私に何かあったらどうしよう。ずっとそこから動けなくなるかもしれない。

ほかの物件にしよう、だって……。

いろいろと考えはじめてしまう私がいる。


ほかにも何か言いたいことがあったはずだな。言うべきことなのに言わないとしたら、だれがそれを言うだろう？　ほかの人がそれを言ったとしたら、またちがった意味になる。


隣の席の人がグラスを写真に撮っている。たしかにきれいなグラスだ。英語で話しかける。

――ハロー、いい写真だね。どこから来たの？

――台湾。

いたよ。

——ああ台湾！　台北に行ったことがある。台北でヴァイオリンを弾いたんだ。ほかの町でも弾

十年ほど前、台北に行った。最初に行ったのはマルタ・アルゲリッチとだった。彼女とは日本でもパリやブリュッセルでも演奏した。私のヴァンス音楽祭には三回来て、二週間毎晩、演奏してくれた。予定していたコンサートの半分をキャンセルして来てくれた。

マルタとの関係はとても特別だ。ほとんど恋愛関係と言っていい。マルタは私にとって必要な存在で、私もマルタにとって、そうだと思う。ともかく私のなかで彼女は存在のバロメーターのようなものだ。お互いもし相手がいなければ、自分が存在するために何か別のものを見つけなくちゃならない。といって三分おきに電話しなくてはいられないというほどではない。お互い相手のためにそこにいる。たとえば、去年の夏のことだったが、私が肺炎にかかってブダペストの病院に入院しなくてはならなくなったとき、マルタはワルシャワにいたのだがすぐ飛行機で来て、二、三日いっしょにいてくれた。しかも私がフランスに送り返されるとき、戻らなくてはいけないジュネーブには行かず、私と同じパリ便に搭乗してくれた。二人の友情は何度も出会っているうちにつくられたものだ。一九六八年、初めて会ったのはパリでコンサートのあとだった。もう四十五年も前のことだ！

マルタの人生は簡単なものではなかった。彼女はほんとうのスターだ。花形スターだ。いつも人に囲まれている。でも、同時に彼女はとてもシンプルなのだ。私が彼女を知った少しあと、デビュ

ーのときのことだったが、私はマルタの母親から暴力的な攻撃を受けた！　マルタという土星を回る輪のなかのたくさんのくず星の一人だとマルタの母親は私のことを思ったのだった。母は娘を守っていた。私は何も要求していなかったし、マルタを追いかけてなんかいなかったのに。しすぎるくらい彼女を尊敬していて、一方ではちっとも尊敬していなかった。だって友だちだったのだ。友だちというのは尊敬したりせず、愛するものだ。愛では音楽でと同じように礼儀などない。愛は一つひとつの星たちを越えた全宇宙的なもので、すべてのシステムを一つにまとめるマクロシステムだ。そのことを理解してから、マルタの母親は私ととてもよい友だちになった。まるで私自身の母親のようだった。

私も人に囲まれていたけれど、人々といっしょに生きようとはしなかった。マルタの場合は何年にもわたってずっといっしょという人たちがいる。

だから、二人はどこか雲の上のあたりで出会っているというわけだ。上の方ではそれほどしょっちゅう出会うというわけにはいかない。空気は薄いし椅子もない。ある意味、私たちは二つの星のようなものだ。私はいたいと思えば天空にずっととどまっている彗星だ。

もう一度同じ問い、

――私は信じる者だろうか？

「そこに何かがある」と信じたいと思う。そうでなければ理解できないことがある。あっちにいる人たちを見るがいい。その高い建物は一、二、三……六、七階まであり、隣り合っているほかの建物も同じくらい高い。通り過ぎる婦人たちはパンタロンを履き、通り過ぎる男たちはスカートを履いている。何ともおどろくばかりの光景だ。人々はやって来て、入ってきて、出ていく。たくさんの人。クラクションを聞いてみてごらんなさい。ここにはなぜいろんな雑音があり、たくさん人がいるんだろう。質問にするとなんとも奇妙でばかげている感じがするが、フロイトに言わせれば最もばかげた質問が一番大事な質問なのだ。子供の質問はとってもシンプルだけれど、同時にとっても複雑だ。なぜって、根っこのところから直接質問してくるから。教育を受けたあとだと教育によって質問がブロックされるし、質問もしてないのに教育は答えを出してくれる。同じ問題はヴァイオリン、さらには音楽全体にもはびこっている。

音楽によって人がつくられるのではなく、あなたが音楽をつくるのだ。音楽があなたをつくるとするとあなたはやらされるだけになる。音楽はやってくるのではなく、そこにある。

ときどき、とまどったり怖れたりしながら、知らないうちに音楽に近づいて行くことがある。それは、自分には何かができると気づいてヴァイオリンを手にしたときにかぎる。

ヴァイオリンを手にせずしばらくいると気分がすぐれなくなり、胃が痛くなり、よく眠れなくなり、ほかのことをしてたくさんの時間を過ごしているのが悪いことのように感じてくる。でも、音楽をするにはほかのこともしなくちゃいけない。ほかのことがあなたを豊かにする。ヴァイオリンを弾くとき、弾くのはあなただ。あなた以外の何者でもない。時々こんな言い方をよく聞く、「彼はヴァイオリンを手にして生まれた」。幸いにしてこれはちがう。そんな出産があったとしたら……、お母さんかわいそう！

演奏しなくても立派に生きられるけど、ヴァイオリンを知らなかったら、病気になっていた。私は二つの病いから選ぶことができた。演奏する病いと演奏しない病いだ。二つのあいだにはどんなちがいがあるのだろう？　それは過去と未来に挟まれた現在のようなものだ。一瞬ともう一つの一瞬とのあいだに、じつは現在などない。したがって未来もない。

私はまだこの世から別の世にいくあいだを知らない。別の世から戻ってきて、あっちがどうだったかを話してくれる人を知らない。たぶん、ずっと知らないままなのだろう――。

（二〇一三年五月三十一日）

後悔と感謝

一九一四年の第一次世界大戦開戦前に殺されなかったことを後悔する。一九四二年から一九四三年のアウシュヴィッツにいなかったことを後悔する。生まれる前にユダヤ人でなかったことを後悔する。ドイツ軍によるロンドン爆撃開始の一九四〇年より前にヴァイオリン演奏を始めなかったことを後悔する。一九四〇年まで私を育て養ってくれ、母と私をイギリスに逃げ出すことを許してくれたヨーロッパ大陸から、もっと早く逃げ出すことができなかったことを後悔する。ナチの軍靴に踏みにじられたヨーロッパの雲の上を飛ぶ志願兵としてイギリス空軍に属さなかったことを後悔する。一九四八年までアウシュヴィッツを知らなかったことを後悔する。八年、遅れた……。今のように怪物が内部や背後にいず、目の前に見えていたとき、戦友の愛が確実にあった時代にもう生きてはいないことを後悔する。私は過ぎ去った時を後悔する。まだ背中が柔らかく、軽々と走れ、気持ちは前へ前へ風をはらんで張りつめ、一日もひと月もまたたくまに過ぎた時を、私は残念に思う。以前のように時が私を待ってくれず、耳を傾けてもくれないことを、悔やむ。――時間。

時々、血を沸き立たせるためにドニエストル、エニセイ、ヴォルガ、ヨルダン、テームズの川から血を分けてもらったことを申し訳なく思う。失わなかった両目で内側から外を見、すべてをわかろうとするあまりなかなか理解できず、物事を逆さに見ていたことを後悔する。

私をコルシカ島やエルサレムのカルメル山のオリーブ畑に導いてくれたこと、四五度の熱い太陽のもとで死海を見せてくれたこと、ゴツゴツしたコルシカ島やイスラエルの山々を体験させてくれたこと、大ローマ帝国の時代からパレスチナと呼ばれていた場所でアラブ人やユダヤ人と子供時代を送れたこと、おごり高ぶった結果、結局は打ち負かされ離散することになった小さなユダヤ王国のユダヤ人たちの最後の抵抗（巨人ゴリアテが小さなダビデに勝利する！）、これらすべてに対して神に私は感謝する。

私の先祖から繫がっている同国人であるアブラハム、モーゼ、イエス、フロイト、マルクス、預言者イザヤ、同僚で友だちのハイフェッツ、クライスラー、フーベルマン、オイストラフ、ホロヴィッツ、ルービンシュタイン、ギレリス、マルタ（マルタはユダヤ系の母親によって）、レナード・バーンスタイン、アイザック・スターン、アーサー・シュナベールなどが属する全世界に及ぶ特別な共同体の一員にしてくださった神を賛美いたします。

日の光を見るお許しをくださったことに感謝いたします。

神がお選びになる日まで見る目を閉じずにおいていただけることを感謝いたします。あなたは天においてお忙しいでしょうから、私が死ぬその日を選ぶ時間があるものかどうかわかりませんが……。お時間がなければ選んでいただかなくても構いません。私はただ待つだけです。

「待つわ、待つわ、あなたが帰るのを」

というシャンソンの歌詞のように待ちます。そしてほかにだれも適任者がいなければ、私は自分で自分の埋葬のとき、演奏することを引き受けます。

私が生まれた海であり、私の亡命の器である地中海を愛します。若かった私の両親が私が生まれる一年前に亡命の地からやっとたどり着き私を産んでくれた海でもあります。地中海の太陽に、ほかでは見られないその光に感謝いたします。地中海のにおいを私は生涯ずっと追いかけつづけ、鼻の奥までそのにおいは住み、これからも住みつづけることでしょう。

この後悔と感謝のリストはいくらでもつづけることができますが、眠らなければなりません。もう朝の四時を回っております！

ヴァンス市ありがとう。ヴァンス音楽祭を一九七二、七三、七四、七五、七六と開催するのを許してくれて。始まったのと同じように、その打ち切りも突然のことだった。

ヴァイオリン「サンシー」が私のもとで今年三百歳のお祝いができたことに感謝（一七一三〜二〇一三）。ほぼ五十年の衰えない愛と戦いの婚約期間をともに送れたこと、戦いといってもどちらかが征服するというわけでもなく、いのちも、希望も、切れた弦といい、交換した弦といい、ファンタスティックで風変わりな騎士《ファンタスク》の馬の尻尾の毛を張った弓も衰えを見せなかった。高々と空中に突き出された剣ともいえる弓は死と戦い、危機を乗り越え、風のなか泉のごとくほとばしるリズムを繰り出す。——ティドゥルリム、ティドゥルリム、ティドゥルリム！

自由は風はらむ心。地中海の海辺の風は、まばゆい太陽に激しく撫でられた頬を打ち、掠《かす》る。音楽があることに感謝。私たちの存在を許してくれて、ありがとう。そして、いのちであってくれて、ありがとう。ほんとうの音符をわからせてくれて、ありがとう。世界中のすべての矢よりも確実に的を射抜いてくれ、生の特別な瞬間をいくつも味わわせてくれて、ありがとう。

エルサレムの風車に感謝。風車の六階に私は母と住み、バルコニーからは旧市街と女子カトリック学校が見え、私に屋根の上に登る勇気を与えてくれた。

（二〇一三年九月二十三日〜二十四日）

感謝のことば

この本を書き上げることができたのは、マリア・クレポォのおかげ。くじけがちな私の気持ちにマリアは勇気と友情で向かいあってくれた、最初の人。

アンドレ・クタンは、私のおじけをほとんど全部ぬぐい去ってくれた。ぐらつく私の自信と闘い、新たに別のものを付け加えさえしてくれた！

ジョゼット・ゴンティエ、真心のこもった支え。

この長くて辛い出産作業を耐えねばならなかったパートナー、ザビーネ、そしてわれわれの子供たち、ネシーとダヴィッド。

ラファエル、私の娘。たとえ何キロ離れていようとも。


この本を手にしたあなたにも私は感謝することになるかもしれない？

あなたがこの本の読者になるかどうか、もうすぐわかる……。

初版に書いたこのことばは、そのときのことばではあるけれど、この本の大本として今でも生きている。今日、いろいろなものが変わり、ほかにも感謝すべきたくさんの人たちがいる。ほんとうに辛かった日々を支えてくれた何人もの友。ここに名前をあげないその理由は、彼らがしてくれたことは自然な気持ちから出たもので、その時々の自然な成り行きだったからだ。たとえ私が覚えていなくても、彼らはそれを知っていてくれる。いのちというのは、あなたがその金額に納得しようがしまいが、それ相応のコストがかかるものだ。議論するまでもなく、かかるものはかかる。最後の時が来たとき私は自分をそこから解放することになる。

新版を出版してくれたビュシェ／シャステル社のやさしさに感謝する。この出版を彼らも気に入ってくれているようだ。私は読者を喜ばせるために書いたわけではなく、私が書き、弾くのはそれ以外にできないから。

ガエル・ベロに感謝。一年半にわたって彼女はローマ帝国の侵略に対する抵抗の砦《マサダ》でいてくれた。私がこの言葉たちから抜け出すまで、彼女が示してくれた忍耐と寛大さに感謝する。自分のことを語るのは、そう簡単なことではない。

生命の樹にて。
2011 年東日本大震災の津波でただ一本生き残った。
© 太田信子「レクイエム」

訳者あとがき

今朝早く目が覚めてみたら、部屋の中にガラスの破片が飛び散っていた。きのうの夜、僕が置きっぱなしにした大きな額縁に、子猫が飛び乗って倒したのだ。大きいのからほんの小さな粒に至るまで、ガラスを一つひとつ拾っていった。全部集めるのに三〇分かかった。あまり力を入れてつかむとこちらの指を怪我しそうで、ほどよい力でそっと持ち上げないと危ない。

拾いながらいろんなことを考えた。ガラスは人の心なのではないだろうか？　そんなことを思った。ここ四ヶ月のあいだ、ギトリスの文章とずっとにらめっこしていたので、ガラスの片づけとギトリスの人生を自然と重ねて考えていた――。

ガラスは人の心だ。コンセルヴァトワールの先生だったり、ロンドンの弁護士だったりする。ガラスが尖っているのは自分の身を守るためだ。それはそれで仕方ないことだが、こっちは子供だ。子供は傷つきやすく傷つけられやすい。傷つけられたギトリスがいる。コンセルヴァトワールをやめてヴァイオリンを弾いたけれども、なかなか評価につながらない。認めてもらえず、苦労と努力の連続だった。あちこちにガラスの粒。でも力で対抗しようとしてもしょうがない。かえってこちらが傷つくばかりだ。そういう体験をしたギトリスが言う言葉はやさしい。ソット・ヴォーチェ、小さな声で、

――みんながんばれ――……。

大変だった人生のすべてをかけて、イヴリーはみんなにそう伝えている気がする。この本はそういうメッセージに満ちている。

十七年の時をへだてて、二度ギトリスの心と向き合った。とくに今回は新版からの翻訳だったので、生《なま》のイヴリーの気持ちが直接伝わってきた。最初の訳が日本で出版されたのが二〇〇〇年。一九八〇年に出た原著をもとにしたものだったが、今回のこの本は二〇一三年にフランスで出版された新版からの翻訳となり、現在形のギトリスが身近かにいる。

＊

旧版・新版を通じて、いろいろな方がたのお世話になった。
横浜薬科大学教授の根本幸夫先生には始まりからすべて、お力添えをいただき深く感謝いたします。来日したイヴリーをホテルの部屋に訪ねると、必ず根本先生と漢方平和堂の大石雅子先生、西島啓晃先生、木村喜美代先生がギトリスの体のケアのためにいらしているのと出会った。百歳に近づいても演奏を続けていられるのはこのようなケアがあるからだと思う。
来日のたびにイヴリーと会う機会をつくってくださったテンポプリモの中村聡武社長にも感謝を捧げたい。イヴリーの人柄と何度も接することができたのがこの本の柱になった。ありがとうございました。

ピアニストの岩崎淑先生がギトリスと日本の縁をつくってくださらなければ、この本も、日本での数々の名演もなかった。ほんとうにありがとうございました。

駒沢女子大学の千葉公慈教授には、ギトリスが取り上げている禅のたとえ話のもとの形を教えていただいた。ギトリスは「サクランボ」としているけれども、ほんとうはハチミツがたとえとして出てくるという。どちらのたとえも捨てがたかったが、本文ではサクランボのままにした。砂漠にはサクランボが似合う気がする。

いく晩も遅い時間まで、パリのアパルトマンでギトリスの序文原稿を待ってくださった渡邊実さん、ありがとうございました！

——出しましょう！

強いことばでこの本の出版を決断してくださった春秋社の神田明会長と澤畑吉和社長に心から感謝いたします。ありがとうございます。

いつもいっしょに編集作業をしてくださる編集部の高梨公明さん、ありがとうございました。今回もごいっしょできてうれしかったです！

＊

早く起きた今朝、パリのギトリスに電話した。

——元気ですか？

——私は病気だ。
——心配ですね。
——いや、大したことない。

まるで子供のままのイヴリーがそこにいる。
〈いつまでも、お元気で、そのままいてください。〉
これは心の中でだけつぶやいた。

二〇一七年二月九日

今井田　博

プロフィール

イヴリー・ギトリス　Ivry Gitlis

1922年、イスラエルのハイファ生まれ。13歳でパリ音楽院に全校一の成績で入学。その後もエネスコ、ティボー等、名ヴァイオリニストの下で研鑽を積む。19世紀の演奏様式、音楽観を伝える希有な演奏家。カザルス、ハイフェッツ、ゼルキン等、往年の名匠とも共演を行い、アルゲリッチをはじめ、バレンボイム、メータ、インバル、デュトワ、ニューヨーク・フィル、ベルリン・フィル、ウィーン・フィル等との共演、多くの一流演奏家から招聘を受けている。レコーディングの経歴も豊富で、日本ではアルゲリッチ音楽祭ライヴ・ソナタ集、カザルスホールの無伴奏DVD、名盤「24のカプリース」CD、チャイコフスキー協奏曲DVDもリリース。現在もなお（2017年、95歳）、フランス、イギリスをはじめヨーロッパ各国でリサイタルを行って、現役最高齢のヴァイオリニストは健在である。2011年6月には東日本大震災の被災者のために石巻市を訪れて演奏活動を行い、以来、来日公演のたびに東北地方を訪れて慰問演奏を行っている。ユネスコ親善大使。

今井田博　Imaida Hiroshi

1950年、東京生まれ。72年、パリ大学留学。77年、早稲田大学第一文学部フランス文学科卒業。翻訳家、脚本家。駒沢女子大学講師（演劇表現）。

訳書に、フィリップ・クレマン『イヴリー・ギトリス　ザ・ヴァイオリニスト』（春秋社）ほか、ムクナ・チャカトゥンバとの共著に『はじめまして！　アフリカ音楽』（ヤマハミュージックメディア）がある。

ギトリスからのメッセージ（自筆＆清書稿）

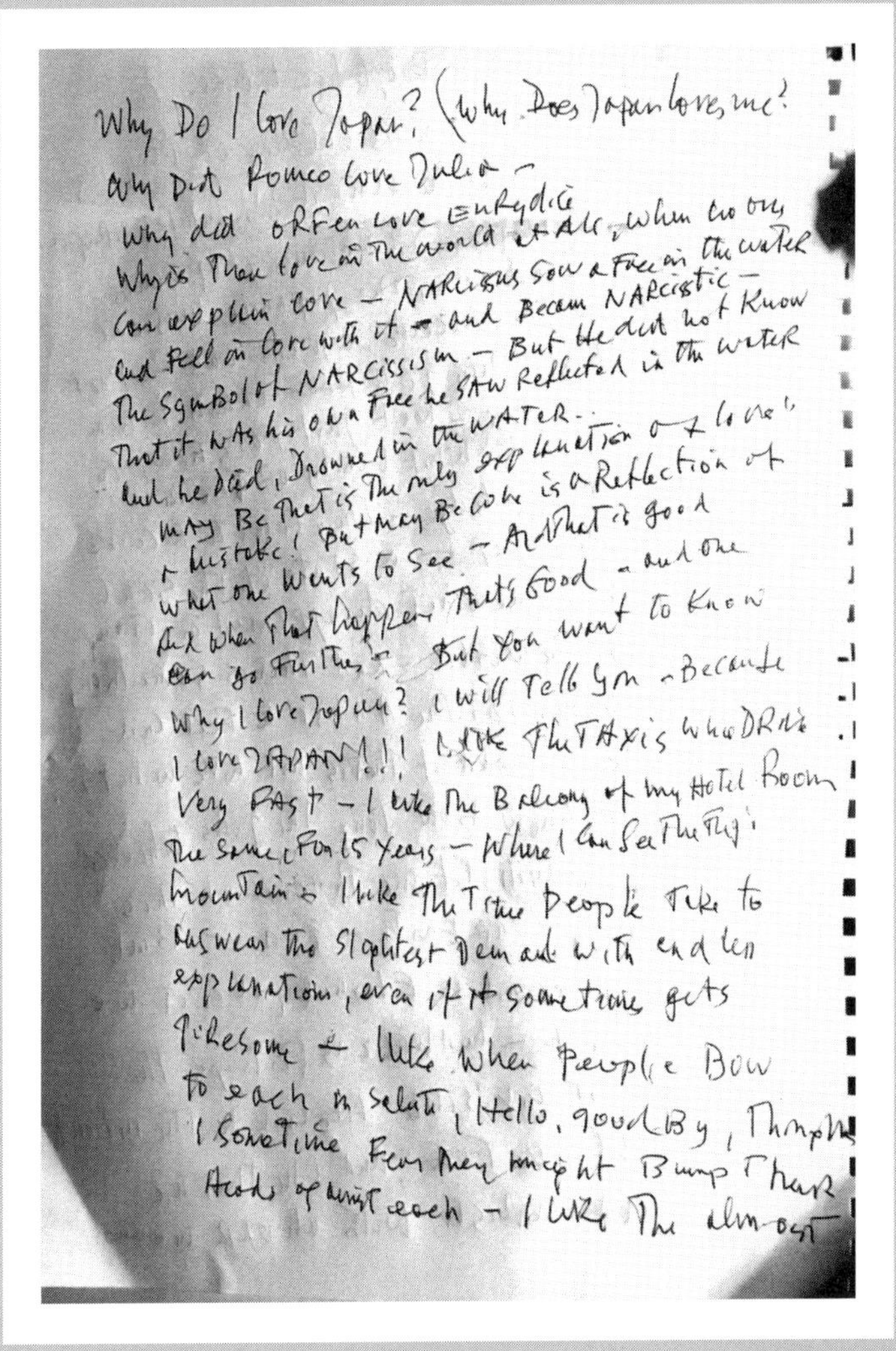
Why Do I love Japan? (why Does Japan love me?
Why Did Romeo love Julia –
Why did Orfeu love Eurydice
Why is There love in The world at All, when no one
can explain love – NARCISSUS saw a Face in the water
and fell in love with it – and Became NARCISSTIC –
The Symbol of NARCISSISM – But He did not Know
That it was his own Face he SAW Reflected in the water
and he died, Drowned in the WATER.
May Be That is The only explanation of "love"!
a Mistake! But may Be love is a Reflection of
what one wants to see – And that is good
And when That happens That's Good – and one
can go Further – But you want to Know
Why I love Japan? I will Tell you – Because
I love JAPAN!!! I like The TAXIS who DRIVE
Very FAST – I like The Balcony of my Hotel Room
The same for 15 years – where I can see The Fuji
mountain – I like The Time people Take to
answer the slightest Demand with endless
explanations, even if it sometimes gets
tiresome – I like when people Bow
to each in salute, Hello, goodBy, Thanks
I sometime Fear they might Bump Their
Heads against each – I like The almost

Why do I love Japan?
(Why does Japan love me?)

Why did Romeo love Juliet?

Why did Orpheus love Eurydice?

Why is there love in the world at all, when no one can explain love. Narcissus saw a face in the water and fell in love with it, and “narcissistic”. It’s the symbol of narcissism. But he did not know that it was his own face which he saw reflected in the water and he died, drowned in the water...

Maybe that is the only explanation of love a mistake! But maybe love is a reflection of what one wants to see, and that is good. And when that happens that's good. And one can go further.

But you want to know why I love Japan. I will tell you it’s because I love Japan!!!

I love the Tokyo taxis who drive very fast. I love the balcony of my hotel room. The same for fifteen years, where I can see the Fuji mountain. I like the time people take to answer the slightest demand with the endless explanation, even if it sometimes gets tiresome. I like when people bow to each other in salute, hello, good-bye, though I sometimes fear they might bump the heads. I like the almost

2) Native Japanese People have to learn, to understand what one is talking or playing about → I love the almost old Middle Europe (middle European) freshness, eagerness, respect and love, the Japanese musical public goes, receive, listens and respect the artists they go to concerts to hear to love, to learn — not just for show, to criticize, to exhibit vanity or their supposed knowledge — they come to receive and give a gift — a state of the soul that has somewhat disappeared in many parts of the world — and that is something very precious for the artist to feel and share — and if that is not love what is? I do not know how long the gods whoever they are will let me tread on this ballon — our Earth — for a brief every second is eternal; even if we are not — and music is perhaps the strongest invisible link to the infinite we all crave for, and one that we should cherish with all our means

naïve expression people have to learn, to understand what one is feeling or playing about. I love the almost old middle Europe (middle European) freshness, eagerness, respect and love. The Japanese music public goes, receive, listen and respect the artists they go to concerts to hear, to love, to learn not just for show, to criticize, to exhibit vanity or supposed knowledge. They come to receive and give a gift. A state of the soul that has somewhat disappeared in many parts of the world. And that is something very precious for the artists to feel and share. And if that is not love, what is?

I do not know how long the gods will they are which let me thread on this balloon, on the earth for. But every second is eternal even if we are not. And music is perhaps the strongest invisible link to the infinity we all crave for. And one that we should cherish with all our means

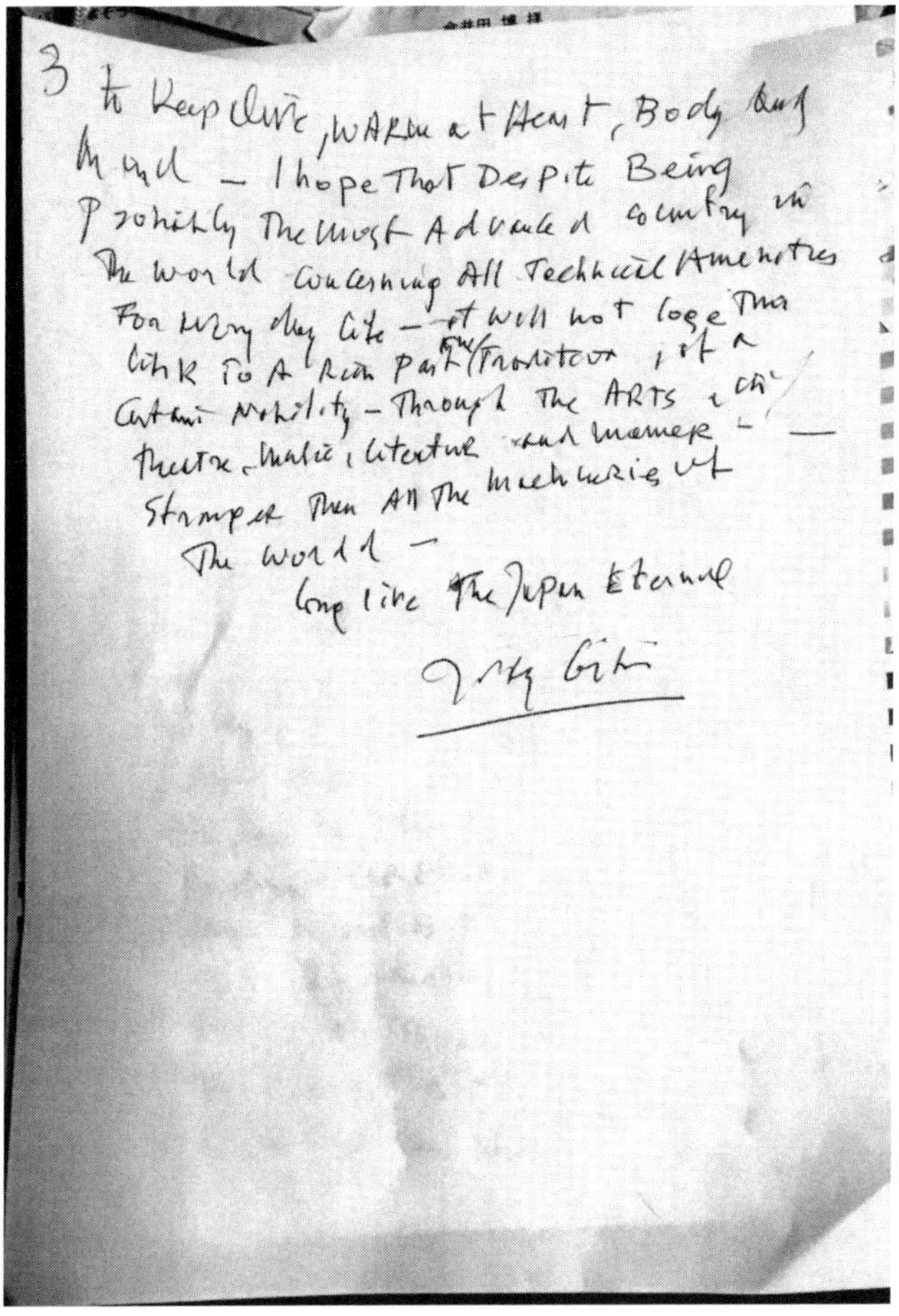
3 to Keep alive, WARM at Heart, Body and
Mind — I hope That Despite Being
Probably The Most Advanced country in
The world concerning All Technical Amenities
For every day Life — it will not loose The
Link to A Rich past/Tradition, of a
Certain Nobility — Through The ARTS & the/
Theatre, Music, Literature and manner — —
Stronger Than All The machineries of
The world —
Long live The Japan Eternal

to receive, warmth at heart, body and mind. I hope that despite being probably the most advanced country in the world concerning all technical amenities for everyday life. It will not lose this link to a rich past tradition, of a certain nobility. Through the arts, theatre, music, literature and memory, stronger than all the machinery of the world.

Long live the Japan eternal.

Ivry GITLIS

魂と弦

2000年4月20日　初版第1刷発行
2017年3月20日　増補新版第1刷発行

著　　者　イヴリー・ギトリス
訳　　者　今井田　博
発 行 者　澤畑　吉和
発 行 所　株式会社　春秋社
〒101-0021　東京都千代田区外神田 2-18-6
電話　03-3255-9611（営業）
03-3255-9614（編集）
振替　00180-6-24861
http://www.shunjusha.co.jp/
装　　丁　鈴木　伸弘
印 刷 所　信毎書籍印刷株式会社
製 本 所　黒柳製本株式会社

ISBN 978-4-393-93595-8　定価はカバーに表示してあります